本成果是2018年北京第二外国语学院专业综合改革试点项目汉语国际教育专业建设项目的阶段性成果。

· 当代语言学丛书 ·

国别化汉语教学案例实录

主编◎王　巍　李洪波

中国文联出版社
http://www.clapnet.cn

图书在版编目（CIP）数据

国别化汉语教学案例实录／王巍，李洪波主编. —北京：中国文联出版社，2017. 11
ISBN 978-7-5190-3268-5

Ⅰ.①国… Ⅱ.①王… ②李… Ⅲ.①汉语-对外汉语教学-教学研究 Ⅳ.①H195.3

中国版本图书馆 CIP 数据核字（2017）第 286053 号

国别化汉语教学案例实录

作　　者：王　巍　李洪波

出 版 人：朱　庆
终 审 人：朱彦玲　　　　　　　　　复 审 人：王　军
责任编辑：刘　旭　　　　　　　　　责任校对：傅泉泽
封面设计：人文在线　　　　　　　　责任印制：陈　晨

出版发行：中国文联出版社
地　　址：北京市朝阳区农展馆南里 10 号，100125
电　　话：010-85923043（咨询）85923000（编务）85923020（邮购）
传　　真：010-85923000（总编室），010-85923020（发行部）
网　　址：http://www.clapnet.cn　　　http://www.claplus.cn
E - mail：clap@clapnet.cn　　　liux@clapnet.cn

印　　刷：廊坊市海涛印刷有限公司
装　　订：廊坊市海涛印刷有限公司
法律顾问：北京天驰君泰律师事务所徐波律师
本书如有破损、缺页、装订错误，请与本社联系调换

开　　本：710×1000　　　　　　　　1/16
字　　数：345 千字　　　　　　　　　印张：18.25
版　　次：2018 年 5 月第 1 版　　　　印次：2018 年 5 月第 1 次印刷
书　　号：ISBN 978-7-5190-3268-5
定　　价：65.00 元

content

目录

美国大学汉语教学模式探究

——以狄金森学院为例

姚俊莲

（北京师范大学汉语文化学院）

随着中国经济的发展和对外开放程度的不断加大，中外交流越来越频繁。政治、经济的往来需要沟通交流的工具，汉语的重要性也逐渐展现出来。此外，博大精深的中国文化走向世界，吸引了众多探寻中国文化的使者，为了探索到中国文化的精神实质，汉语也成为他们的"必修课"。

汉语的发展，吸引了很多海外的探索者。同时，我们也抓住了推广汉语的机会，将汉语播撒到全世界，全球孔子学院和孔子课堂的建立便是传播汉语和中国文化最好的证明。截至 2016 年 12 月 31 日，全球 140 个国家（地区）建立了 512 所孔子学院和 1073 个孔子课堂。孔子学院 130 国（地区）共 512 所，其中，亚洲 32 国（地区）115 所，非洲 33 国 48 所，欧洲 41 国 170 所，美洲 21 国 161 所，大洋洲 3 国 18 所。孔子课堂 76 国（地区）共 1073 个（科摩罗、缅甸、马里、突尼斯、瓦努阿图、格林纳达、莱索托、库克群岛、安道尔、欧盟只有课堂，没有学院），其中，亚洲 20 国 100 个，非洲 15 国 27 个，欧洲 29 国 293 个，美洲 8 国 554 个，大洋洲 4 国 99 个。[①] 其中，美洲地区孔子学院的数量排名第二，仅次于欧洲；设立的孔子课堂也达到 554 个，居全球孔子课堂首位。由此可见，在全球掀起汉语热的背景下，美洲地区对汉语的需求非常之强烈。

美洲地区应属美国最为开放、多元，在美洲的 161 所孔子学院内，美国占 110 所；在美洲的 554 个孔子课堂内，美国占 501 个。可见，美国在美洲地区的汉语教学和文化传播中占有举足轻重的地位，起关键性作用，其汉语教学也形成了多样的模式。美国的汉语教学不仅包括孔子学院和孔子课堂的汉语教学和文化课程，还包括 K-12 的中小学兴趣课程，高中与大学衔接的 AP 课程，以及各种大学汉语教学项目。孔子学院可以为学生提供学习汉语的教师和场地，而孔子课堂常与美国中小学，以及大学建立合作关系，为汉语学习者提供志愿者教师，促进当地的汉语教学。

---

① 数据引自 http：//www. hanban. edu. cn/confuciousinstitutes/node_ 10961. htm, 2017-04-06。

　　我是国家汉办派出的一名赴美汉语教师志愿者，曾就职于其中一个孔子课堂——狄金森学院孔子课堂。这个孔子课堂是匹兹堡大学孔子学院开设的与大学的合作项目之一。志愿者教师从匹兹堡大学孔子学院派往狄金森学院任教，辅助当地教师进行汉语教学，传播中国文化。由于孔子课堂常常离孔子学院较远，因此工作具有相对独立性，与当地教师合作更为密切。

　　狄金森学院（Dickinson College）地处宾夕法尼亚州的卡莱尔市，靠近费城和华盛顿，是一所位于美国文理学院排名前50的私立文理学院，这所学院注重学生的全面综合教育，培养学生的文化修养和创新精神，以培养本科生为主。狄金森学院的中文教学隶属于东亚系，汉语和日语为东亚系的两个语言项目，分别开设初级到高级四个年级的课程。但是汉语和日语只是学校为学生提供的语言项目中的两个，此外，还有德语、法语、俄语等语言项目供学生选择。因此，汉语教学处于一种竞争的环境，需要与其他语言项目竞争学生。

　　我曾于2015—2016年任教于狄金森学院。这个学年，中文学习者较多，一年级两个班共22个人，二年级两个班共18个人，三年级一个班8个人，四年级一个班5个人，总共53人。在规模较小的文理学院，这样的选修人数非常可观。

　　狄金森学院的汉语教学主要采取合作教学的模式，两个教师合教一个年级。一年级为当地中文教师与汉语教师志愿者合教，二年级为当地中文教师与北京大学的访问学者合教，三、四年级为当地教师独立教学。因此，本人在教学上的功能不仅仅是普通意义上的辅助教学，而是与当地教师的合作教学。由此可见，狄金森学院的中文教师队伍具有多样化的特征，一方面可以让学生通过不同的中文教师了解更多与中国相关的信息，体验不同的教学方式。另一方面，教师不同的授课方式可能对教学内容的整体性和连贯性产生影响。

　　狄金森学院的汉语教学项目不同于培养汉语学习兴趣的汉语课堂，整个课程的设置系统、严谨，有章可循。私立文理学院的大学生每年学费较高，选修每一门课程，学生都非常谨慎，他们对每个课程的要求也很高。因此，学校开设的课程也都要对学生负责，设立相应的课程要求和课程计划。对于学汉语的学生来说，学生每周一共五节课，每天一节课。当地汉语教学项目不像国内的分科教学，听说读写四种技能的培养要在一门汉语综合课中实现，这样的教学要求对学生和教师的挑战都很大。

　　狄金森学院使用的教材是《新实用汉语课本》。此课本是海外汉语教学的经典教材，经过数次改版，为教师和学生使用。此课本遵循"结构—功能—文化"相结合的原则，通过"大循环"和"小循环"，夯实学生基础，培养学生的交际能力。但是由于教材对当代中国和学生现实生活关注较少，加之对中国文化内容的介绍多是书面语，导致学生对教材内容的设计产生不满情绪。现在，学校教师也在不断调整、补充教学内容，甚至考虑是否更换教材。

狄金森学院的汉语课程既包括汉语学习课程，也包括汉语文化体验课程。汉语课程包括基本的汉语学习课、发音辅导、单词测验、翻译测验、汉字书写、每课测验、期中测验、期末测验、口语测验、作文书写等内容。汉语文化活动体验包括每周的中文桌子、中文电影，还有中秋晚会、春节晚会、面条比赛、中国戏剧、中国美食体验等丰富多样的文化活动。在汉语教学活动中，教师和学生的角色是教和学的关系，而在文化活动中，教师和学生可以平等交流，既可以让教师了解学生的个性，也可以让学生在异国真实地体验中国文化，感受中国文化的特色。教学活动和文化活动相结合是狄金森学院中文项目的特色，取得了大家的称赞，值得延续下去。

狄金森学院的教学资源相对比较丰富。学校有固定的教材和练习册，教师也常常根据本课学习主题，在网上寻找相关视频材料，作为教学补充，调节课堂教学模式。此外，狄金森学院图书馆里有一个东亚研究室，室内有中文和日文书籍供学生阅读。从中文书来看，既包括思想性著作，也包括文学性著作。学院中文教师也常常对其进行整理、分类，采购新书，为狄金森学院的学生，尤其是高年级的汉语学习者理解深层次的中国文化，提高汉语表达能力提供了丰富的材料。此外，当地的中文教师也可以借阅，从而满足自己对中国文化材料的阅读需求。

狄金森学院的教学方式比较单一，主要是综合课课上的讲练和学生完成练习册，搭配一些中文活动，例如，通过中文桌子、中文电影来完成。教学方法上，"听说法"使用较多，教师会采取不同的方式让学生跟读，培养学生的语感，通过反复纠正学生发音，培养学生的听说能力。同时，教师也兼顾语言学习的"交际性"目的，注重使用"交际法"，让学生进行"角色扮演""自编故事表演"，给学生设立交际性环境，促进学生交际能力的培养。但由于大学课程的紧张，练习课本重点内容的练习较多，给学生创设交际练习的时间较少。

经过在狄金森学院一年的汉语教学，我对美国大学汉语教学的教学模式有了一定的认识，希望可以作为有志于美国大学汉语教学的同人参考。

一、美国大学的汉语教学与中小学汉语教学不同

在国内教学的我们往往认为，国外的汉语教学都像孔子学院的教学一样，教学对象、教学目标都比较灵活，课堂教学模式比较活泼、多样，但是国外大学的汉语教学模式却大有不同。美国大学与学分挂钩的汉语教学，教学内容较多，学习时间紧凑，学生的学习压力很大，因此与中小学以培养学生兴趣，倡导轻松愉快的学习环境不同。在大学中的汉语教学很正式，教学有严格的教学进度，考试也有严格的要求。例如，2016 年春季学期的学期计划中，学生成绩

的组成部分如下：出勤（attendance）和课堂表现（performance）占20%；词汇考试（vocabulary quiz）占10%；翻译考试（translation quiz）占10%；作业（prepare for class，listen to the text，writing Chinese characters）占12%；每课考试和期中考试（lesson test and midterm）占15%；口语考试（oral test）占10%；写作考试（writing center visit）占8%；期末考试（final exam）占10%；文化活动（culture activities）占5%。可见，美国大学的汉语教学与中国国内大学开设的语言教学相一致，学生的学习任务较多。

此外，为了方便学生能熟悉并按时提交汉语学习材料，每周中文教师会制订一个周计划，将这一周学生学习的内容和学生需要定期提交的作业清楚地列在计划表上。第十五课的周计划如下：

Lesson Plan L15
(2/22-3/1)

Date	课上（In-Class）	课后（After-Class）
2/22 Monday	**Vocabulary Quiz L15 D1** Study L15 D1 Study the grammar： 1. The descriptive complement 2. Adverb 刚 3. Preposition 从……到/去 4. Patterns for exchanging money 换钱	Listen to the text and vocabulary and repeat after the audio recording twice Prepare for **Translation Quiz L15 D1** **Write Character Worksheet**
2/23 Tuesday	**Translation Quiz L15 D1** Continue to study L15 D1 grammar： 5. Sentence-final 了 6. Reduplication of verbs 7. Numbers from 100 to 10000	Listen to the text and vocabulary and repeat after the audio recording twice **Write Character Worksheet**
2/24 Wednesday	Finish L15 D1 grammar Study L15 D2 vocabulary： 1. 好久不见 2. 发展 3. 快/慢 4. 懂	Listen to the text and vocabulary and repeat after the audio recording twice Prepare for **Vocabulary Quiz L15 D2** **Write Character Worksheet**

Date	课上（In-Class）	课后（After-Class）
2/25 Thursday	Vocabulary Quiz L15 D2 Study L15 D1 Study the grammar： 1. Situations without 很 2. 就 *** Character Worksheet Due**	Listen to the text and vocabulary and repeat after the audio recording twice Prepare for **Translation Quiz L15 D2** **Write Workbook L15/Composition 1**
2/26 Friday	**Translation Quiz L15 D2** Study L15 D2 dialogue * Composition I Due	Listen to the text and vocabulary and repeat after the audio recording twice Prepare for ***Oral Performance L15*** **Write Workbook L15**
2/29 Monday	***Oral Performance*** **** Workbook L15 Due***	Prepare for the **Lesson Test 15**
3/1 Tuesday	**Lesson Test L15**	Final Draft for **Composition I（Due 3/2）** Preview L16 D1 Vocabulary

学习计划中，教师将本周教学内容与学习任务都列到计划中，方便学生及时查看。其汉语课程设置严谨、认真，对学生自觉性要求较高，学生的学习压力相对也比较大。

二、教学活动的设计要明确活动对象、活动目的和活动要求

首先，活动设计要明确活动对象。针对大学生的活动，要注意避免幼稚化。美国文化中，成熟、独立是学生一致追求的品质。大学生处于一个排除幼稚化，期待成熟的阶段。因此，学生会对幼稚化的内容产生反感情绪。这就要求我们在设计活动的时候，要将"非幼稚化"考虑其中。例如，在设计"拼句子"的活动中，对于中小学生来说，可以让他们拿着相应的句子部分排成一排，组成句子。但是对于大学生来说，这个行为就很幼稚，他们比较能接受小组活动，小组成员一起合作将句子拼接起来。

其次，活动设计要明确活动目的。汉语活动的设计要将交际性目的贯穿始终。大学生的汉语教学不同于中小学的教学，对于中小学学生来说，机械重复

练习并不乏味，只要教师采取了多变的练习形式，学生就会积极主动、乐在其中。而对于大学生而言，他们对机械重复的无意义练习不感兴趣。他们需要用语言去交际，练习所学内容，体会到汉语学习的成果。交际性活动常常需要学生进行角色扮演，完成交际性对话。学生在与同伴进行对话交际的过程中，可以在无压力的前提下相互指导对方所说内容，创设一种轻松愉快的学习氛围。

最后，活动设计要明确活动要求。美国人思维比较直接、理性，对事情要求仔细、严格、清楚。因此，活动的设计常常需要有明确的要求，让学生清楚地明白要做什么，应该怎么做，避免在理解活动要求上浪费时间。例如，"请组成小组，将下列句子排序"，这样的要求就不够清晰。首先，"组成小组"每组几个人，学生并不知道。"将下列句子排序"，小组中谁来排，怎么排列都没有具体的要求。这样的活动要求就不够细致，会给学生造成混淆。如果改成"请五人一组，将下列句子按照横排顺序排序，每次排序一个人参加，其他人观察。排完小组全部成员举手示意"这样的描述就可以清楚地表达活动要求，让学生顺利理解题意，完成活动。

三、教学中教师要有较强的英语使用能力

作为汉语国际教师，我们都知道，在汉语教学中要强调汉语的输入和输出，尽量避免使用语法翻译法来教汉语。但是由于学生掌握的汉语内容较少，对汉语特点的认识不足，常常存在无法用汉语和手势解释汉语的情况。此外，对于初级阶段的汉语学习者来讲，汉语输入如果偏大，学生很容易产生不满情绪。汉藏语系和印欧语系在发音、书写形式上的差距已经让海外的汉语学习者望而却步，选择汉语的学生一定是满怀激情和信心的。教师也应该关注学生的学习感受，给学生一定的适应汉语的时间，增强其对汉语的接受能力。此时，教师难免会需要把英语作为辅助语言，进行汉语教学。

由于英语对外来教师来说是第二语言，且对外汉语教师多在国内学习英语，对真实环境下的英语使用情况了解不够，造成教学中英语解释不当，给学生造成了理解障碍，浪费了宝贵的学习时间，学习效果也难以达到预想的要求。这也是很多国家宁愿使用发音蹩脚、能力较差的本土教师，却不愿寻找目的语国家优秀汉语教师的重要原因。例如，在一个练习中，我想让学生说出"厨师"这个词，我用的是"cook"。但是学生却完全不能理解我的含义。在中国的英语教学中，我们认为"cook"和"chef"都可以表示厨师。但真正的美国人却不用"cook"表示厨师的意思，因此造成了课堂上的尴尬情况。

此外，英语的使用更多地存在于解释学生疑问的情境中。美国学生与教师的关系不像中国那样有"距离感"，有任何问题，他们就会马上提问。美国人种多元，不同国家的人都可以在那儿生活、工作，因此美国人几乎没有"外国人"的

概念。他们理所当然地认为，在美国的人应该都可以说一口流利的英语，也没有照顾外国人语言能力的意识。在课上，学生提问时常常按照正常交际语速提问，且提问的内容并非生活性问题，给教师的英语听力和英语表达带来巨大的挑战。很多次，我被学生的问题"难"倒。这里的"难"不是解决不了问题的"难"，而是听不懂学生问题，或者表达不清楚自己意思的"难"。因此，具备良好的英语听说能力，尤其是跟汉语教学有关的表达能力对汉语教师来说至关重要。

四、文化介绍要考虑到中美文化差异

文化差异存在于生活的方方面面，渗透于教学的每个角落。我在一次初级汉语综合课上，讲与租房子有关的课文时，讲到了"租一个女朋友"回家过年的话题。当时我想介绍一下中国当时比较火的话题，讲一下中国父母与子女的紧密关系，以至于都会"逼子女结婚"使得子女"租男/女朋友"回家。可是学生听了这样的话题以后非常惊讶，表示完全不能接受。他们认为谈恋爱是一件非常认真的事情，双方应该诚实，怎么可以"租"呢？再者他们也不能理解父母逼婚的情况，觉得结婚是自己的事情，父母不应该过多参与。因此这个话题引起了大家的讨论，导致课堂失控。针对这次的文化介绍，我没有考虑到其中的中美文化差异，导致课堂出现问题，影响了正常课堂内容的讲解。

面对这样的情境，我解释道：中国人的家庭观念很深。父母和孩子常常紧密地联系在一起，衣食住行父母都要关注。在中国传统文化中，男女到了一定的年龄就应该结婚。中国人过的是一种集体性的生活方式，大家需要在集体中获得认同感，才会感觉舒适。如果脱离集体，就会被大家认为是"怪胎"。年龄比较大还不结婚会被大家认为是奇怪的现象，因此会出现父母"逼婚"的现象。虽然存在这样的现象，但是毕竟只有少数人会去"租男/女朋友"回家应付父母的逼婚。中国古代的婚姻都是父母决定，但是现在的年轻人不愿意随便找个人结婚，追求自由恋爱，所以想先应付父母的"逼婚"。此外，"租"的男/女朋友也都没有涉及恋情，等见完父母就结束了彼此之间的关系，不会存在伤害感情的问题。

虽然通过解释化解了文化冲突，但是如果提前预估了学生对此事的反应，就不会因为文化的差异带来文化冲突，也不会影响正常课堂内容的讲授。

总之，美国大学的汉语课堂与中小学的汉语课堂有很大差异，我们在进行对外汉语教学的过程中要关注自己的教学对象，摆正自己的角色，灵活运用自己所学的汉语教学理念、技能，进行有针对性的教学。大学的课程要认真、严谨，尽量带动学生的积极性。而中小学的课堂要注意教学形式的多样化和教学方法的灵活性，让学生在"动"中学。只有灵活应对不同的教学环境和教学要求，才能成为一名优秀的国际汉语教师。

美国佐治亚州梅肯市伯纳德
小学汉语教学的相关问题

宋　晖　刘　燕

(北京第二外国语学院文学院;北京市二十一世纪国际学校)

随着中国经济和对外贸易迅速发展,中国的国际地位以及国际影响力不断提高,世界各国更加重视发展与中国的友好合作关系,汉语在国际交流中的作用也越来越重要。据 2017 年 12 月 1 日第十二届孔子学院大会新闻通气会,全球已有 146 个国家和地区建立了 525 所孔子学院和 1113 个中小学孔子课堂。2017 年,各国孔子学院和课堂各类学员总数 232 万人,举办各类文化活动受众 1272 万人次。

越来越多的美国中小学开始开设汉语课程,美国汉语学习呈低龄化趋势,汉语教学的方式也在改良,从各方面来看美国汉语教学整体上呈欣欣向荣之势。[①] 我们拟以 B 小学为案例对佐治亚州中文教学管中窥豹,以飨学界。

一、与中文及中文相关的语言政策

1.1 外语语言政策

佐治亚州特别制定了佐治亚拉丁语课标、佐治亚现代语言行为标准、佐治亚现代语言课标层级。其中佐治亚州现代语言行为标准(The Georgia Performance Standards for Modern Languages,GPS)是以 21 世纪外语学习标准以及美国外语教学议会(American Council on the Teaching of Foreign Language)有关对中小学学习者外语行为大纲作为根基而制定的。佐治亚州现代语言行为标准融合了全国外语学习标准以及文化交流的三种模式:文化实践(Practices)、文化产品(Products)、文化视角(Cultural Perspectives);理解诠释(Interpre-

---

① 本文作者之一刘燕作为肯尼索州立大学孔子学院的汉语志愿者教师于 2014 年 8 月至 2015 年 6 月在梅肯市 B 小学进行为期十个月的汉语教学实习,进行了课堂观察和汉语教学实践。本文主要实践经历参看刘燕 2015 年中央民族大学硕士论文《美国佐治亚州梅肯市 B 小学汉语教学研究》。

tive）、语言沟通（Interpersonal）、表达演示（Presentational）；以及融会贯通（Connections）、多元比较（Comparisons）、社区活动（Communities），同时还包括一系列评估。

文化交际的第一种模式分为文化实践（Practices）、文化产品（Products）、文化视角（Cultural Perspectives）。文化实践体现了不同社交和行为模式，在一个特定的文化中如何交际与互动，是对文化产品的运用。文化产品是某一特定文化有形或是无形的创造，反映了不同的文化视角，有形的产物包括绘画、文学作品、建筑物等，无形的产物包括舞蹈、教育体系、风俗习惯等。文化视角构成社会文化实践和产品的基础，体现了不同文化的世界观、价值观等。

文化交际的第二种模式分为理解诠释（Interpretive）、语言沟通（Interpersonal）、表达演示（Presentational）。理解诠释交际模式指通过电影、广告、海报、报纸、文章等多种途径获得信息，并理解其意。人际交流模式是双向进行的，涉及交际互动中的双方交换观点、意见等。表达演示交际模式是在观众面前对学习成果的展示或表演，如学生在讲台上做口头报告、展示文化成果等。

文化交际的第三种模式为融会贯通（Connections）、多元比较（Comparisons）、社区活动（Communities）。融会贯通指学生通过外语学习可拓展及延伸学习其他学科的知识；多元比较指通过比较母语和目的语，对语言、背景文化等方面异同的学习；社区活动指将学习到的知识运用到学校、社区、国外等，为己灵活所用。

1.2 佐治亚肯尼索州立大学孔子学院的中文教学大纲

佐治亚肯尼索州立大学孔子学院由美国肯尼索州立大学和江苏省扬州大学合作建立。该孔子学院建立于 2009 年 8 月 17 日，至今已成立近 6 年。其汉语教学模式形式多样，教学对象多元。"经过这六年的发展，孔子学院已从三所幼教中心、七个汉语班、140 多名幼儿汉语学生，发展到目前 5 个学区、328 个汉语班、7162 名学生的汉语教学规模，现在已经成为北美地区最大的孔子学院之一。如今，肯尼索州立大学孔子学院的汉语教学对象覆盖下至婴幼儿，上至国际大中型企业员工。汉语教学模式包括沉浸式汉语教学、双语教学、远程汉语教学、一对一汉语辅导等。肯尼索州立大学孔子学院还致力于当地汉语及中国文化的传播和推广，每年陆续组织教育厅官员、教育工作者、中小学生到中国参观访问；在美国当地组织'汉语桥'及汉语夏令营活动；组织 HSK 及 YCT 考试。肯尼索州立大学孔子学院也赞助许多社区及团体活动，如与 Georgia China Alliance 合作的商业文化讲座及联谊；邀请中国专业演出团到美国佐治亚州巡演。除此之外，肯尼索州立大学孔子学院还在中华文化传播、来华学习和企业服务等其他业务工作领域有长足发展。通过孔子学院丰富多彩的活动，以及孔子学院上下员工和汉语志愿者教师的共同努力，肯尼索州立大学孔子学院在当地的影响越来越大。孔院和其他企业的战略合作伙伴关系也得到了进一步的深化和发展。"①

肯尼索州立大学孔子学院和佐治亚州早期护理教育部门（Georgia Department of Care and Learning）合作，并向其提供从学前幼儿阶段到高中的汉语语言项目，分布于周围 5 个县（Cobb 县、Bibb 县、Hall 县、DeKalb 县和Cherokee 县）。该项目已在美国树立了早期儿童外语教育的好榜样。"在 2013年，肯尼索州立大学孔子学院在 5 个县开设 325 个汉语班，共有学生 7072 名，包括：幼儿学前班 31 个班 589 名学生，幼儿园到 5 年级 279 个班 6205 名学生，中学 3 个班 38 名学生，高中 4 个班 49 名学生，4 个网络在线班 30 个成人学生，还有 3 个班 157 个大学生以及 1 个武术班有 4 个学生。"② 从数据中可以看出，肯尼索州立大学孔子学院开设的汉语教学主要面向美国小学，幼儿园到五年级的学生，截至 2014 年学生人数高达 7162 人。

肯尼索州立大学孔子学院与佐治亚州教育厅合作制定了佐治亚州汉语教学大纲，该大纲现处于佐治亚本州适用阶段，将来有望成为佐治亚州汉语专用教学大纲，该教育大纲也是美国汉语教学界的第一份非正式汉语大纲，对今后美国中小学汉语教学发展起到指引和借鉴的作用。该汉语教学大纲符合并参考了佐治亚州现代语言行为标准中的评价标准以及单元主题，对幼儿园到小学五年级进行单元主题式教学，符合学生认知能力的发展，内容的广度和难度也随着年级的升高而扩宽和加深，这种广度和难度都是有前后联系的。

一学年有 10 个月，除去节假日，总共教学时间有 36 周左右。教师需要平均 4 周的时间教完一个主题单元。肯尼索州立大学孔子学院的志愿者教师按要求根据所指定的汉语教学大纲在当地小学编写教案，进行汉语教学。孔子学院会定期抽查教师教案以及教学情况进行评估，教师对大纲使用的反馈意见也十分重要，以便孔院进行及时调整和完善大纲（见表1）。

---

① 来源于 http：//ciksu. us. chinesecio. com/zh-hans。

② 数据引自 http：//ciksu. us. chinesecio. com/zh-hans。

表1　主题单元式汉语教学大纲

幼儿园	一年级	二年级	三年级	四年级	五年级
问候、自我表达	我的教室	我的房间	欢迎来我家	生病	自我介绍
身体部分	食物和饮料	运动	我的邻居	栖息地	电子时代的通信
数字（1~12）	日期表达、数字（0~31）以及生日	更多的家庭成员以及数字（0~100）	自然	时间	学校课程计划
家人	天气和季节	职业	野餐	日常生活	寓言故事（花木兰）
水果	春节和十二生肖	中秋节 VS 感恩节	购物	我的笔友	我是一个作家
颜色	中国游	我的爱好	交通	我的校园	旅游及旅游业
衣服	形状和大小	情感表达	中国的城市	父亲节聚餐	传统文化与流行文化
动物	我的朋友	农场	母亲节	与朋友外出	对学校的记忆
				短剧	

除了有汉语教学大纲，肯尼索州立大学孔子学院的领导和老师也致力于开发教师教案，教学计划十分详尽，有对本单元的基本描述、期待的结果、每日需讲的单词句型语法、学生学习评估，还提供了一些课堂游戏和课后作业。对新手教师十分有帮助，对有经验的教师也可以起到补充作用。

1.3　中文语言政策

全美中小学中文教师协会会长竹露茜制定的《全美中小学中文学习目标大纲》明确规定中文学习课程标准大纲有五大目标：

（1）运用中文沟通：学生能运用中文与人沟通，不但能听说读写适合其年龄的中国语文教材，还能用中文表达自己的思想、感情和意见。

（2）体认中国多元文化：让学生能了解源远流长的中国历史文化，不但让学生知道中国地大物博，各地有不同的风俗习惯，还要培养学生对中国文化产物的体验和欣赏。

（3）贯连其他学科：透过中文学习，学生不但能触类旁通，加强对其他学科的学习，并且能将所学的中国语言文化的知识举一反三，增广见闻，开阔新知识的学习。

（4）比较语言文化的特性：学生能将所学的中文跟他自己的母语作比较，并将自己的生活习俗跟同年龄中国学童的生活习俗比较相异之处，增进学生对多元文化的认识。

（5）广泛实际运用中文：学生不局限于在学校学习时使用中文，并应将对中文的学习和爱好扩展到家庭、华人小区和无国界的地球村，不仅将中国语言文化融入日常生活，而成为以学习中文为乐的终身学习者。

二、佐治亚州基本状况

佐治亚州（Georgia，GA）美国东南部 7 个州之一。为纪念英国国王乔治二世而得名。北界田纳西州和北卡罗来纳州，南邻佛罗里达州，东北与南卡罗来纳州接壤，东南临大西洋，西毗亚拉巴马州。面积 15 万平方公里。人口 1000 万左右。首府亚特兰大（Atlanta）。佐治亚为美国最初的 13 个州之一。早期原为印第安人切罗基族和克里克族的聚居地。1732 年，英王乔治二世特许英国移民在此建立殖民地。1775 年至 1783 年独立战争时期是英、美双方争夺的战场。1788 年该州批准联邦宪法，为加入联邦的第 4 个州。1835 年至 1838 年间，印第安人被强迫迁往密西西比河以西的保留地，所经之处称为"切罗基人（Cherokee）的眼泪之路"。1861 年退出联邦，加入南方联邦。南北战争结束后，于 1870 年重新加入联邦。

佐治亚知名高校包括佐治亚理工学院（100 人左右学习汉语）、艾默里大学、佐治亚大学（200 人左右学习汉语）等。佐治亚理工学院以理工见长，其工业与制造、生物医学、航空航天、土木工程、环境与卫生都名列全美前 5 位。艾默里大学（Emory University）建于 1836 年，是一所全美一流私立研究性大学，有南哈佛之称，坐落于亚特兰大，是全美排名第 20 位的名校，以医学闻名，是全美艾滋病研究、治疗和预防的领跑者，其生物医学、内科助理和大众健康都名列前茅。佐治亚大学的中小学师资教育、技术与职业教育和特殊教育一直名列全美前 3 名。

三、梅肯市、B 学区与肯尼索孔院的基本情况

美国佐治亚州中文教师协会（Georgia Chinese Language Educators）于 2008 年

12月6日成立，是一个非政治、非营利的教育组织，该组织的宗旨是促进高质量的中国语言教育，该协会将针对中文教师及有意将中文相关教材纳入教学的其他领域的老师，提供师资训练；协助学校行政人员开启中国语言暨文化课程，以及通过筹划会议、训练课程、比赛与社交活动，让教师与学生有机会交流；提供有关中国语言教学、文化、其他教育活动及专业机会的信息中心，招揽的对象是从学前教育开始到大学之间，从事中国语言暨文化教学的老师。2000年，佐治亚州仅有4所高中开设中文相关课程，到2008年已经有25所学校教授中文。

梅肯市位于美国佐治亚州首府亚特兰大市东南约130公里处，人口约有10.6万，是该州第五大城市、工业重镇，并处于美国传统保守的圣经带，南方保守意识强烈，经济发展相对落后，非裔美国人口占比重较大。梅肯市Bibb学区共有大约25000名学生，25所小学，7所中学和7所高中。该学区的教育目标是让每一个学生享有受教育的权利，不论经济社会地位、种族、家庭构成如何。因而，学区员工必须确保该学区所有学生接受学校教育，以适应多民族、多文化相互交融的社会环境。

肯尼索州立大学孔子学院自2011年开始与佐治亚州梅肯市Bibb县学区进行合作，在当地小学开设汉语课程。合作初期有十几所小学开设了汉语课程，由于种种原因，第二年，开设汉语课程的小学缩减到了7所，目前，这7所小学汉语教学较为稳定。

梅肯市Bibb学区7所开设汉语课程的小学依次为：Bernd小学（以下简称"伯纳德小学"或B小学）、Heritage小学、Skyview小学、Vineville艺术学校、Porter小学、Rosa Taylor小学、Burdell-Hunt小学。

B小学位于佐治亚州梅肯市东南方，位置比较偏远，于1947年秋由Mark Smith博士组建。B小学开设汉语课程与肯尼索州立大学孔子学院以及Bibb县学区领导的共同合作努力是分不开的，该合作三年为一周期，由肯尼索州立大学孔子学院提供汉语志愿者教师。B小学属于Title 1公立学校，由政府资助，同时也接受来自企业、团体以及个人的捐助。所谓Title 1是全国成立最早以及规模最大的政府资助项目，是1965年初级和中等教育法案的一部分，每年向全美国贫困或接近贫困的学生提供140亿美元左右的财政支持。Title 1公立学校旨在确保所有的儿童都有接受高质量教育的权利，达到全国学术成就标准以及全国学术评估，至少40%的学生在午餐费用减免项目中，才可以申请Title 1基金。该学校去年有93%的学生在该项目中，B小学属于贫困小学。

目前，B小学开设汉语课程已有三年。前两年，该校从学前班至五年级均有汉语课，第三年，学前班取消了每天十分钟的汉语课。由于汉语非主课，学生没有考试和学分的压力，这对教师特别是新手教师而言是巨大的挑战。学生对汉语课的兴趣及参与度很大程度上取决于教师的授课风格及人格魅力。

截至 2014 年，B 小学从幼儿园到五年级共有 6 个年级，包含了学前教育以及整个小学教育，共有学生 454 人，教职工 47 人。B 小学以向所有学生提供优质的教育及优良的教育环境为目标，任务是让学生塑造良好的性格品质以及为上大学做充分的准备。学校老师兢兢业业，周六也会为学生提供额外的阅读和数学方面的帮助。

尽管梅肯市属于佐治亚州的贫困地区，教育也相对落后，但是学区领导以及学校教师还是十分注重教育，除了主课之外，还开设手工艺术课、音乐课、计算机课、汉语课以及读书俱乐部、数学俱乐部等，以促进学生的全面发展。

四、B 小学的教学环境与教学理念

B 小学有 23 个教室、一个图书馆、两个计算机房、一个室内体育馆、一个室外操场、一个音乐教室、一个学生食堂、一个礼堂以及老师办公室。

学校走廊里到处都贴着学生的作业或学生完成的作品，有绘画、手工作品，也会张贴优秀学生的照片进行鼓励。进入走廊，给人的是一种轻松活泼的感觉，学生在这种自由自在的氛围中学习和成长。

该校教室内每位同学都有自己的课桌椅，桌子贴有自己的名签，桌椅摆放比较随意。低年级班里还会有一块大地毯，平时主课老师给学生讲故事或是做活动时，都会让学生坐在地毯上进行。教室的设计十分人性化，每个教室都由班主任自己布置，布置的风格取决于本班风格，没有固定统一的要求。教室内通常会粘贴一些班级规定，励志名言，与学习知识相关的内容，学生的作品以及阅读的书籍和杂志等，每间教室都营造一种轻松活泼的氛围（见图 4-1、图 4-2）。

图 4-1　幼儿园某班教室

图 4-2　一年级某班教室

　　美国小学从小就很重视培养学生养成良好的读书习惯，这也是和国内小学教育的不同之处。图书馆里有适合从幼儿到五年级不同年龄段学生的图书、杂志和光盘，涉及各种不同领域的知识，还有一些专供家长阅读的书籍和杂志。图书馆有一些桌椅和一块大地毯，每天图书管理员都会给低年级学生读书讲故事，学生坐在地毯上，在读完书后，管理员会针对书中的问题向他们提问，学生积极参与回答。每天学生都会到图书馆借书，借什么书取决于学生的阅读能力和个人兴趣，阅读完之后再做 AR 测试，所谓 AR 测试（Accelerated Reader Test），即加速阅读测试。该测试用于检测小学生和中学生的阅读理解力。一般 AR 测试系统需要学校购买安装，提供给学生使用。根据读书的数量以及测试的结果，图书管理员负责选出每周或每月的读书之星，张贴在学校走廊的墙上，以示鼓励。图书馆内还张贴一些与图书有关的海报、至理名言，而且还会摆放一些玩具，所有细节都体现一种天性自由发展的理念（见图 4-3）。

图 4-3　图书馆

　　美国的教育体制与中国有着巨大的差异，尤其是中小学。美国教育注重培养学生的兴趣和创造力，是一种素质教育。B 小学旨在培养学生健全的人格，为步入大学和就业做好准备。校领导和教师的职责在于确保学生成为全面发展的人才。学校不仅关心学生的学业成绩，同时也关注学生性格品质的发展，培养不同的兴趣。

从教室布置来看，B 校教室以及走廊处处体现了美国儿童的创造力和动手操作能力，这与国内学校的教室布置有很大的差别。从课程的难度来看，较国内学校低很多，尤其是数学，很多高年级学生甚至连做稍微复杂一点的加减法都有困难。学生有家庭作业，但是作业量很少，基本在半小时之内就可以完成。

美国的社会和科学自然的教材很厚，图文并茂，内容包罗万象：天文地理、物理化学、自然万物、科学技术等。老师会根据所学内容出一些简单的测试题以便检验学生的学习效果和掌握情况。就阅读而言，学生从一年级就开始自己借阅图书，教师并不指定书名，学生可以根据自己的兴趣爱好选择。

B 小学十分注重培养学生的动手能力。各班教师根据不同的授课主题和内容，和学生一起做手工，还会将学生的手工作品贴在墙上进行展示。如 4 月底，B 小学幼儿园各班以"地球和水"为主题展开学习，幼儿园每个班级都充分发挥想象力和动手能力，有的班级用蘸有颜料的手作为树叶制作了一棵枝繁叶茂的大树，有的班级用绿色和蓝色的废纸做了一个美丽的地球。除了这些，B 小学还开设有 Art Club（艺术俱乐部或手工作坊），每年 4 月是梅肯市樱花开放的季节，艺术俱乐部的学生为此绘画了精美的樱花。学生从这些动手活动中受益匪浅，大脑和动手能力都得到了积极的开发。

从整体上来讲，B 小学遵循美国中小学教育理念，不但注重培养学生的创造力和动手能力，而且教育学生养成诚实、尊重他人、自尊自信的优秀品质。

五、B 小学的课程设置

5.1 基础课

B 小学的基础课有数学、英语阅读、英语写作、自然科学、社会科学、英语综合课 ELA（English Language Arts）。这里的 ELA 类似母语综合课，学生的听、说、读、写在该门课上得到系统学习。Bibb 学区每年举行三次统一的考试，来进行检测、考察和评估。学区内一年级对数学和阅读进行考试和评分，二年级针对英语综合（ELA）、数学和阅读进行考试和评分，三年级至五年级对阅读、数学、英语综合（ELA）、自然科学、社会科学进行考试和评分。通常情况下，班主任教授副课以外的所有学科，他会根据教材设计和教学进度，每周对学生进行测试以此检验学生的学习情况。

由于学生智力发育不同，一些学生还会进行特殊的学习，如 EIP（Early Intervention Program）早期干预项目。^① 该校整个课程的安排符合学生心理年龄和智力发展水平，注重学生知识获得的同时，也注重培养学生的学习兴趣、读书乐趣以及艺术方面的发展，体现了学习和兴趣自由发展的理念（见表2）。

表2 B 小学 2014—2015 年度一年级某班的课程表

时间	星期一	星期二	星期三	星期四	星期五
7：45—8：15	报告	报告	报告	报告	报告
8：15—9：00	练习校长报告	练习校长报告	练习校长报告	练习校长报告	练习校长报告
9：00—9：15	教学重点	教学重点	教学重点	教学重点	教学重点
9：15—9：30	数学	数学	数学	数学	数学
9：30—9：45	互动式写作诗歌学习 上	互动式写作诗歌学习 上	互动式写作诗歌学习 上	互动式写作诗歌学习 上	互动式写作诗歌学习 上
9：45—10：35	副课	副课	副课	副课	副课
10：35—11：15	互动式写作诗歌学习 下	互动式写作诗歌学习 下	互动式写作诗歌学习 下	互动式写作诗歌学习 下	互动式写作诗歌学习 下
11：15—11：45	午饭	午饭	午饭	午饭	午饭
11：45—12：45	数学	数学	数学	数学	数学
12：45—1：15	指导性阅读	指导性阅读	指导性阅读	指导性阅读	指导性阅读
1：15—1：45	分享性阅读	分享性阅读	分享性阅读	分享性阅读	分享性阅读
1：45—2：05	休息活动	休息活动	休息活动	休息活动	休息活动
2：05—3：00	写作工作坊	写作工作坊	写作工作坊	写作工作坊	写作工作坊
3：00	广播 放学	广播 放学	广播 放学	广播 放学	广播 放学

上表是一年级某一个班每日的课程安排，从课表中可以看出，学生的基本课程为数学、写作和阅读，阅读分为指导性阅读和分享性阅读。指导性阅读是指教师与阅读水平相似的学生一起协作阅读，通过教师的帮助，学生自己运用

---

① EIP（Early Intervention Program）早期干预项目是针对一些不能达到学业要求水平的学生专门设立的。EIP 的目的在于提供额外的教学资源来帮助不能达到学业要求的学生在最短的时间内赶上应有的水平。

读书技巧理解文章大意。分享性阅读是指学生和教师共同阅读一本书，学生跟读或重复。写作与阅读能力的培养有助于学生对母语的学习。

该校六个年级课程设置几乎都是一致的，教学内容的重点和课程安排会随着年级的升高而有所改变，内容难度和广度也会循序渐进地加深和拓宽。数学、科学和社会研究的比重也会增加。对于科学以及一些社会调查课程，老师会要求或带领学生亲自做实验和调查，从小开始培养他们的实践和探索精神。

5.2 副课

B小学的副课（specials）包括计算机课、体育课、音乐课以及汉语课。学校设立副课意义在于让学生在学习知识的同时，培养学生发掘兴趣爱好，有助于学生全方面地发展。由于B小学所属的学区经济状况一般，所以只开设了这四门副课。经济条件好的学校，开设的副课更加丰富。除此之外，B小学还有一些俱乐部，如读书俱乐部、数学俱乐部以及学生艺术工作坊。B学校四门副课，分别是：计算机课，幼儿园到五年级都开设，主要内容为打字练习，利用网络查找资料、进行调查，学会使用一些基本的电脑软件。体育课，Pre-K到五年级的学生都有。学校有一个室内体育馆还有室外的操场，室内体育馆设备齐全，旨在通过体育运动增强体质、强化竞争意识、培养协作精神、磨炼意志力。音乐课，介绍不同的音乐风格及其历史发展、代表人物等，教师教学生唱歌，向学生展示并体验不同的乐器等。音乐课有助于学生创新能力和创造性思维能力的培养。汉语课，幼儿园到五年级均开设。B小学目前只开设了一门外语课程，现已开设三年（见表3）。

表3 B小学2014—2015年度副课课表

时间	副课	星期一	星期二	星期三	星期四	星期五
9：00—9：50 幼儿园	计算机课	Tinnin①	Jennings	Severance	½Tinnin②	Jennings
	音乐课	无	无	无	½Tinnin Jennings	½Tinnin Severance
	体育课	Jennings	Severance	Tinnin	无	无
	汉语课	Severance	Tinnin	Jennings	Severance	½Tinnin

① 幼儿园某班班主任姓名，其余均是班主任英文姓名。

② ½Tinnin：二分之一的T教师班的学生去上副课。

（续表）

时间	副课	星期一	星期二	星期三	星期四	星期五
9:55—10:45 一年级	计算机课	Howard	Munoz	Alfirevic	½Howard	Munoz
	音乐课	无	无	无	½Howard Munoz	½Howard Alfirevic
	体育课	Munoz	Alfirevic	Howard	无	无
	汉语课	Alfirevic	Howard	Munoz	Alfirevic	½Howard
10:50—11:40 二年级	计算机课	Bearden	½Coons Delahaye	½Coons Foster	½Coons Delahaye	Foster
	音乐课	无	无	无	½Coons Foster	Bearden Delahaye
	体育课	½Coons Foster	Bearden	½Coons Delahaye	无	无
	汉语课	½Coons Delahaye	½Coons Foster	Bearden	Bearden	Coons
11:45—12:35 三年级	计算机课	½Raney	Widzgowski	½Raney Watkins	½Raney	Widzgowski
	音乐课	无	无	无	½Raney Widzgowski	½Raney Watkins
	体育课	½Raney Widzgowski	½Raney Watkins	无	无	无
	汉语课	Watkins	½Raney	½Raney Widzgowski	Watkins	½Raney
12:35—1:05	午餐休息					
1:05—1:55 四年级	计算机课	½Anderson	Jefferson	Howe	Anderson	Jefferson
	音乐课	无	无	Anderson	Jefferson	Howe
	体育课	½Anderson Jefferson	½Anderson Howe	无	无	无
	汉语课	Howe	½Anderson	Jefferson	Howe	Anderson

（续表）

时间	副课	星期一	星期二	星期三	星期四	星期五
2：00—2：50 五年级	计算机课	Roberts	Gainey	Jordan	Roberts	Gainey
	音乐课	无	无	Gainey	Jordan	Roberts
	体育课	Gainey ½Jordan	½Jordan Roberts	无	无	无
	汉语课	½Jordan	½Jordan	Roberts	Gainey	Jordan

以上是 2014 年至 2015 年度 B 小学的副课时间安排表，从学校的课表可以看出学校对教育的重视程度，B 小学的每个学生每天都会上不同的副课，学校重视学生多元化的发展，通过开设副课丰富学生的学习生活，让学生有机会接触到不同的知识。

六、B 小学汉语教学研究

6.1 学生情况

佐治亚州位于美国南部，所以非洲裔美国人（指美国黑人）较多。B 小学所处的学区经济状况一般，属于美国的贫困县，学校属 Title 1 公立学校。学校学生共有 467 人。其中女生占 52%（佐治亚州平均值为 49%），男生占 48%（佐治亚州平均值为 51%）。2013 年，白人学生共有 43 人，非洲裔美国人共有 400 人，西班牙裔学生共有 12 人，其他种族学生共有 12 人。[①]

B 小学从幼儿园到五年级平均每班有学生 20 人左右，2015 年，除学前班外，其余六个年级均开设了汉语课。由于教学对象来源多样，构成复杂，教师在教学过程中需重视文化差异性，平等公正地对待每位学生，不可以有种族歧视的意识（见图 1）。

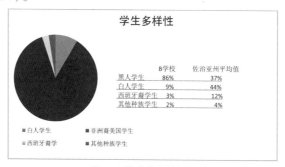

图 1 学生多样性图

---

① 数据来源于 http：//www. schooldigger. com/go/GA/schools/0042000201/school. aspx。

6.2 中文教师

肯尼索州立大学孔子学院每年招收汉语志愿者高达 40 多人，被分派到佐治亚州各县市。梅肯市现有汉语志愿者教师 14 人，多数毕业于扬州大学，也有来自其他大学的本科毕业生或在读研究生。梅肯市共有 7 所学校开设汉语课，每个学校有 2 名汉语志愿者教师，一位是留任志愿者，有一年至两年的教学经验，另一位是新手教师。

B 学校已经开设了三年的汉语课程，现有两位汉语教师。笔者是中央民族大学汉语国际教育专业在读研究生，另一位汉语教师（L 教师）是北京对外经贸大学对外汉语专业的大学毕业生，是留任教师。肯尼索州立大学孔子学院安排留任教师教小学高年级，新手教师教小学低年级。因此，笔者教授幼儿园到二年级，共三个年级的汉语课，L 教师教三年级到五年级的汉语课程。笔者每天上前三节课，即从幼儿园到二年级。除幼儿园会来管理教师之外，其他年级均没有管理教师。笔者对一年级以及二年级授课时，L 教师要在一旁帮助管理课堂纪律。而 L 教师上后三节课，三年级到五年级，笔者要在旁边听课、管理纪律等。如因生病或其他原因不能来上课，另一位教师要帮其代课。两位汉语教师的教学风格有很大的差别。由于笔者教低年级儿童，需要注重趣味性从而吸引学生注意力，所以课堂活动较多。L 教师则很注重培养学生的汉语书写能力，所以经常带领学生练习汉字书写。在开展中文教学的过程中，两位汉语教师经常相互讨论和帮助，总结教学经验、课堂管理的方法等，激发学生学习中国语言、了解中国优秀文化的热情。

6.3 汉语课程设置及目标

廖山漫（2011）对目前美国中小学汉语课程的几大模式进行了分析和探讨："1. 尝试与探究的高中汉语课；2. 初高中同步稳健发展的汉语课；3. 小学开始设立汉语课；4. 文化为先、引导兴趣的汉语课；5. 小学低年级的双语课，沉浸式课堂。"[1]

笔者所在的 B 小学采用双语教学模式，即教师课堂用语结合汉语和英语。笔者以 2014 年 10 月中旬录制的一段 20 分钟的汉语教学视频为例，经粗略计算笔者及学生所说汉语的时间占 12 分钟约为 60%。笔者除了教学生汉语大纲内容以外，还会教一些基本的课堂用语，如"刘老师""早上好""你好""好，好，非常好""谢谢""不客气""安静""举手""听""再见"等。学生每天

---

① 廖山漫：《美国中小学汉语课程设置模式探讨》，《国际汉语播研究》，2011 年第 2 期。

可以听到或练习到这些基本用语而逐渐自然"习得"。

B 小学汉语课程属于综合课，注重训练学生的听、说、读、写等语言技能，但是更加侧重学生语言交际能力的培养，同时也兼顾相关文化知识的介绍。每个年级的汉语教学大纲内容不同，随着年级升高，大纲内容涉及面更加广泛，难度逐渐加深。笔者学生年龄较小，主要的教学任务是以语言技能和交际技能训练为中心，培养学生的言语交际能力。另一位汉语教师教授高年级学生，在注重学生听说技能的训练同时，也注重写字技能的培养。L 教师汉语课前 35 分钟讲课，后 15 分钟教学生学写所学的汉语生词或句子（见表4）。

表4　B 小学汉语课堂课程表

时间	教师	星期一	星期二	星期三	星期四	星期五
幼儿园 9：00—9：50	笔者	Severance①	Tinnin	Jennings	Severance	½Tinnin②
一年级 9：55—10：45	笔者	Alfirevic	Howard	Munoz	Alfirevic	½Howard
二年级 10：50—11：40	笔者	½Coons Delahaye	½Coons Foster	Bearden	Bearden	Coons
三年级 11：45—12：35	L 教师	Watkins	½Raney	½Raney Widzgowski	Watkins	½Raney
12：35—1：05	午餐休息					
四年级 1：05-1：55	L 教师	Howe	½Anderson	Jefferson	Howe	Anderson
五年级 2：00—2：50	L 教师	½Jordan	½Jordan	Roberts	Gainey	Jordan

每周每班均在固定的时间和教学地点上汉语课，有些班每周一个课时，有些班每周两个课时，每课时 50 分钟。B 小学开设汉语课程已有三年，幼儿园在 Pre-k 阶段学过一些简单的汉语，一年级和二年级均有一年的汉语学习基础，三年级至五年级有两年的汉语学习基础。

B 小学汉语教学更加注重学生听说练习，以培养学生言语交际能力为目地。刘珣（2000）提出"课堂设计不能只考虑教学内容的一个方面，它涉及对教学需

---

① 表格中英文为该班班主任的姓氏。

② ½表示该班二分之一的学生上汉语课，其他二分之一的学生上其他的副课。

求和教学条件的分析、课程与大纲设计及理论的选择、教学目标、教学内容、教学进度、教学方法、教学评估和教学管理等多方面的问题的确定"。① 由于笔者是新手教师，开展中文教学还有一定挑战性，考虑到所教学生生理年龄和心理年龄的阶段性格特征和学习特点，笔者将汉语课程目标设定如下：

（1）听说领先，偶尔学写汉字

"处于儿童阶段的学习者比较特殊，其性格外向，模仿能力强，但自制力差，注意力集中的时间有限；他们认知水平有限，母语的发展水平尚未成熟，他们容易培养学习兴趣，但如遇挫折或面对枯燥乏味的教学内容或教学形式，也很容易对第二语言学习失去兴趣；他们的思维能力尚待发展，因此更善于把握形象化、具体化的语言片段。"② 笔者的学生是低年级学生，模仿能力强，处于学习语言的好时期，所以笔者的汉语课以听说领先。而由于汉语汉字难的特点，也应从小让学生适量接触一些简单的汉字书写，帮助学生减少对汉字的畏难心理。

（2）寓乐于教，交际为主

这个阶段的学生注意力难以长时间集中，天性是自由自在。所以乏味枯燥的教学只能使学生失去对汉语学习的兴趣。所以提高学生学习汉语的兴趣成为重中之重。笔者将游戏活动融入汉语教学，使学生在轻松欢快的氛围中快乐学习。学习语言的目的是交际，所以笔者在课堂上也会综合融合交际法及其他教学法进行汉语教学。

（3）语言教学为主，文化为辅

笔者按照汉语大纲教学计划进行授课，除了平时的语言教学外，也会介绍一些中国文化、习俗、节日等，让学生更加全面了解中国，同时提高学生对汉语学习的兴趣。

6.4 汉语课堂教学法

适合的教学法可以指导课程顺利地开展，教学法一直是广大学者、教师十分关注的问题，很多学者和专家对汉语教学界"教学法"给出了界定。

吕必松（1984）提出："语言教学法是一门科学。它的研究对象是有关语言教学的全过程和各个环节的理论、原则和方法问题，它的研究目的是探索和阐明贯穿于语言教学全过程和贯穿于各个环节的客观规律。"③

张亚军（1986）主张"专指教学理论的研究，而把具体的教学方式、方法

---

① 刘珣：《对外汉语教育学引论》，北京：北京语言大学出版社，2000 年第 125 页。

② 何静：《儿童对外汉语教学形式——全身反应法》，《山东文学》，2010 年第 1 期。

③ 吕必松：《漫谈语言教学法的研究》，《语言教学与研究》，1984 年第 3 期。

和技巧称作'教学法'"。①

任远（1994）指出："'对外汉语教学法'实际包含两方面的内容：从宏观上说，它是教学理论的一个完整体系，处理教与学各类关系的一系列指导性原则；从微观上说，它又是贯彻这些理论、原则的一套方法和各种技巧。"②

随着对教学法研究的逐步深入和发展，新的教学法在继承旧教学法优点的基础上逐渐发展和成熟。赵金铭（2010）指出："世界语言教学法经历了语法翻译法、直接法、听说法、功能法、交际法，直至今日之任务型教学法。""语言教学需要的不是一种教学理论或一种教学方法，而是一个更大的研究框架，其中多种教学理论并存，多种教学模式共现，各种教学方法各有所用。""汉语综合教学法是在全面深刻地认识第二语言教学的本质和特点的基础上，把一些有影响的教学法中的某些理论和原则抽出来，按照语言教学的优化组合规则重新组织，并结合所教语言——汉语的特点，注入新的成分之后，所生成的带有新质成分的教学法体系。"③

近年来，美国孔子学院和孔子课堂的数量不断扩大，汉语教学事业如火如荼，除了大学教育和成人教育之外，中小学和幼儿园的汉语教育也快速发展起来。这就要求汉语教师在授课时选择适当的教学方法。单一的教学法已经不再适用于快速发展的国际汉语教学环境，这就对教师教学提出了更高的要求。笔者根据美国低龄学生的认知、心理和行为特点，并且从实际教学和其他课程的课堂观察情况综合考虑，有针对性地采取综合教学方法：直接法、听说法、交际法、全身反应法、游戏法等。

"直接法的主要特点是采用各种直观手段进行目的语教学，如实物、图画或动作等，以模仿、操练、记忆为主形成自动的习惯。"④ 笔者根据不同单元的主题，准备字卡、图片或是实物，培养学生直接用外语思维的能力。

"听说法"强调听说领先、句型操练，现在国内很多汉语学习短期项目采用听说法，目的是在短时间内通过大量的操练，以模仿、重复和记忆的方式，最终达到自动化运用。根据儿童的学习特点，听说法只能作为辅助的教学方法，帮助学生巩固和加深所学内容。如重复、跟读等。

学习语言的目的是交际，交际法在汉语学习中的运用十分普遍，教师应多选取真实的语料，并在教学中多创造出接近真实的交际活动，如小组练习、对话、角色扮演、个人展示等形式。

---

① 杨石泉、张亚军：《汉语教学法初论》，《第二届国际汉语教学讨论会论文选》，北京语言学院出版社，1988年。

② 任远：《对外汉语教学法研究的回顾与展望》，《语言教学与研究》1994年第2期。

③ 赵金铭：《对外汉语教学法回视与再认识》，《世界汉语教学》，2010年第2期。

④ 刘珣：《对外汉语教学引论》，北京：北京语言大学出版社，2000年第212页。

"全身反应法（TPR）"由美国著名心理学家詹姆斯·阿士尔提出，在美国小学教学十分流行。旨在让学生在一个轻松真实的环境中学习，强调身体的活动性、师生和生生之间的互动性。如唱歌、跳舞、手工、模仿动作或声音等。

"'游戏'在语言教学中定义为一种有组织的活动，通常包含下列内容：（1）一个特定的任务或目标；（2）一套规则；（3）游戏者之间的竞争；（4）游戏者之间沟通所用的口头或书面语言。"① "游戏教学法，简而言之就是以游戏为形式的一种教学方法，使学生在生动活泼的课堂气氛中，不知不觉地学得教材中的内容，或者学到学生们必须掌握的技能。"② 将游戏运用到教学中，可以减轻学生学习汉语的压力和疲惫感。在轻松的环境中，激发学生学习兴趣，使学生积极投入汉语学习中。"游戏可以锻炼实践中的所有技能（阅读、写作、听力和口语），在所有教和学的阶段中，游戏都具有至少以下几点优势：（1）游戏提供额外的学习动机——赢得比赛。（2）让孩子与同龄人合作。（3）教学更多以学生为主导，而不是以教师为主导。（4）最大的优点就是让学习充满乐趣。"③ "众多游戏根据训练目的可分为不同类型，如口语听力游戏、拼音游戏、识字游戏、词汇游戏、写字游戏、句型游戏、作文游戏、文化游戏等。"④

以下实例是笔者真实教学案例，课堂活动游戏部分，并不是课堂全部，故未展示复习和衔接部分（见表 5 至表 9，图 2 至图 6）：

表5　五官学习教学案例

学校	B 小学	教师	笔者
年级	幼儿园	学生人数	24
学生水平	零基础	课时	50 分钟
教学法	直接法、听说法、全身反应法、游戏法	教学语言	双语（英语和汉语）
教学目标	学习用中文说五官以及简单的句子		
教学内容	眼睛、鼻子、耳朵、嘴；这是什么？这是……		

---

① 《朗文语言学教学及应用语言学词典》（英汉双解 第三版），外语教学与研究出版社，2005年。

② 刘莹：《论游戏教学法在国际幼儿汉语课堂中的运用——以美国汉语课堂教学为例》，硕士论文，2013 年第 7 页。

③ 韩鑫兴：《试论游戏教学法在小学初中对外汉语教学中的应用》，华东师范大学，2009 年第 14 页。

④ 丁迪蒙：《对外汉语的课堂教学技巧》，上海：学林出版社，2006 年。

(续表)

学校	B 小学	教师	笔者
教学用具	词卡、PPT、纸、蜡笔		
教学步骤	1. 引出新词：PPT 上展示一些缺五官的卡通图像，问学生他们都缺什么，可用英语回答，教师给以积极性反馈。学生回答之后，教师给出相应的汉语字卡或是直接指自己的五官，带学生进行反复发音和整体复读。 2. 《五官歌》：儿童对音乐很敏感，笔者根据《两只老虎》的旋律编写了《五官歌》 眼睛、耳朵，眼睛、耳朵 鼻子、嘴，鼻子、嘴 眼睛、耳朵、鼻子、嘴 眼睛、耳朵、鼻子、嘴 鼻子、嘴，鼻子、嘴 笔者带领唱了两遍之后，已经有一些小朋友可以跟上节奏了。五遍之后，很多学生可以跟着一起唱。最后加上手势，当唱到某个五官时，手就指相应的五官，这也考验了学生的协调能力。《五官歌》大约唱十遍，其中分为女生、男生独唱，男女合唱。 3. FREEZ 游戏：为了让学生对唱歌保持兴趣，减少疲劳感，笔者让学生站立围成一个圈，手拉手慢慢走，嘴里必须唱着刚学习的《五官歌》。当笔者说"freeze"（冰冻）后，动者出局。其余人继续边唱歌边绕圈走，最后胜利的学生可以得到相应奖励。 4. 句子操练：游戏结束后大家回到地毯上坐好，笔者指着自己的五官问学生："这是什么？What's this？"让学生用刚学习过的词回答，笔者再引出："这是眼睛。These are eyes."让学生重复操练。当所有五官造句说完以后，学生之间分组练习。 5. 涂色活动：最后笔者将准备的缺少五官的活动页发给学生，让学生画出缺少的部分，并用蜡笔涂色。	教学步骤反思： 展示缺少五官的卡通图像，不仅吸引学生注意力，而且自然过渡到所学内容。教师指出自己五官运用了"直接法"，意与形直接结合，简单直观。 《五官歌》和FREEZE 游戏：学生在唱歌时指相应的五官，运用了"全身反应法"和"游戏法"，强调身体的活动性。 奖励有 sticker、糖、中国结、手工等，由学生自选。 使用"听说法"通过句型操练，达到熟能生巧。 运用"游戏法"，提高学习兴趣。		

表 6　家庭成员表

学生水平	零基础	课时	50分钟
教学法	直接法、听说法、游戏法、交际法	教学语言	双语（英语和汉语）
教学目标	学说家庭成员；这是谁？这是……我爱你		
教学内容	爸爸、妈妈、哥哥、弟弟、姐姐、妹妹、爷爷、奶奶		
教学用具	词卡、手偶、PPT、纸、蜡笔、照片		
教学步骤	1. 引出新词：PPT 上展示辛普森一家的照片，问学生这些都是谁。用手偶问学生："这是谁？Who is this?"学生会回答："This is mom."笔者会说"这是妈妈"。让学生重复和操练。再问爸爸、哥哥、姐姐等。问句的同时也将这些家庭成员的词带出进行练习。 2.《家庭成员歌》：笔者点读生词，全班一起重复。这时候学生注意力开始下降，所以让学生唱歌。笔者根据《小星星》的旋律编写了一首简单又欢快的家庭成员歌，唱歌时，加入一些手势动作。 爸爸、妈妈，我爱你 爷爷、奶奶，我爱你 哥哥、弟弟，我爱你 姐姐、妹妹，我爱你 We are a happy family. Everybody 我爱你。 3. 对话练习：歌曲活动结束后，让学生准备出提前从家带的家人照片，笔者进行分组，两人一组分组练习对话"这是谁？这是……" 4. 画画：安排学生坐到桌子边，分发活动页。活动页上是一个 family tree，学生自己可以在相应的相框里画自己的家人并且装饰自己的作品。学生的作品会挂在走廊墙壁上。	教学步骤反思： 辛普森一家是美国非常受欢迎的动画节目，所以笔者以辛普森一家的照片为切入点。 《家庭成员歌》运用了"全身反应法"和"游戏法"，强调身体的活动性和学习的趣味性。 学生介绍家人照片，进行小组对话练习采用了"交际法"，教师应尽量创造真实的语境。 制作 family tree，属于"游戏教学法"。		

图 2　幼儿园某班 Family Tree 作品展示

表7 水果学习表

学生水平	一年中文基础	课时	50分钟
教学法	直接法、听说法、游戏法	教学语言	双语（英语和汉语）
教学目标	学习用中文说各种水果；颜色（已学过）加水果表达；我喜欢……		
教学内容	苹果、香蕉、橙子、葡萄、草莓、西瓜		
教学用具	词卡、PPT、纸、蜡笔、水果实物		
教学步骤	1. 以旧带新：笔者展示红色的苹果、黄色的香蕉、橙色的橙子等。目的是复习已学过的颜色，并引出今天所学的水果。问学生"这是什么颜色？What color is this?"学生回答"这是红色。"将颜色复习一遍后，问学生"这是什么？"。学生回答"apple"，利用图片和水果实物，引出要学习的水果。 2. "水果操"：学完新词之后，进行一个小游戏，笔者根据不同形状的水果编了一个"水果操"，如：苹果，教学生做一个apple face，将手托在下巴处微笑；香蕉，双手合十，胳膊伸直，像一侧弯曲；西瓜，两手作托抱状，好似抱着一个又圆又大的西瓜等。教师和学生一同站起做"水果操"。 3. 句型学习：学习完这些生词之后，难度加深，把颜色带入。笔者先做示范，red apple红色的苹果。并告诉学生一个小语法句型：颜色+的+水果。接着让学生根据这个规则造剩下的词组，黄色的香蕉、绿色的西瓜、红色的草莓等，答对得给奖励，并带学生操练这些词组。 4. 句型学习：笔者问学生喜欢什么水果，从而引入句子的学习"我喜欢+颜色+的+水果"。教师先给以示范，再让学生造句子进行操练。 5. 手工活动：学生在经过学习句子之后会有些疲劳，所以这时候在安排一个小的手工活动。对于幼儿园的学生，让他们给水果涂颜色然后再粘在水果树上，水果树是笔者提前做好的。一年级或是二年级的学生可以创作自己的水果篮，涂色和装饰。	教学步骤反思： 复习水果的颜色以旧带新出生词水果，采用"直接法"，利用水果实物直观形象。教师要经常复习所学过的知识。 "水果操"运用"全身反应法"，模拟形象的水果形状，使学生在蹦蹦跳跳中学习中文。 学习新句型。利用"听说法"进行句型操练。奖励有sticker、糖、中国结、手工等。 该阶段适合一、二年级的学生，对幼儿园的学生有难度。 "游戏法"做手工有利于学生大脑发育，激发学习兴趣。		

图3 幼儿园某班"水果树"作品展示

表8 形状学习表

学生水平	两年中文基础	课时	50分钟
教学法	直接法、听说法、游戏法	教学语言	双语（英语和汉语）
教学目标	学习用中文说形状以及"某物是圆形的"等句子。		
教学内容	三角形、长方形、正方形、圆形、菱形；篮球是圆形的等。		
教学用具	词卡、PPT、拍子、纸、剪刀、胶水、球类运动的实物		
教学步骤	1. 以旧带新：通过复习球类运动引出形状的学习。尽量将这些形状和以前学习过的词相结合，如球引出圆形、桌子引出长方形（桌子已经讲过）、三明治引出三角形等。向学生展示词卡或实物，单一点读和整体复读。 2. "拍苍蝇"游戏：将球类和所学的形状放在一起，让三个学生上来，笔者向一位学生展示卡片，这位学生大声说出汉语词汇，其余两位学生谁先拍到这个词作为赢者可以留下和下一位要挑战的学生进行小竞赛。 3. 句型学习：游戏过后，教师启发学生造句："足球是圆形的。Soccer balls are round."句型是"球类+是+形状+的。"并且和学生强调"的"字不可丢掉。启发学生造更多的句子。如篮球是圆形的、桌子是长方形的等。对这些句子进行操练直到学生熟练。教完肯定句之后，问学生："橄榄球是圆形的吗？"学生回答："Football are not round."这时候将否定句引出"橄榄球不是圆形的"。并告诉学生"不"的位置在动词之前。	教学步骤反思： 1. 复习旧词，引出新词。该步骤中采用了"直接法"和"听说法"。 2. "拍苍蝇"游戏将"游戏法"运用其中，适当引入竞争机制，有助于激发学生学习兴趣。 3. 句型的学习需要大量的操练。教师在该过程中既是启发者也是监控者。启发学生造出更多的句子，确保句子准确度。	

（续表）

学生水平	两年中文基础	课时	50 分钟
教学步骤	4. 手工活动：提高学生动手能力和培养团队协作意识。猫头鹰书签，利用不同形状的纸片粘贴做出一个可爱的猫头鹰书签。另一个手工是笔者将七巧板打印出来，让学生涂色然后剪下，发挥想象力，利用七张纸片拼成一个图案并贴在彩纸上完成自己的作品。 这些作品将粘贴到走廊墙上，一年级和二年级都可以做。	4. 将汉语的学习融入游戏活动中，手工活动可加深对所学知识的印象。	

图 4　一年级某班"猫头鹰"作品展示

图 5　一年级某班"七巧板"作品展示

表 9　文化和词汇学习——春节

学生水平	两年中文基础	课时	50 分钟
教学法	直接法、听说法、游戏法	教学语言	双语（英语和汉语）
教学目标	了解中国传统节日春节及习俗；学习一些有关春节的词汇		
教学内容	春节、过年、红包、鞭炮、饺子、福		
教学用具	PPT、纸、剪刀、胶水、红包、人民币		

（续表）

学生水平	两年中文基础	课时	50 分钟
教学步骤	1. 春节前夕，笔者播放关于中国春节的视频，同时用红灯笼、福字等装扮教学场地，烘托节日气氛。观看视频《春节》过后，笔者准备了一些有关视频内容的问题以检测学生视频学习的效果，如人们为什么放鞭炮？红包是什么？什么颜色在春节最受欢迎？中国人在春节都会做什么？提问这些问题的目的一是检测学生观看视频的效果，二是加深学生对中国春节以及风俗的印象。 2. 学习视频中出现的一些关于春节的词，如春节、过年好、红包、鞭炮、饺子、福。单个学生和全班进行操练。展示红包、饺子、春联等。 3. 活动一：二年级学生学习写中国"福"字，然后粘贴在龙身上作为鳞片。 活动二：制作"龙盘"，老师将龙头打印下来并准备塑料盘，学生涂色后剪下，贴在塑料盘上，在盘子周围用水彩笔进行装饰，学习写"龙"字，最后老师提供绳子把盘子穿起来，挂在墙上作为装饰品。 活动三：学唱《新年好》歌曲。分为女生和男生独唱，最后大合唱，手拉手加上一些动作。	教学步骤反思： 1. 该课属于文化课，为让学生了解中国传统文化和节日。视频学习更为直观生动，教师应注意学生在观看视频时，要准备问题提问。 2. 实物展示采用"直接法"，更为生动形象，易于学生理解。 3. 这三个活动体现了"游戏法"在文化学习中的应用。培养学生动手制作的能力，同时，传播中国文化。		

图 6　2 年级某班作品展示

31

6.5 教学资源情况

B 小学没有固定的汉语教材和学生用书，教师根据肯尼索州立大学孔子学院汉语教学大纲以及参考教案授课，没有统编的汉语教材。课程进度有大致规定，但主要由教师自行把握。肯尼索州立大学孔院有不少汉办赠送的汉语教材，然而，并没有缓解美国中小学汉语教材缺乏的压力。B 小学的汉语教学主要根据肯尼索州立大学孔子学院编写的汉语教学大纲安排自己的教学内容，各单元主题确定后，参考孔院编写的教案，结合自己的教学经验选择汉语参考教材进行教学，如《汉语乐园》《快乐汉语》《美猴王汉语》《快乐幼儿华语故事册》等。通过整合各教材的资源优势，为教师的教学带来很多灵感。然而，由于没有固定教材和学生用书，学生的课后作业和复习成为一个难题。

为了给学生提供一个近似真实的语言环境，笔者充分利用网络资源选择真实的语言材料，在课余时间给同学们播放一些关于中国文化的视频，如《舌尖上的中国》英文版、《你好，中国》等视频扩充学生文化视野。

此外，笔者发现美国有很多专门中小学教育网站，开发十分详尽和完善，从 Pre-k 到五年级科目都有相应的课程计划、课堂游戏活动以及课外活动、词卡、活动练习活页、电脑学习游戏、歌曲、音频视频、教师资源等。笔者从这些网站中得到启发，将一些活动也运用于自己的课堂中。

6.6 课堂管理

《国际教育百科全书》对课堂管理的定义为："课堂管理是为了学生参与课堂活动创造有利于环境的过程。"[①]

我国学者杜萍（2008）认为："课堂管理是指在课堂教学过程中所进行的管理，即在课堂教学中教师与学生遵循一定的规则，有效地处理课堂上影响教学的诸因素及其之间的关系，使课堂教学顺利进行，提高教学效益，促进学生发展，实现教学目标的过程。"[②]

周萍（2013）在其硕士论文中指出："课堂管理主要包括：课堂教学管理、课堂纪律的管理（包括课堂问题行为的管理）、课堂教学情境的管理、课堂师

---

① 胡森（T. Husen）主编：《国际教育百科全书》，贵阳：贵州教育出版社，1990 年第 32 页。

② 杜萍：《有效课堂管理：方法与策略》，北京：教育科学出版社，2008 年第 26 页。

生关系的管理、课堂偶发事件的管理等。①

笔者在肯尼索州立大学孔子学院做志愿者已经有八个多月，从一名零基础的新手教师，逐渐积累了一些教学经验和课堂管理经验。我们以在工作中遇到的课堂管理案例为样本，分析教学中的问题以及相应的解决方案。

案例一 课堂问题行为引思考

D 是一年级学生。他所在班级共有 20 人，男生 10 人，女生 10 人。在课堂纪律方面，女生表现比较好，而男生整体较差。D 便是问题学生之一。D 反应很快，很机灵，就是在课堂上无法安静下来认真学习。

一次汉语课上，D 要上厕所，笔者并没有同意。原因有二：其一，班规规定上课过程中，紧急情况才可以使用厕所；其二，D 平时的课堂表现决定他此次并非紧急情况。

第二天 D 的母亲和奶奶来学校质问笔者为什么没有让他使用厕所，并指责笔者让学生"use it in his pants"（就是让他尿裤子的意思）。作为一名教师，笔者知道教师的规范用语。便当即向学生家长做出了解释：该班男生整体纪律情况很差，该生上课表现不好，有时候还会说谎。为防止学生跟风上厕所，实则在厕所里玩耍，造成课堂管理困难，笔者未同意该生使用厕所。尽管该生的奶奶态度不很友善，但该生母亲表示十分理解。事后，笔者将此事汇报给副校长，在副校长的教育下，他承认了错误并向笔者保证以后不犯同样的错误，这个事情算是圆满地解决了。

从这件事情发生到解决的这一过程中，笔者思考为什么 D 对他家长说谎。之后笔者问过该生对汉语课的想法，D 说他不喜欢，没有意思。这一点让笔者深思，学习语言不是一件容易之事，如何让学生喜欢汉语课才是重点和解决问题的关键。这件事情发生后，笔者立即调整教学计划，在教学中加入了游戏、唱歌、手工、角色扮演等新鲜的活动。学生对汉语课兴趣大增使笔者感觉很欣慰。

笔者意识到家长和教师之间的交流沟通对学业的提高以及学生的成长十分重要。杨慧敏（2004）谈道："要解决教育中的各种问题，提高办学水平，仅仅依靠学校自身的力量是行不通的。学校教育必须得到家长、社会的支持与合作，才能取得较好的教育效果。"② 在和其母亲的沟通中，笔者发现该生是单亲家庭，兄弟姐妹多，家庭条件不是很好，养成了较差的行为习惯。所以笔者理

---

① 周萍：《美国儿童汉语课堂教学的组织管理探究》，硕士学位论文，扬州大学，2013 年第 8 页。

② 杨慧敏：《美国教育基础》，广州：广东教育出版社，2004 年第 209 页。

解了该生在课堂中的种种表现。

最后，教学中不管遇到什么问题，都不要回避，而是要积极解决。范博（2013）指出："中文教师在教学等过程中遇到困难时，向校长寻求帮助是必要的，校长会为中文教师提供最广泛的便利条件，帮助中文教师顺利开展中文教学。"①

案例二　教师用语需谨慎

球类运动的学习是二年级的教学内容，如足球、篮球、橄榄球、棒球、网球等。一次，在二年级的一个班上，笔者对上周学习的球类进行复习。笔者指着 PPT 上的各类球说："Last week we learnt all these balls. Now let's do reviewing."（上周，我们学习过了这些球类。现在我们一起复习。）下面的几位男生开始笑了起来，并对其他学生说："She said balls."笔者有些不解，不明白他们为什么笑，而且不是友善的笑。这时，有几个女生对他们说："别说这个恶心的词了。"课后，笔者上网搜索了这个词，才发现它有其他特殊的含义。

还有一次，笔者给学生发活动页说："Finish these sheets, please."（请完成这些活动页。）因为 "sheet" 和 "shit"（脏话）发音相似，由于笔者的英语发音问题，几个平时爱捣乱的学生开始说笑。尽管学生们明明知道笔者的意思，但他们会以此为机会，破坏课堂纪律。

作为一名新手教师，笔者对于学生这类课堂管理问题并没有高效的解决办法。笔者将这几个学生的名字告诉班主任进行处理，并让他们接受 "silent lunch"（一种惩罚，受罚学生不能在学生食堂吃饭，而是和图书管理员一起吃午饭，并且不能说话，不能自己选择午饭）。

课堂用语涉及课堂教师用语和学生用语。教师用语应该文明规范，这样才可以积极引导学生使用规范的礼貌用语。教师应尽量规范自己的课堂用语，在国内，我们经常从美剧中学习一些俚语或流行语，而它们并不是规范文明的语言，因此，教师在海外进行汉语教学一定要注意自己的用语，这些语言不能在课堂上使用，如让学生安静、不要说话，可以说 "Be quiet、Keep your mouth closed、Zip it lock it and put it in your pocket、Hush、Be silent"，但不能说 "Shut up（闭嘴）"。学生可以说 "I mess up（我弄得一团糟）"。但是不可以说 "Screw up"，因为这个表达不礼貌。

这对于海外中文教师又是一项挑战，平时可以向当地老师学习到一些基本而又实用的课堂指示语，如让低年级的学生坐在地毯上，可以说 "Criss-Cross

---

① 范博：《对美国小学汉语教学的思考——以美国俄勒冈州尤金市 M 学校为例》，硕士学位论文，中央民族大学，2013 年第 46 页。

Applesauce，Put your hands in your laps（盘腿坐，手放在大腿上）"、"lips and hips（一手放在嘴上，一手背在腰后）"等。

案例三 课堂活动需注意

2014 年 10 月 31 日是美国万圣节，为了将汉语更好地与美国文化相结合，两位汉语教师决定在万圣节的前一周开展关于万圣节的中文活动。笔者的学生在学习了一些关于万圣节的汉语生词后，便带着学生做万圣节"bingo"游戏。之后教学生做万圣节立体卡片，并在卡片上写"万圣节快乐"。学生们都很喜欢手工制作并把自己的作品带回家给家长展示，几位班主任老师也很喜欢学生的作品。

万圣节第二天，笔者遇到了前一天上课的一年级学生 B，他告诉我他母亲把他做的万圣节卡片扔了。当时，我很吃惊，他的贺卡做得很漂亮，为什么母亲会扔掉？我问及缘由，他说他家不过万圣节。

两个月之后是美国最欢快的节日——圣诞节。圣诞节前一周，学校走廊里、教室里、图书馆都充满着浓浓的圣诞节气氛。笔者教学生学习唱圣诞节快乐之歌，还让他们做了圣诞节袜子。这时，图书管理员建议说有几个学生不能把圣诞节手工带回家，但他们可以参与。原因是个别学生家长不想让孩子接触任何宗教，而万圣节和圣诞节都是天主教、基督教的节日。这时，笔者才想起为什么 B 的母亲会扔掉万圣节卡片。

笔者向图书馆管理员询问了这些学生的名字，此后涉及带有宗教色彩的节日，笔者会准备一些不同的活动让他们参与。美国人对宗教信仰自由的权利保护意识很强，教师在做课堂活动中，经常忽略这些细节问题。由于中西方文化方面的巨大差别，教师应提高文化差异的敏感度，如是否无意识地向学生输出了一些带有宗教色彩的文化或是介绍一些不符合美国人饮食文化的中国食物等。

经过几个月的教学，笔者渐渐领悟了"师者，所以传道授业解惑也"的道理，在针对幼儿和小学生的教育时，教师还要充当一个文化的沟通者、引导者。与他们沟通和交流，不放弃每一个学生，在解决问题的过程中使自己成长为一名优秀的汉语教师。

七、教学反思

7.1 B 小学汉语教学开展的优势

B 小学开展汉语课已三年，受到学校教师、学生和家长的欢迎。这与肯尼索州立大学孔子学院的各位领导和老师的不懈努力是分不开的，孔院和佐治亚州教育厅积极合作，编写汉语教学大纲和教案供汉语志愿者教师使用。并与当地学区积极建长期立合作，当地学区领导关心汉语志愿者教师，提供汉语教师上下班转车接送的服务，每个月的固定时间展开例会，学区负责人帮助解决生活或是工作中的问题，汉语教师在例会上讨论自己的教学心得，可以提出自己的疑问或寻求帮助，学区领导都会积极去解决。学区的支持是汉语教学工作顺利开展的原因之一。

B 小学的教师十分支持中文项目。以下是笔者和 W 教师的谈话记录（2015 年 3 月 3 日，访谈对象：学校图书管理员老师）。

笔　　者：您是如何看待 B 学校开展的中文课程的？

W 教师：我认为他们（学生）学习到汉语是非常幸运的一件事。我觉得许多人都没有意识到学习汉语是多么好的一个机会。我很高兴汉语课程在 B 学校开展了三年。我希望明年和以后可以继续开展下去。虽然汉语课程很好，但是我觉得它并没有像数学和阅读那样必需。

笔　　者：您支持开展中文课吗？

W 教师：当然支持 B 学校的中文课，它太棒了。

笔　　者：为什么呢？

W 教师：因为学生在早期学习一门新语言更加容易，对他们的大脑开发更好，而且这个世界上大部分人口（中国）都说汉语，学习汉语课可以让学生有兴趣去探索更加广阔的社会，你知道的，全球化。还因为中国越来越强盛，学生学习汉语对他们也十分有益处。同时，学习汉语对他们也是一项挑战，学生学习汉语的同时可以更好地学习英语，了解到不同的文化。

笔　　者：您对中国的了解有多少呢？

W 教师：我从来没有去过中国，对中国的了解也不是太多。

笔　　者：您和中国老师一起工作也有三年了，你对中国的观点有变化吗？

W 教师：我对中国的观点没有变化，如果有机会，我希望自己可以去一次中国。

笔　　者：您认为两位汉语教师的工作如何？如果您有什么建议，可以和我们说说。

W 教师：我认为两位中文老师在教课和管理学生方面都做得很好。两位中文老师始终贯彻班规、预期期望和结果。我的建议是两位老师应该在对待学生问题行为时再继续加强相互的帮助。去年的两位中文老师在这一点上也没有高效地相互帮助。汉语老师将手工、歌曲、跳舞、游戏等活动都融入了汉语教学，学生们也非常喜欢。

从对话中看出，W 教师十分支持 B 小学的中文项目。学校其他教师都十分珍惜开设汉语课的机会，他们很喜欢两位中文老师为 B 小学的学生带来了一门全新的语言和一种古老的文化。

学生家长也十分支持汉语课。S 是汉语教师的司机，其女儿在 B 小学上学，是笔者的学生。S 很高兴其子女可以有这样宝贵的机会学习中文、了解中国文化。她说每次她回到家，她的女儿都会说一些她听不懂的话（中文），而且有时候她的女儿也会教她的弟弟说中文。S 十分支持中文课，她希望以后每一年都可以有中文课，这对她的孩子来讲是一笔宝贵的财富。

B 小学为汉语教师提供电脑、投影仪、音响等，这无疑为汉语教师的教学开展带来了极大的便利。而且每个班学生约有 20 人，小班授课和管理相对较容易，课堂活动较容易开展。

7.2　汉语教师的不懈努力

B 小学中文课的开展是两位志愿者教师的不懈努力的成果。两位汉语教师积极与其他美国教师交流学习，吸纳有经验老师的好建议，尽力去适应美国学生的思维模式和学习风格，积极融入美国生活和文化，提高课堂趣味性，让更多的学生对中文课感兴趣。总之，B 小学汉语课程的顺利开展和孔院领导老师、Bibb 学区、学生、美国教师、学生家长的支持以及两位汉语志愿者教师的积极努力是分不开的。

7.3　存在的问题——汉语教学地点空间有限

B 小学汉语课教学地点位于图书馆的一个角落里，学生每次来全部坐在地毯上。虽然图书馆很安静，也有图书管理员的帮助，但地方较小而且图书馆经常会有学生来读书和做阅读测试，所以汉语教师不能让学生做太多活动，这也是局限性。

学生对汉语课重视不足：汉语作为学校的副课，和体育课和音乐课一样，是为了拓展学生的兴趣爱好，没有学分和考试，所以学生对汉语学习的重视度不够，学生学习汉语的兴趣爱好最重要。

课时较长：B 小学每节课 50 分钟，课间有五分钟，课时时间对于小学学生来讲较长，学生精力难以长时间集中，容易疲劳。所以在汉语课上，有时候难免会走神。这些是 B 小学汉语课开展自身存在的问题，不具有普遍性。

汉语教师缺乏海外教学经验：汉语志愿者教师多半教学经验不足，大部分志愿者教师没有海外教学经历。由于中美中小学生学习风格、思维模式、学习方法等都存在很大差异，这给经验不足的汉语教师又增加了不小的压力。这些汉语志愿者在来美国之前虽然接受了一定的培训，但是这些培训远远不能满足海外教学的需求。而且在语言方面，虽然这些志愿者教师有大学英语四、六级或是专业英语八级的英语证书，但是并不等同于语言方面不存在问题。不过，英语听力和口语是可以经过不断练习而提高的。

汉语教师队伍（志愿者）流动性大：国家汉办规定汉语志愿者最多可在海

外教学三年，但很多志愿者教师多是海外教学一年后选择回国。肯尼索州立大学考虑到教师志愿者的流动性因素，所以提出两年工作合同要求。汉语志愿者教师经过一年的教学积攒了一些教学经验和课堂管理经验，学生也渐渐习惯了老师的讲课风格和思维模式，但是老师又要离开，学生不得不重新适应新的老师，而且新的志愿者老师和留任志愿者老师上课讲课内容不衔接，导致有些内容又得重新学习一遍，而有些内容却都没有讲过，新手教师也需要一段时间来适应新环境。

汉语教师与美国教师跨文化交际能力有待提高：美国教师都很积极热情，而中国老师相对比较含蓄，有一些汉语志愿者教师即使自己在教学上有一些困难，也并不愿意请求美国教师帮助。在笔者和美国本地教师的交谈过程中发现，其实学校老师都十分热情和积极地愿意帮助新手教师，只有这样新手教师才可以成长。由于中美文化差异，在和美国同事交往时，不必过于拘谨，同时也要注意跨文化交际能力的培养。由于语言的差异，有时候会影响到其他美国老师对汉语志愿者教师的看法和态度。这是一个真实的案例。W 教师在梅肯 R 小学教书，她本人是新手教师。由于语言不是很过关，所以有时候听不懂其他老师和她说什么，经常造成一些误解和麻烦。有一个美国老师认为 W 教师"She has no manner"（没有良好的教养）。这就造成了不必要的误解，其实 W 教师是一位十分有礼貌的教师。笔者在与美国教师交谈中有时候也会有听不懂的地方，但是笔者都让对方解释一遍直到自己明白，学校的老师也十分耐心地解释。

对汉语教学重视度不够：从学校和学生角度来讲，因为汉语课是副课，不计学分，也没有作业，不用受升学考试的压力，所以这也导致了很多学生上汉语课是出于对汉语课的兴趣，简单来讲，老师上课有意思，能吸引学生，学生就喜欢这门课。学生没有很大的升学压力，不像中国学生从小都为考学压力而困扰。所以从这个角度思考，汉语课所得到的重视度并不高；从家长角度来讲，因素比较多。B 小学位于佐治亚州梅肯市，经济发展相对落后，许多家庭十分贫穷，家长的受教育程度较低，每个家庭的孩子很多，家长为生计操心，对孩子的教育关心程度并不高。而且美国有很多家庭是重组家庭，父母离婚，孩子很多，一些学生跟随家人搬迁，学生流动性也相对较大。对每个孩子的关心度也不够，这也导致出现一些"问题学生"。还有一些因素是西班牙语是美国第二大语言，一些学生家长认为学习汉语没有用处，学习西班牙语比学习中文对其子女的发展更加有意义。另外也有极少数的家长对中国文化持不接纳的态度，也不希望其子女接触中国文化。这些因素都是现在汉语教学中出现的真实的不可避免的问题。

海外教学资源匮乏：从教学资源方面考虑，没有统一固定适合本土的教材、学生练习册，汉语志愿者多自己制定教学内容，参考不同的汉语教材，如《美猴王》《汉语乐园》《快乐汉语》。肯尼索州立大学孔子学院考虑到这一点，与佐治亚州教育厅合作编写了汉语教学大纲，现在正处于应用、实验阶段，还有一些不完善的地方，这需要汉语教师志愿者在使用的过程中，不断提出修改意见以加以完善。另外，汉语学习的相关视频、音频很少。在海外下载不便，涉及版权问题。美国有很多专门的教育网站，上面提供字卡、室内室外一些很有意思的活动、音乐歌曲、练习活页、与学习相关的游戏等，笔者就经常使用一些国外教育网站，但这些网站很多都是需要注册付费才可以使用的。多种教学资源很值得国内教育者去开发和研究。

7.4 小学汉语教学的启示和借鉴意义

7.4.1 对美国中小学汉语教学的启示

随着美国汉语教学的不断发展，开设汉语课的中小学数量也在不断增加。越来越多的学者专家将研究方向投入美国中小学汉语教学的研究中。而美国教育体系和观念和中国教育体系观念存在巨大的差异，美国中小学汉语教学又逐渐呈现出自身发展的特点。这就需要引起大家对美国中小学汉语教学现状的思考，笔者经过十个月的汉语教学实习对美国中小学汉语教育有一些思考。

首先，每年，汉语教师志愿者流动性很大，不利于海外汉语教学的可持续发展。要想使汉语在美国落地生根受到更多人的欢迎，需要培养更多的本土的汉语教师，但是"路漫漫其修远兮，吾将上下而求索"。这个问题的解决不是一朝一夕的，现在海外汉语教学发展总体上呈欣欣向荣之势，这就需要大家对国际汉语教育事业有坚定的信念。

其次，教材是"三教"中的重要一项，海外汉语教学的现状就是缺少适合本地学生的教材，这也是全球汉语教学面临的主要问题。应制定适合本土的汉语教材、参考书、课外书、学生练习册以及相关的学习视频、音频、游戏。国内的汉语教材也不少，但是真正适用的却不多，志愿者教师参考着多本教材。另外，在这个网络世界，应多积极开发利用网络资源。美国有很多教育网站，上面的学习资源十分全面，国内的学者和研究人员也考虑开发类似的网站服务老师和学生。

再次，教师要去了解学生以及学生家长需求，不断提高汉语课堂兴趣。由于中西方学生的思维模式、学习方法都存在巨大的差异，这就需要汉语教师去观察去适应。学习汉语虽然不容易，但是可以为学生创造快乐轻松的氛围，吸引学生注意力。加强和学生家长的交流，增强中国文化和汉语学习的宣传力度，让学生家长也成为支持汉语教学开展的中流砥柱。

最后，跨文化人际关系很重要。"国际汉语课堂是一个跨文化交汇的场所。"[①] 作为一名海外汉语教师每时每刻都会遇到跨文化交际，体现在教学和生活的方方面面，如与学生交往时、与学校领导及当地老师交往时以及和学生家长的交往等。汉语志愿者教师在面对和自己本国文化有着巨大差异的环境时，如何高效地与学生进行交流、怎样和美国教师同事建立起友好合作关系，如何处理与学校领导上下级的关系以及面对学生家长时如何交谈都涉及跨文化交往。评价一位海外教师的教学能力，不仅是对其教学能力、课堂管理能力的评估，更多的是对其综合能力的考评，而跨文化交际能力就是其中十分重要的一项，所以在跨文化交际方面值得每一位教师去深思。

7.4.2　对国内汉语教育硕士及志愿者培养的反思

在美国越来越多的中小学开始开展汉语课程，这对汉语教师的数量和质量都提出了更高的要求。国内的国际汉语教育专业也成为很受欢迎的专业，许多国内高校都开始开设该专业。笔者认为国内的汉语教育硕士在培养方面可以更多地融入课堂实践，教学理论固然重要，但是脱离了实践的理论未免显得有些单薄。汉办对选拔出的汉语志愿者教师都会进行为期一个月的岗前培训，笔者认为可以在教学技能以及理论知识方面有针对地在有国别化的中小学汉语教学技能、课堂管理、活动设计、中小学教学原则理念等方面进行培养。让这些没有海外教学经验的教师更多地了解海外汉语教学情况，可以在短时间内胜任，适合海外教学，提高教学质量以及专业知识水平，培养积极有效的跨文化交际能力，培养爱岗敬业的精神。

[①]　田艳：《国家汉语课堂教学研究——课堂组织与设计》，北京：中央民族大学出版社，2010 年第 21 页。

墨西哥奇瓦瓦自治大学
孔子学院汉语教学概况

张　钊

（北京第二外国语学院汉语学院）

墨西哥奇瓦瓦自治大学孔子学院是与北京第二外国语学院共建的孔子学院，笔者从学习者、教师、课堂教学、使用教材四方面深度分析墨西哥地区汉语教学的情况和现状。同时，通过数据说明，针对各方面现存的问题，得出相对合理的解决措施。写作架构是，整体从宏观角度出发，简要概述墨西哥国家的概况和语言政策，而后以一家孔院为例从中观至微观程度，分析对外汉语教学在墨西哥孔院的发展。

一、墨西哥汉语教学宏观概述

（一）国家概况

墨西哥，全称为墨西哥合众国（Estados Unidos Mexicanos），是位于北美洲的联邦主权制国家。地理位置是拉丁美洲北部。与美国、伯利兹和危地马拉接壤。东西两侧各临太平洋和大西洋。主要的地形地貌为沙漠、平原和雨林。气候多样，以热带沙漠气候和热带雨林气候为主。

经济方面，墨西哥国内生产总值世界排名第15，国际生产总值世界排名第11。国家以现代化的工业制造和农业生产作为主要经济发展来源。受《北美贸易协定》和《关贸总协定》的影响，墨西哥发展态势迅猛，逐渐成为中美洲新兴的工业化国家。在外贸领域，墨西哥以出口农业产品为主。

政治方面，国家分为，32个行政区划，首都为墨西哥城，32个拥有部分自治权的自治州以邦联的形式组成国家。联邦国家的权力分衡与大多数民主制资本主义国家相同，为行政、立法和司法，三权分立。行政机构的权力较大。主要以总统负责行政的管辖。总统由公民普选产生，任期6年，不可连任。其次，国会作为立法机构实行两院制——参议院和众议院。主要党派为革命制度党、国家行动党和民主革命党。

文化方面，墨西哥属于中美洲印第安文化发源地之一。同时诞生了很多土著文明。例如，奥尔梅克、托尔特克、特奥蒂瓦坎、萨博特克、玛雅和阿兹特克。以玛雅文明和阿兹特克文明为世人所熟知。美洲三大古文明当中，墨西哥拥有两个。玛雅文明始于公元前 2600 年，主要文明发源地在墨西哥的南部。因此，尤卡坦半岛存在诸多玛雅文明遗留下来的文化古建和历史珍品。阿兹特克文明是存在于 14 世纪到 16 世纪中的古代文明，历史十分悠久。文化发源地在墨西哥中部，首都在墨西哥城附近。文化古建较为著名的是墨西哥城的阿兹特克金字塔。墨西哥现如今是拥有联合国教科文组织世界遗产最多的中美洲文化古国。

宗教信仰方面，以罗马天主教为主，其次是基督教新教。墨西哥是世界第二大信仰天主教的国家，仅次于巴西。国家每年庆祝宗教仪式的节日众多。

人口分布和民族构成方面，墨西哥民族种类繁多。据墨西哥国家人口委员会最新统计，截至 2013 年年底墨西哥总人口数达到 118395054 人，其中女性占 51%，约为 60584099 人，男性约为 57810955 人。根据全国居民委员会的最新估算，共有 1.184 亿人口，居全球第十一位。① 是人口最多的西班牙语国家，也是拉丁美洲第二人口大国，仅次于巴西。全国大约 60% 的人口为印欧混血人，30% 是印第安人后裔，9% 是欧洲后裔。② 关于墨西哥的族群概况，主要分为梅斯蒂索人和印第安人。梅斯蒂索人即印欧后裔。印第安人即为中美洲的原住民。两个族群使用的语言分别是西班牙语和纳瓦特尔语。

（二）所在国家的语言政策

在墨西哥，西班牙语作为官方语言之一。同时，还有多种地方土著语作为其官方语言，统称"民族官方语言（official national language）"。由于受殖民时期的影响，西班牙语在墨西哥的普及率非常之高。尤其是在北部的奇瓦瓦州和南部的尤卡坦半岛的使用率很高。中部的墨西哥城人口和族群分布较为复杂。因此，土著语在中部的使用情况多于北部和南部。由于本国土著语言和西班牙外来语共同存在的情况，出现了语言融合和借用的现象③，很多西班牙语开始渗入土著语言，在印第安族群中开始出现了使用西班牙语与土著语为混合语的语言交际。同时，由于西班牙语大范围地使用，美洲印第安土著语逐渐减少，

---

① Spanish Language History，Today Translation，2017-10-01。

② 李丹：《夹缝中生存的印第安民族及其语言——墨西哥语言政策研究》，《北华大学学报》，2014 年第 2 期。

③ 李丹：《夹缝中生存的印第安民族及其语言——墨西哥语言政策研究》，《北华大学学报》，2014 年第 2 期。

近130种土著语消失。墨西哥政府至今仍开展拯救当地印第安文化及语言的政策，以挽救濒临消失的语言。

关于墨西哥的语言政策主要分为两个时间阶段。纵观历史，不难发现，墨西哥随着16世纪新大陆的发现和17、18世纪的第一次工业革命，逐渐成了西方资本主义国家向外扩张和殖民的牺牲品，进入了殖民统治的时期。19世纪随着西方国家的参战，墨西哥抓住了独立解放的机会，完成了国家独立。因此，这两个时期，随着国家政治和经济的不断变动，语言政策也随之受到影响，分别有不同的特点。①

第一个时间阶段为1821年前殖民时期。在西班牙殖民者未侵入前，整个国家是由墨西卡人（Mexica），也就是阿兹特克人所统治的。历史上就是阿兹特克帝国。这个国家使用阿兹特克人的通用语——纳瓦特尔语。由于国家的组成是各部族间的融合，因此，纳瓦特尔语就成了沟通各部族间的语言桥梁，也成了政府、商业、民间各部门的官方语言。生活在南部的玛雅人为了经济和贸易的往来，逐渐开始使用纳瓦特尔语，以至于该语言逐渐同化了其他土著语言，使用范围十分之广。而后，西班牙殖民者开始入侵，推翻了阿兹特克帝国，建立了西班牙殖民政府，语言政策随即开始改变。西班牙王室推出政策，强行推广西班牙语。具体政策包括正式官方场合必须使用西班牙语以及所有教育活动均使用西班牙语。这一政策的推行，使得西班牙语的普及率大幅度提升。同时，土著语言受到前所未有的打击。因此，在这一时期出现了"双语现象"。即在同一社会使用不同功能的语言的现象。而且由于大规模殖民，社会阶层的划分开始逐渐显现。高等人群的西班牙人主导社会的发展，底层的原始印第安人则被迫接受统治，语言也包含在内。

第二个时间阶段为1821年后的独立时期。这一时期的语言政策，简而言之，就是"双语政策"。"双语"指的是西班牙语和以纳瓦特尔语为主的少数土著语言。这一政策产生的原因始于印第安族群对新生国家的诉求，不得不引起政府的重视，开始实行"双语政策"。建国初期，政府强调会西班牙语是国民的必备技能。但教育层面遇到失败，导致这种同化语言的政策无法进行。之后政府开始进行了多次尝试，但都以失败告终。直到20世纪70年代，国家开始接纳和融入印第安人群，实行"多语言多文化"的民族和语言政策，并写入宪法。在社会不同行业中广泛使用多种语言。时至今日，墨西哥国家的语言政策仍是"多语言多文化"政策。但不容否认的是，经过语言政策的大规模变动，西班牙语已经成为实至名归的官方语言，而

---

① 李丹：《夹缝中生存的印第安民族及其语言——墨西哥语言政策研究》，《北华大学学报》，2014年第2期。

与之相对的土著语言，使用率至今仍在减少。

（三）孔子学院及孔子课堂分布情况

在墨西哥开设的孔子学院共有五所。分别是墨西哥城孔子学院、尤卡坦自治大学孔子学院、新莱昂州自治大学孔子学院、国立自治大学孔子学院和奇瓦瓦自治大学孔子学院。墨西哥现为拉美地区开设孔院总数最多，并且第一家孔院开设时间最早的国家。[①]

墨西哥城孔子学院，前身是华夏中华文化学院，于 2006 年 2 月签署协议并揭牌于 2006 年 11 月。华夏中华文化学院是一所民办制私立语言培训学校。在汉语文化普遍推广的大背景下，此学校在墨西哥城地区作为汉语培训学校知名度较高、学生数量多的一所学校，受到各界的广泛关注。之后该学校与国家汉办开展合作。将北京潞河中学作为其中方合作院校，开展教学工作。由于有异于传统的高校合作模式，该学校至今仍继续独立办学。办学的宗旨是面向整个墨西哥传播汉语和中华文化，以青少年的语言教学作为办学的重点。因此，其与当地 15 所中小学开展汉语课程的合作，在当地中小学开展汉语培训班。学生的主要特点是以青少年为主，高校学生和社会人士较少。关于该校在课程计划上的安排，是以中小学的必修和选修课为主要目的。除了本校常规的课程外，多方开展"入校园"的汉语教学模式，取得了瞩目的教学成果，受到多方好评。[②]

墨西哥新莱昂州自治大学孔子学院揭牌于 2013 年 11 月。新莱昂州自治大学孔子学院是一所公立制大学，位于墨西哥北部新莱昂州的首府蒙特雷市。与其合办的中方合作院校为中国对外经济贸易大学。此孔院由于是国家汉办下属的孔子学院之一。因此，其性质属于非营利性的汉语教育教学机构，发展的目标和宗旨则是在墨西哥传播汉语以及中国文化，促进中墨之间的友好外交关系。其有别于其他孔子学院的情况为，该孔院 2013 年前是由该合作大学的语言中心的外方主任管理的，没有中方院长任职。[③] 因此，孔院的教学开展工作、活动管理工作及项目合作工作均由外方人员和中方外派教师与志愿者协作完成。新

---

① 付爱萍，田玉：《墨西哥孔子学院发展特点、问题及对策》，《连云港师范高等专科学校学报》，2013 年第 1 期。

② 汤雯：《墨西哥城孔子学院汉语教学情况调查与相关思考》，广东外语外贸大学硕士学位论文，2014 年。

③ 巩香君：《墨西哥新莱昂自治大学孔子学院汉语教学调查报告》，广东外语外贸大学硕士学位论文，2015 年。

莱昂州孔子学院的教学工作除了汉语教学和 HSK 辅导以外，每年组织多次文化讲座和文化演出活动，受到当地师生的广泛欢迎和认可。该院学生的主要来源是当地的大学和高中，社会工作者较少。学生普遍学习汉语是为了去中国留学和未来的就业机会。总体来说，新莱昂州立大学孔子学院办学效果突出，是近年来工作业绩良好的孔院。

墨西哥尤卡坦自治大学孔子学院是由尤卡坦自治大学和中国中山大学合作办学的孔院。该院成立于 2006 年，并与 2007 年正式揭牌成立。该院师资的主要来源是国家汉办委派的汉语教学志愿者和公派教师。由于是合作院校，中山大学的教师居多。其有自己的理事机构，分别由 4 名中方人员和 4 名墨方人员共同组成。课程安排主要根据具体的校方学期安排来统筹规划。主要的汉语课程类型除了基础汉语课程以外，增设了儿童班和少年班，暑假期间还有夏令营活动。相比其他孔院课程类型较为多样。同时，尤卡坦孔子学院还定期组织教师培训，提高教师的教学专业素质，得到学生和老师们的支持。考试方面，根据汉办要求，每年定期举办 HSK、HSKK 和 YCT 考试，保证学生的学习成果。文化活动同其他孔院开展的不尽相同。文化讲座和文化活动颇受当地人的欢迎。

墨西哥国立自治大学孔子学院，是国家汉办直属下的一家孔子学院。其于 2008 年 11 月正式揭牌成立。中方合作院校为北京语言大学。学院位于墨西哥国立自治大学内，有独立办公的条件。主要生源来当地大学。与墨西哥城孔子学院不同的是，其主要开展大学生的汉语教学工作，青少年汉语课程并不多见。因此，墨西哥唯一一座拥有两家孔院的城市就是墨西哥城。相对其他州的孔子学院，其两家孔院教学的覆盖面更广，课程种类更多，日常的活动与其他孔院类似。除了日常教学工作，还定期举办文化展览和文化展演。在当地的办学效果也十分明显。

奇瓦瓦自治州立大学孔子学院，开办于 2008 年 3 月。合作院校是北京第二外国语学院。由一名中方院长和一名墨方院长共同管理。有独立的办公楼。学生主要是高中、大学生以及社会人员。以下本人会具体以奇瓦瓦孔子学院为例进行的详细阐述，此处不再赘述。

上述可知，墨西哥是整个拉美地区汉语及汉文化推广工作的最重要的地区。近年来，国家领导层人员也多次访问墨西哥的几家孔子学院。合作高校的定期交流也卓有成效。在诸多种种有利条件和环境下，孔子学院的师生作为中国文化的传播使者在不远的将来定会大放异彩。

二、奇瓦瓦自治州立大学孔子学院发展陈述

（一）学院基本情况

墨西哥奇瓦瓦州自治大学是墨西哥本土第三大国立高校。墨西哥奇瓦瓦自

治大学孔子学院是由墨西哥奇瓦瓦自治大学和北京第二外国语学院合作建立的一所孔子学院。2006 年 11 月 26 日，奇瓦瓦自治大学和中国汉办于北京签署《合作建立孔子学院的协议》，2008 年 3 月 5 日，该院正式启动运行。它是墨西哥全国五所孔子学院之一，也是墨西哥中北部唯一的一所孔子学院。

该院坐落于奇瓦瓦市中心的奇瓦瓦自治大学老校区，是一幢独立的两层建筑。一层设有多功能报告厅、会议室、中外方院长办公室、教学厨房、储藏室等。二层有 8 间普通教室、一间视听教室、图书馆、展览室等。每间教室均配有投影仪、音响等先进的多媒体教学设备。中文语言教学和文化活动是该院的主要任务。此外，它也开设一些兴趣班如烹饪、太极、书法等。在完成自身教学任务的同时，它还负责奇瓦瓦自治大学的许多学院如哲学院、国际商学院、护理学院等的汉语选修课教学。在大学以外，该院还拥有 4 个分支教学机构：La Salle 大学、Cbtis122 中学、奇瓦瓦自治大学的 Cuauhtémo 校区和奇瓦瓦自治大学的 Juarez 校区。2015 年，该院共招收正式注册缴费生 772 人。

（二）调查数据的呈现

本人对孔院学生进行了系统抽样调查，对教师进行了全书调查。预参与调查的学生总数为 80 人。实际参与调查的人数为 50 人。所有数据以百分比的形式呈现。学生问卷针对学习者的社会身份、学习时间和学习动机进行调查；教师问卷分别从教师的身份、工作时间、教育背景、专业背景以及对课堂教学和管理方面进行了详细的调查。参与调查的为全院的公派教师和志愿者。人数为 9 人。

（三）学院学生概况

根据奇瓦瓦孔院 2017 年上半学期的统计，本院招生人数 128 人，其他院系选修课人数 40 人，共 168 人。本人搜集了 2016 年全年的招生情况数据。根据数据显示，2016 年共招生人数 448 人。2016 年上半学期的总招生人数为 131 人。同期相比，人数有所增加。

表 1　学习者社会身份调查表

	大学生	高中生	社会工作者
百分比	53%	17%	30%

通过表 1 得知，2017 年上半学期孔子学院学习者的社会身份以大学生居多，占了总数的一半以上，学生的基本来源是当地高校的大学生。同时，不难发现，社会工作者的比例也较高。说明奇瓦瓦孔院在当地的推广工作不仅局限

于高校，社会的推广工作也进行得较为完善。高中生比例较低，与当地高中课业紧张有一定关系。

表2　汉语学习时间调查表

	6 个月以下	6 至 12 个月	12 个月以上
百分比	50%	14%	16%

见表2，学生的汉语学习时间在 6 个月以下的数量明显多于其他两项的数量。此分布说明孔院初级水平汉语班的学生数量较多。而中高级班的学生数量较少。6 个月以下占比一半，说明新招生数量可观，初级班开课的人数较多，学生初接触汉语的热情较高，孔院宣传工作较为到位。6 至 12 个月及以上学生数量的态势平稳，证明学生学习汉语的可持续性自中级开始稳定。

表3　汉语学习动机调查表

	百分比
对汉语及中华传统文化感兴趣	45%
想去中国旅游	12%
在中国或墨西哥找工作	29%
中国留学	14%

见表3，占比最多的是对汉语及中国文化的兴趣感，学习者学习汉语的主要动机是喜欢汉语，热爱传统文化。因此，以此作为基础，孔院学习汉语的热情普遍偏高，文化类的课程也较受欢迎。同时，由于社会工作者人数的影响，工作需求也是学习汉语的动机之一，人数较多。可以说明的是，随着两国经济和贸易的日益互通和发展，汉语作为工作语言的媒介手段彰显得更为充分了。

（四）开设汉语课程的类别

奇瓦瓦孔院开设的汉语课程种类较为单一。主要是汉语的初、中、高级的基础课程。同时，选修课开展基础汉语的大学选修课程。根据每年的 HSK 考试的时间，具体会安排相应的 HSK 考试辅导课程。

（1）语言课程

该孔院针对不同人群、不同的学习时间安排了两种时间长度不同的汉语课程。第一种是长模块汉语教学课程，另一种是短模块汉语教学课程。

长模块汉语课程，使用教材为新实用汉语课本第一至三册。课程难度为初级汉语水平。整个课程分为 6 个模块。除第一个模块外，每一个模块分别是 6 节课。第一个模块为 8 节课。各模块周时为 12 周，周课时为 10 小时，共 120 小时。

短模块汉语课程，使用教材为今日汉语课本第一到三册。课程难度为初级汉语水平。整个课程分为 12 个模块。各模块分别是 6 节课。周时为 12 周，周课时为 10 小时，共 120 小时。

（2）大学选修课程

大学选修课程主要开展在奇瓦瓦自治州立大学的各个院系中，有法律系、哲学系、护理系三个选修班。同时，还有华雷斯校区的各个院系。选用的课本是新实用汉语第一册。由于选修班开班的时期在学期开始，每一学期结束后都将开设新的课程。因此，该课程只作为短期的汉语接触类课程。同时，该课程归入大学的选修课，占 2 学分。总的来说，选修课程较受学生欢迎，课堂人数较本院课程偏多。孔院也大力吸引选修生到孔院积极报课，成绩显著。

（3）HSK 考试辅导课程

此类课程并不是长期的汉语课程。开设地点在孔子学院内。课程开设的目的在于帮助学生巩固所学的知识，教授 HSK、HSKK 考试的技巧以及针对两种考试进行模拟练习。课程时间为上下半年 HSK 和 HSKK 考试的前两到三周开课。学生多为孔院学习的学生。课程周课时数为 6 小时，共 12 小时或 18 小时。

（五）学院师资力量

表 4　教师身份和工作表

	选项	百分比
教师身份	公派教师	22.2%
	汉语教师志愿者	77.8%
工作时间	一年（一个任期）	22.2%
	两年（两个任期）	77.8%
	三年（三个任期）	0%

通过表 4 得知，整个孔院的师资来源主要是汉办派出的汉语教师志愿者。由于合作院校是北京第二外国语学院，该校的教师占总数的一半。从工作时间来看，两年任期占比最高，说明部分教师受到汉办新政的影响，选择留任两年转成公派教师。证明该孔院教师流动性不强，稳定性较强。

表5　教师的教育背景和专业背景调查表

	选项	百分比
教育背景	本科毕业	55.6%
	研究生毕业	44.4%
专业背景	汉语国际教育	44.4%
	汉语言文学	11.1%
	语言专业	33.3%
	其他	11.2%

　　教师的教育背景和专业背景在一定程度上决定了教学的专业性。由表5得知，学院的老师本硕占比将近各一半，而且汉语国际教育专业和语言专业占比也较高，原因在于由于是小语种使用国家，教师的专业背景除了汉语国际教育外，招收了很多有西班牙语专业背景的老师。总体来说，教师的专业素质涵养较为平均，普遍有专业的教师素质。

表6　教师的教学素质提升方式调查表

	百分比
参加定期教师培训	11.1%
参加教师学术研讨会	55.5%
自我培养与提高	33.4%

　　由于当地教学共享资源较为单一，专业素质的培训机会也较少。因此，我们不难看出，教师提升自身素质的方式多以学术研讨会为主。奇瓦瓦孔院每周定期组织两次教师学术研讨和分享沙龙。讨论课堂教学方法和文化点教学。此种方法适用于多数专业资源和培训较为匮乏的孔子学院，见表6。

表7　课程的教学重点和难点统计表

	教学难点	教学重点
汉字	30%	25%
语音	25%	30%
语法	20%	20%
词汇	25%	25%

针对西班牙语国家学生的特点，语音教学一直是教学的难点和重点。而表7显示，汉字也成为教师教学过程的难点。原因是汉字的书写对于使用拼音文字的二语学习者是不小的挑战，而对日、韩国家的学习者难度并不高。因此，关注汉字教学和语音教学是整个教学课程安排的重点。

表8　课堂管理重点调查表

	百分比
课堂纪律性	22.2%
课堂趣味性	77.8%

老师普遍都认为课堂管理的重点在于课堂趣味性，这是因为针对不同文化背景下的学生应该注重不同的课堂管理方式。对于西方国家的教育环境来说，趣味性可以极大地调动学生的学习积极性，课堂活跃度是衡量教学水平的标准之一。而相对于日、韩国家，学生则偏向于对纪律的要求。奇瓦瓦孔院的课堂管理方式符合当地国家教育环境的特点，因此受到学生的好评。

表9　教材的实用性调查表

	很强	强	一般	弱
教材实用性	0	55.6%	44.4%	0

奇瓦瓦孔院现使用的教材为《新实用汉语课本》和《今日汉语》。针对教材实用性的调查，见表9，教材的实用性普遍较高，属于适度的水平。在"很强"和"弱"两个水平上都无占比。因此，现行教材适合用于当地的汉语教学。

表10　多媒体教学工具频率调查表

	一周一次	一周两次	一周三次	一周三次以上
多媒体使用率	44.4%	11.2%	44.4%	0

从表10不难看出，该孔院教师使用多媒体教具的频率较高。一周最少一次，最多三次。因此，多媒体教学工具对开展教学工作的帮助越来越为人所认同。同时，也应该对海外孔子学院多媒体设施的多样性进行关注，帮助学习者体验到更多元化的学习环境，帮助学生更好地学习汉语。

（六）选用的汉语教材分析

（1）教材简介

根据孔院汉语课程两种不同的类型，汉语教材的选择和使用也分为两种。

长模块汉语课程使用《新实用汉语课本》前一至三册，短模块课程使用《今日汉语》一至三册。《新实用汉语课本》是由北京语言大学出版社于 2008 年正式出版的汉语言教学课本，是中国国家汉办规划教材。其针对的目标人群为欧美、澳大利亚等以英语或其他小语种作为母语的学习者。教材由刘珣主编。共六册 70 课。前四册为初级阶段，后两册为中级阶段。① 现奇瓦瓦孔院使用版本为西班牙语版本。配套教材包括练习册、教师用书以及原装 CD。

《今日汉语》也是国家汉办规划教材之一，其最大的特色是主要针对以西班牙语作为母语的学习者来编写的。由外语教学与研究出版社于 2003 年出版，张慧芬主编。全书共三册 75 课。三册的水平均为汉语初级水平。配套教材包括练习册、教书用书及原装 CD。

（2）《新实用汉语课本》和《今日汉语》的对比

表 11　《新实用汉语课本》和《今日汉语》的对比

	《新实用汉语课本》	《今日汉语》
编写思路	结构+文化+功能	结构+功能
学习者人群	以英语及其他小语种为母语或媒介语的学习者	以西班牙语作为母语或媒介语的学习者
全书首尾	首：目录 尾：繁体字课文、语法术语缩略形式表、生词表（字母排序）、汉字索引表（字母排序）	首：目录 尾：录音文本、课后练习参考答案
话题数量	38 个	75 个
语言点数量	112 个	158 个②

---

① 高君：《〈新实用汉语课本〉与〈今日汉语〉对比分析——秘鲁天主教大学孔子学院汉语教材的使用情况》，上海外国语大学硕士学位论文，2013 年。

② 吴昊：《古巴哈瓦那大学孔子学院汉语教材使用情况考察——以〈新实用汉语课本〉、〈今日汉语〉为例》，广东外语外贸大学硕士学位论文，2016 年。

（续表）

		《新实用汉语课本》	《今日汉语》
课程内容	汉字	每课有单独的汉字书写及练习部分	第一册有汉字的书写与练习，后两册没有
	词汇	两个生词列表，有补充生词部分	一个生词列表，不是每课都有补充生词部分
	语法	平均每课语法点为两到三个	平均每课语法点为三到四个
	课文	每课课文数量两篇，同属一个话题	每课课文数量一篇，独立话题
	练习	课后练习数量为六道，配套练习数量为15道	课后练习数量为13道，配套练习数量为15道
	文化知识	每课有独立的文化知识介绍	文化知识介绍分布不均匀

从表11得知，《新实用汉语课本》较之前的《汉语实用课本》编写思路上有了很大的改进，尝试在"结构+功能"的基础上加上文化因素的体现。而《今日汉语》还是传统的教材编写思路，强调"课文结构""词汇实用度"以及"练习功能"等因素。从一本教材的首尾设置可以看出，此教材是否可以帮助学生系统地总结知识。《新实用汉语课本》的书尾部分，总结了每课的生词和汉字索引的表格，对教师教学和学生复习都有较大帮助。同时，《今日汉语》也有课后练习的答案，这一点比《新实用汉语课本》设计得更加完善。从话题数量来看，《新实用汉语课本》的话题较新，数量较少；《今日汉语》话题不新，但数量较多，覆盖面更广。语言点数量方面，《新实用汉语课本》也较《今日汉语》偏少。说明关于语言点的教学方面，《今日汉语》的覆盖面更全面。具体到课程内容，生词数量、课文篇数和练习题数量，《新实用汉语课本》都较多，语法点分布较为平均。由此看出，《新实用汉语课本》在教材内容设置方面更为成熟，更容易被教师和学生接受。

（3）《新实用汉语课本》教材分析

从微观的角度分析教材，需要对教材独立的一课进行教材结构、教学内容、教学顺序、板书设计以及教材评价等方面的统计和实践证明。以此，来检验教材的适用度和可操作程度。以下两表以《新实用汉语课本》第三册第24课和《今日汉语》第三册第2课为例。两课属于汉语初中级水平，课程的对比度较强。

表 12　《新实用汉语课本》第三册第 24 课教材分析

第 24 课　你舅妈也开始用电脑了		
教材结构	本课包含课文、生词、注释、练习与运用、阅读与复述、语法、汉字和文化知识。课文数量为 2 篇、生词数量为 51 个、语法点 3 个、注释 9 个、练习题 6 道以及拓展阅读 1 篇。	
教学内容	生词	课文一：舅妈、舅舅、农民、当、蔬菜、正在、问路、变化、不但、而且、可不、小孩、地图、向、像、上、年级、大学、辛苦、下雨 课文二：种、温室、收入、前年、盖、座、辆、城市、方便、村、文化、低、技术、管理 补充生词：暖和、凉快、机场、接、行李、箱子、一路平安、停、爱人、士兵、将军、站岗、冻、发抖、生火、正常、声 共 12 个名词、14 个动词、7 个形容词和副词、2 个连词、1 个介词、2 个副词、2 个短语、2 个量词
	语法	1. "了"字在句尾做情况变化时的用法 2. "正在/在"表示动作进行的用法 3. "不但……而且……"的用法
	课文	课文一+课文二
	练习	1. 熟读短语 2. 句型替换 3. 课堂活动 4. 会话练习 5. 看图说话 6. 交际练习
	文化拓展	1. 阅读与复述——"士兵和将军的故事" 2. 文化知识——中国省份介绍
教学顺序	"生词—语法—课文—练习—文化拓展"	

（续表）

板书设计	第 24 课　你舅妈也开始用电脑了
	一、生词 以"蔬菜"为例 N——vegetable　N 超市、农民　EX：超市的蔬菜 　　　　　　　V 种、买、卖　EX：种蔬菜 　　　　　　　adj. 有机、新鲜 　　　　　　　MW 斤　EX：数量词+斤+蔬菜 二、语法 以"不但……而且……"为例 1. 她不但漂亮，而且可爱　CON：Sub+不但+adj. 1，而且+adj. 2 2. 她不但会打篮球，而且会游泳　CON：Sub+不但+V1，而且+V2 3. 不但她漂亮，而且她朋友也漂亮　CON：不但+Sub1+adj. 1，而且+Sub2+adj. 1 4. 不但他会打篮球，而且他的朋友也会打篮球 CON：不但+Sub1+V1，而且+Sub2+V1

教材评价	优点	1. 生词数量适中，难度水平相近，可拓展的词汇较多 2. 生词实用性较高 3. 语法点分布合理，难度适中 4. 课文贴近生活，还原度高 5. 文化知识相对实用，有教学价值
	问题	1. 语法点练习相对较少 2. 配套练习的题型较为单一 3. 汉字书写方面的练习较少

表 13　《今日汉语》第三册第 2 课教材分析

	第 2 课　我最喜欢交朋友了
教材结构	本课包含课文、生词、练习、文化点、语法。课文数量为 1 篇、生词数量为 36 个、语法点 3 个、练习题 8 道。无拓展阅读。

（续表）

		第2课　我最喜欢交朋友了
教学内容	生词	课文：……时……、遇见、同屋、环境、转、参观、四周、围墙、像……什么的、邮局、里边、听说、留学生、交、靠、出门、正好、学期、选、对……来说、人生、目标、一是……二是……、赚、官、野心、开玩笑、其实 ＊专名：韩国、金正勇、汉字、口语、听力 补充生词：降温、年轻、回答 共16个名词、11个动词、3个形容词和副词、4个词组和短语
	语法	①"听说"的用法 ②"对+SB/STH+来说"的用法 ③"其实"的用法
	课文	课文一
	练习	①听录音，填字母 ②听录音复述 ③替换练习 ④看图说话 ⑤选词填空 ⑥改正错句 ⑦选介词填空 ⑧西译中
	文化点	东方威尼斯——苏州
教学顺序		"生词—语法—课文—练习—文化点"
板书设计		一、生词 以"回答"为例 V——respond　N 问题、提问　EX：回答问题 回答提问 　　　　　　　　adv. 快 慢、正确、错误　EX：回答得很快 N——answer　这是我的回答 　　　　　　　他的回答是正确的 二、语法 以"对+sb/sth+来说"为例 1. 对我来说，学汉语很难。（for me） 2. 对我们来说，说西班牙语很简单。（for us） 3. 对学校来说，让学生出国是好事。（for the school） 4. 对这个问题来说，不好办。（for this problem） CON：对+sb/sth+来说……………………

55

(续表)

		第2课 我最喜欢交朋友了
教材评价	优点	1. 生词的西班牙语翻译准确 2. 有全汉语拼音课文 3. 文化拓展难度适中，有西班牙语译文 4. 有较为实用的选词填空练习
	问题	1. 生词此类分布不均匀 2. 语法点的例句较少，不易理解 3. 课文话题不太实用 4. 课后练习相对较少 5. 没有课文注释

（七）发展特点及问题

总体来说，奇瓦瓦自治大学孔子学院的发展情况相对稳定。呈现以大学生为主的汉语推广模式。教师资源充足稳定。关于汉语课程推广、宣传和设置方面，最主要的特点在于"因地制宜"。根据与合作院校开展合作，有针对性地将大学生资源充分利用。所安排的课程也符合大学生的语言认知水平。同时，在发展的过程中，也存在着诸多的问题。第一，教学语言的要求。对于初级课堂来说，用当地语教学，有利于学生对基础部分的感知和理解，帮助他们打好基础的语音、汉字等方面知识。但是，具备西班牙语语言技能的老师在墨西哥并不多见。这就导致会说西班牙语成为孔子学院对外派老师急切的需求。第二，缺乏国别化的教材。通过对比得知，《新实用汉语课本》的通用性较高，但针对性较低。《今日汉语》的实用性较低。而在大量的教学实践中得知，很多注释和翻译与墨西哥当地使用的西班牙语有较大出入。由于墨西哥和西班牙的历史缘由，导致两国使用的西班牙语很多方面都存在差异。因此，开发编写符合墨西哥使用的西班牙语的汉语教材是亟须解决的问题。第三，多媒体平台的建设不平衡以及功能的不完善。从近几年孔子学院的发展来看，建设一个网络推广和教学资源共享的平台是全球孔院公认的发展策略之一。虽然墨西哥的五家孔子学院都有其各自的门户网站。但是，从网站的功能性来讲，并没有实现媒体化的汉语教学资源的推广服务。

三、汉语教学课堂评价在奇瓦瓦自治大学孔院的案例采集和分析

汉语教学课堂评价是作为深入研究学习者的语言习得情况、教师基本教学

素质和课堂开展情况的主要依据之一。本着实时性和真实性的目的，笔者通过累积墨西哥奇瓦瓦自治大学孔子学院的课堂案例，以调查问卷的形式对学生进行课堂评价的调查，并以数据表的形式加以呈现和统计，为研究汉语在墨西哥地区的教学情况提供有力参考。

（一）研究目的

整体的研究目的在于通过对墨西哥奇瓦瓦孔院学期阶段性的考察，了解对外汉语教师和学生之间的课堂学习情况。具体研究目的分为三个部分。

第一，教师专业教学素质考察。分别从教师课堂穿着的得体性、教学语言的合理性、教学方法的多样性、教学内容的实时性、教学反馈的及时性以及教学材料的适用性等多角度进行调查。目的在于观察墨西哥汉语教师在教学素质方面是否适应墨西哥当地的具体情况，能否完成教师专业性的体现。同时，对教师所出现的教学问题进行系统地认识，对教师专业素质培养的研究和改进是此主要借鉴意义。

第二，学生课堂语言和文化的习得考察。学生对课堂学习的收获和对课堂的期望值是主要调查的方面。课堂收获即为对语言和文化的习得程度。同时，验证学生在整个课程中是否形成其认知体系和知识架构。对期望值的调查，则是为了汉语课堂可持续性发展提供帮助。

第三，课堂环境考察。良好的课堂环境确保学习者和教师营造良好的学习氛围。课堂环境的主要影响因素为教室的整洁程度、设备使用度以及课堂管理方法。研究目的是为客观分析墨西哥学习者对课堂环境的适应程度以及影响学习效果的客观因素提供有力支撑。

（二）调查对象

本次调查的调查对象为墨西哥奇瓦瓦自治大学孔子学院 2017 年上半学期汉语语言周中班的全体学生。据统计，周中班学习时间为 2017 年 1 月 9 日至 2017 年 3 月 31 日，周中五天，一天 2 课时，总共学时长度为 120 学时。班级数量为 8 个。汉语水平自初级到中高级不等。学生共 38 人。

（三）调查过程

（1）调查问卷的设计

问题数量共为 15 题。问卷设计出处为孔子学院学期中对教师的评测和学生反馈。不同问题分为 5 个评级，将满意到不满意分成 1 到 5 个评级。见表 14。

表14 墨西哥奇瓦瓦自治大学孔子学院课堂评价表

	5	4	3	2	1
1. Did taking this course bring any benefit to you？					
2. Were your expectations accomplished?					
3. Did the teacher domain the course's topics?					
4. How is the didactic ability of the teacher?					
5. How is the appearance and presentation of the teacher?					
6. How is vocabulary and intonation of the teacher?					
7. Punctuality					
8. The teacher managed to establish adequate learning environments?					
9. The instructions in class were clear or not?					
10. Does the teacher feedback timely?					
11. Quality and usefulness of the materials used by the teacher?					
12. The teacher used audio-visual equipment in support of the course?					
13. Cleanness of the facility?					
14. Equipment and furniture of Confucius Institute?					
15. Academic Administration of the Chinese Mandarin Course?					
16. General Comments：					

（2）发放给学生问卷，进行调查。应参与调查人数38人，实际参与人数38人。

（3）数据收集与统计。将不同评级的人数进行分类别的统计，计算类别人数总和。

（四）数据采集与整理

对数据的初次整理包括统计各分级人数总和以及各班具体数据展示，前者是从整体宏观把握各分级的情况。通过对各分级的人数总和的分布，判断突出项和薄弱项。后者则是具体问题具体分析。根据各班的数据，绘制统计图，得出各班级的统计结果。

（五）问卷可靠性分析

本人对该问卷的信度进行了可靠性分析。信度是指各个变量之间的相关性以及数据在重复测验下的稳定性。如果稳定性较高，证明变量的可靠性越高。反之，可靠性越低。针对信度的检测方法有重测信度法、复本信度法和 α 信度系数法。

本问卷采用 α 信度系数法来检测。数据的信度依靠克朗巴哈系数，即 α 系数①。该系数在 0.6 以下，证明问卷数据不可取，信度无法保证；其在 0.6 到 0.7 之间，信度还可以接受；0.7 到 0.8 之间，问卷信度可取；0.8 以上的话，信度就十分可取了。

关于项间的相关性，本人发现相关性数值在 0.762~1.0 区间之内（参考自 SPSS 项间相关性矩阵表）。最低值出现在项 13 对项 1，即关于课堂环境整洁度与 1 分值的量化对比的相关性较低，数据是 0.762（参考自 SPSS 项间相关性矩阵表）。其余均在 0.8 到 1.0 之间，处于强相关的范畴内。

最后，本人得出此问卷的克朗巴哈 α 值为 0.995。系数在 0.5 到 1.0 之间是强相关。所有变量都在 0.8 到 1.0 区间之内，证明数据的相关性很强，关于教学课堂评价问题的设置和人数的分布十分科学。因此证明此问卷的可靠性分析十分成功，信度很强。此问卷所呈现的所有信息都可以用来分析和研讨。

四、总结

综合来看，奇瓦瓦自治大学孔子学院的发展处在较为积极的发展阶段。学院的招生推广、师资培养、教学设施建设在当地都取得了较为满意的成果。同比，其他墨西哥地区的孔院，奇瓦瓦自治大学孔院逐渐完成了墨西哥北部汉语教学的覆盖，办学成绩也逐年提高。但是，对于整体的墨西哥汉语教学情况来说，仍存在些许问题。例如，地区间孔子学院交流缺乏，教学资源在地区间的流通都受限；地处拉美，与国内沟通较少；师资再培养的机制不完善；等等。这些现存问题都需要国内和海外的双支持、双改进。

---

① 克朗巴哈系数：量表所有可能的项目划分方法的得到的折半信度系数的平均值，是最常用的信度测量方法。计算公式为 $\alpha = nr / [(n-1) r+1]$。

英国汉语教学调研报告

姚李伟

(北京师范大学汉语文化学院)

随着中国国际贸易的不断发展和国际地位的逐渐提高，中国在经济、政治、文化等层面上的世界影响力也在逐渐扩大，由此带来的汉语在世界各语言中的重要性也随之增强。作为扩大汉语教学、传播中国文化的重要窗口——孔子学院和孔子课堂，其数量也在逐年增长。截至 2016 年 12 月 31 日，全球 140 个国家（地区）建立了 512 所孔子学院和 1073 个孔子课堂。孔子学院 130 国（地区）共 512 所，其中，亚洲 32 国（地区）115 所，非洲 33 国 48 所，欧洲 41 国 170 所，美洲 21 国 161 所，大洋洲 3 国 18 所。孔子课堂 76 国（地区）共 1073 个（科摩罗、缅甸、马里、突尼斯、瓦努阿图、格林纳达、莱索托、库克群岛、安道尔、欧盟只有课堂，没有学院），其中，亚洲 20 国 100 个，非洲 15 国 27 个，欧洲 29 国 293 个，美洲 8 国 554 个，大洋洲 4 国 99 个。[①]

欧洲的汉语教学是世界汉语教学中极为重要的组成部分，其孔子学院数量与涉及的国家数目居各洲之首。其中英国在欧洲的 41 国里，拥有高达 29 所孔子学院，远高于德国（19 所）、俄罗斯（17 所）和法国（17 所），数量稳居欧洲榜首。英国孔子学院在整个欧洲汉语教学中的地位更是不容忽视。英国的汉语教学具有以学生为中心、重视学生的兴趣和信心、应市场的需求而发展的特点，在政府和社会市场的合作推动下，学习者在英国本土学习汉语的渠道更加广泛，学习者数量也逐渐上升。[②]

在全球孔子学院数量逐渐缓慢增长的今天，截至 2016 年年底，英国最后一所孔子学院——考文垂大学孔子学院，研究其发展模式和汉语教学的开拓历程，

[①] 数据引自 http：//www. hanban. edu. cn/confuciousinstitutes/node_ 10961. htm。

[②] 张新生、李明芳：《英国汉语教学的现况和趋势》，《海外华文教育》，2007 年第 2 期。

在某一层面上对孔子学院的汉语教学在英国本土从无到有的传播有一定的借鉴意义。① 接下来，我们将从宏观到微观，逐步探索英国的汉语教学状况。

一、宏观层面

1.1 英国国家语言政策

英国对于英语语言的推广一直以来受到政府的高度重视，本着"语言是立国工具"的观念，英国把英语的对外推广作为对外政策的一个重要方面，放到了国家文化战略的高度。成立于 1934 年的"英国文化委员会"（The British Council）是英语海外推广政策制定和执行的主体，注重语言优势保持和提高自身的文化影响。著名的国际英语测试系统 IELTS（International English Language Testing System）就是由英国文化委员会、剑桥大学考试委员会外语考试部和澳大利亚教育国际开发署于 1989 年联合推出的。②

英国是一个多民族的群岛国家，由北爱尔兰、苏格兰、英格兰和威尔士四部分组成，社会语言非常丰富，除英语外，还包括威尔士语、爱尔兰语、盖尔语等多种地域语言。英国是欧盟国家中少数几个不实施强制性语言教育的国家之一。随着欧洲一体化进程的推进和欧盟对于多语制的倡导，英国社会也在逐渐反思自己的单语制。在 2013 年，欧盟首次开展的欧洲外语能力调查中，英国学生在 14 个欧洲国家学生中排名垫底，只有 9% 的学生达到"独立"语言使用者的标准，远低于 42% 的平均水平（Burge et al, 2013），引发了英国的学者对英国语言教育的关注。③

而在此前，2001 年，英国教育技能部成立了国家语言指导委员会（Languages National Steering Group）。从 2002 年起，英国开始实施为期十年的国家语言战略（The National Languages Strategy for England），全面改进英国的语言教学，制定语言认证体系，促进基础教育阶段的学生拥有更多的外语学习机会。在语言认证上，欧洲语言教学与评估框架性共同标准 CEFR（Common European

---

① 本文作者姚李伟作为考文垂大学孔子学院的汉语志愿者教师于 2016 年 4 月 4 日至 2017 年 3 月 10 日在英国考文垂市考文垂大学孔子学院进行为期十一个多月的汉语教学实习，进行了课堂观察和汉语教学实践。本文的实践经历材料主要来源于作者的课堂观察、课后反思、教学设计笔记、文化活动参与等。

② 语言资源高精尖创新中心：http://yuyanziyuan.blcu.edu.cn/art/2017/1/5/art_12640_1120678.html。

③ 谢倩：《当代英国语言战略探析及借鉴》《外语界》，2015 年第 4 期。

Framework of Reference for Languages）是欧洲各国各种语言考试体系的基础。英国政府根据自己的国情，提出了符合欧洲语言框架精神，但属于英国自己的语言认证体系，即国家等级系统（National Ladder）。不久政府又委托剑桥考试中心开发以此系统为基础的的资源语言（Asset Language）认证考试体系。

但英国的外语教学仍然存在外语学时较短、学习人数较少、地区发展不平衡、语种学习有限等问题。2013 年，英国文化协会正式发表了一项研究报告《未来的语言》（*Languages for the Future*），报告中明确指出，从国家经济增长和国际影响力方面考虑，英国人民需要学习更多的语言，而在语言的发展重要性排名中，汉语（普通话）名列第四，仅次于西班牙语、阿拉伯语和法语。近年来，英国在构建国家语言能力方面不断做出努力，实施多方位的语言政策措施，如加强外语课程在新修订国家课程体系中的地位、加大学校语言教育的专项经费支持、积极开展社区语言建设……从各方面适应国际化发展的需要。①

1.2 中文及与中文相关的整体状况和组织

英国的汉语教学从办学层次上来说，主要是大学的汉语教学、中小学的汉语教学、成人和社会的汉语教学等。

大学的汉语教学主要是汉语语言专业的课程、汉语必修课、汉语学分选修课等，但英国大学的中文相关专业整体上较少，汉语仍大部分以语言选修课的形式存在。此外，"英国大学校际中国研究中心"（The British Inter –University China Centre，简称 BICC）的成立，一定程度上促进了英国大学内部对汉语教学和中国研究方面的交流，但它已于 2011 年解体。英国汉语教学研究会（British Chinese Language Teaching Society，简称 BCLTS）是英国汉学协会的机构会员，而后者又是欧洲汉学协会的成员。研究会成立于 1997 年，是英国大学汉语教师的非营利性学术组织，致力于帮助英国高校汉语教师提高汉语作为第二语言的教学水平和科研能力。② 英国汉学协会成立于 1976 年，在英国汉语教学和研究中起到了重要的交流作用，一定程度上代表着英国中国研究和汉语教学研究与活动的水平。

英国的中小学汉语教学在近年来发展迅速，汉语已经成了多数英国中小学基础课程体系内的外语学科之一。英国的中学在法律框架之内都具有相对的独立自主权，所以在法定的现代外语语种的选择上，一些学校的领导很早就看到了开展中文教学所具有的独到好处。英国的私立学校管理更加独立，在中国的

---

① 谢倩：《当代英国语言战略探析及借鉴》，《外语界》，2015 年第 4 期。

② 黄甸：《英国汉语教学研究会简介》，《世界汉语教学学会通讯》，2011 年第 1 期。

经济日益增长、国际影响力越来越大的今天，中文的重要性已不言而喻，许多私立中学甚至小学、幼儿园已经将中文作为兴趣语言进行教学。[①]

英国的继续教育和成人教育是汉语教学的另一个重要方面。继续教育主要为国家培养专业领域的技术人员，成人教育更倾向社区性的兴趣教学。如在伦敦这样的国际化大都市，大公司大企业的存在需要大量的员工培训，同时大学的语言中心往往也会面向社会，提供全日制或者晚课、周末汉语课程。民营办学机构和华人社区学校的存在也为汉语教学的需求提供了便利。

1.3 孔子学院和孔子课堂情况

自 2005 年 6 月 14 日，英国伦敦大学亚非学院和北京外国语大学合作的第一所孔子学院——伦敦大学孔子学院成立以来，英国的孔子学院走过了十多年的历程。截止到 2015 年 12 月 31 日，英国境内总共有 29 所孔子学院与 148 个孔子课堂，不仅促进了英国高校与中国高校之间的汉语教学交流，更以辐射的状态带动了周边中小学的汉语教学、企业公司的员工培训、社区的中国语言与文化的推广等，在汉语的英国影响力方面不断发挥作用。

目前英国的孔子学院基本情况如表 1。

表 1　英国境内孔子学院一览表（截至 2016 年 12 月 31 日）

数目	孔子学院	中方合作院校/机构	英方合作院校/机构	成立时间
1	伦敦孔子学院	北京外国语大学	伦敦大学亚非学院	2005 年 6 月
2	曼彻斯特大学孔子学院	北京师范大学	曼彻斯特大学	2005 年 7 月
3	爱丁堡大学苏格兰孔子学院	复旦大学	爱丁堡大学	2005 年 12 月
4	伦敦商务孔子学院	清华大学	伦敦政治经济学院、汇丰银行、渣打银行、德勤会计事务所、太古集团、英国石油公司	2006 年 4 月

---

① 张新生、李明芳：《英国汉语教学的现况和趋势》，《海外华文教育》，2007 年第 2 期。

（续表）

数目	孔子学院	中方合作院校/机构	英方合作院校/机构	成立时间
5	谢菲尔德大学孔子学院	北京语言大学、南京大学	谢菲尔德大学	2006 年 4 月
6	威尔士三一圣大卫大学孔子学院	北京联合大学	威尔士三一圣大卫大学	2007 年 3 月
7	卡迪夫大学孔子学院	厦门大学	卡迪夫大学	2007 年 4 月
8	伦敦中医孔子学院（南岸大学）	黑龙江中医药大学、哈尔滨师范大学	伦敦南岸大学	2007 年 5 月
9	诺丁汉大学孔子学院	复旦大学	诺丁汉大学	2007 年 9 月
10	兰开夏中央大学孔子学院	北京第二外国语学院	兰开夏中央大学	2008 年 4 月
11	利物浦大学孔子学院	西安交通大学	利物浦大学	2008 年 12 月
12	苏格兰中小学孔子学院	天津市教委	苏格兰国家语言中心	2010 年 10 月
13	兰卡斯特孔子学院	华南理工大学	兰卡斯特大学	2011 年 3 月
14	格拉斯哥大学孔子学院	南开大学	格拉斯哥大学	2011 年 4 月
15	南安普顿大学孔子学院	厦门大学	南安普顿大学	2011 年 5 月
16	奥斯特大学孔子学院	湖北师范学院	奥斯特大学	2011 年 7 月
17	伦敦大学金史密斯舞蹈与表演孔子学院	北京舞蹈学院	伦敦大学金史密斯学院	2011 年 12 月

（续表）

数目	孔子学院	中方合作院校/机构	英方合作院校/机构	成立时间
18	纽卡斯尔大学孔子学院	厦门大学	纽卡斯尔大学	2012 年 2 月
19	班戈大学孔子学院	中国政法大学	班戈大学	2012 年 4 月
20	伦敦大学教育学院孔子学院	北京大学	伦敦大学教育学院	2006 年 10 月
21	利兹大学商务孔子学院	对外经济贸易大学	利兹大学	2012 年 8 月
22	阿伯丁大学孔子学院	武汉大学	阿伯丁大学	2012 年 10 月
23	知山大学孔子学院	重庆师范大学	知山大学	2012 年 11 月
24	德蒙福特大学孔子学院	北京科技大学	德蒙福特大学	2013 年 2 月
25	赫瑞瓦特大学苏格兰商务与交流孔子学院	天津财经大学	赫瑞瓦特大学	2013 年 11 月
26	伦敦玛丽女王大学孔子学院	上海财经大学	伦敦玛丽女王大学	2015 年 5 月
27	牛津布鲁克斯大学孔子学院	外语教学与研究出版社	牛津布鲁克斯大学	2015 年 9 月
28	赫尔大学孔子学院	天津师范大学	赫尔大学	2016 年 1 月
29	考文垂大学孔子学院	江西财经大学	考文垂大学	2016 年 5 月

　　孔子学院致力于适应英国人民对汉语学习的需要，增进英国人民对中国语言文化的了解，加强中英两国的教育文化交流合作，发展中英的友好关系。孔子学院开展汉语教学活动和文化交流活动。所提供的服务包括：开展汉语教学；培训汉语教师，提供汉语教学资源；开展汉语考试和汉语教师资格认证；提供中国教育、文化等信息咨询；开展中外语言文化交流活动。孔子学院可以充分

利用自身优势，开展丰富多彩的教学和文化活动，逐步形成各具特色的办学模式。①

孔子学院依据第一届孔子学院大会通过的《孔子学院章程（试行）》和《孔子学院中方资金管理办法（暂行）》条例，实施规范化管理。在资金管理上，由于孔子学院（课堂）采取的是中外合作办学的方式，因此年度项目经费由外方承办单位和中方共同筹措，双方承担比例一般为 1：1 左右，但在孔子学院（课堂）成立之初中方会投入一定数额的启动经费。外方的支出主要为人员经费、教学场地、水电消耗等，中方的支出则主要是用于派出院长、教师和志愿者的工资与补贴，支持各国孔子学院开展文化交流活动。②

孔子学院提供的课程有：面向所在大学学生开设的学分选修课程和学位课程、面向青少年的普通汉语课程（主要在孔子课堂进行）、面向社会各类的汉语培训课程、面向参加汉语水平考试学习者的汉语水平考试培训课程，以及多媒体汉语课程教授（主要是网络孔子学院的网络汉语课程以及广播孔子学院的广播汉语课程。)

1.4 所在地区的语言政策

并未找到英国伦敦领区或者西米德兰兹郡的单独的语言政策，统一以英国当代英国语言战略规划为总纲。在增强英国国民语言能力的总目标下，现代外语课程被列入学校教育的基础课程，开设时间从先前仅在第三关键阶段（七至九年级）开设改为提前至第二关键阶段的三年级，并延续到第四关键阶段的十一年级，学校学习汉语课程的学生人数大幅增加，语言学习的连续性得到保障。既支持社区语言建设，又支持政府、企业、教育机构的协同合作，共同规划国家语言战略目标。③

目前根据笔者对英国公共场所的人员语言使用观察，英国的语言使用除英语外，以西班牙语、法语、德语为主，但公共告示均以单一英语为主体，这从一定程度上反映了英语在英国社会中的独尊地位和普遍共识性。

1.5 英国的汉语教师资格证明和当地教师入职需求

在英国从事中小学汉语教学全职工作，教师职业资格的问题就不得不考虑，

---

① 孔子学院官网：http：//www. hanban. edu. cn/confuciousinstitutes/node_ 10961. htm。

② 吴建义：《孔子学院与四大语言文化推广机构对比研究》，厦门大学硕士学位论文，2014 年。

③ 谢倩：《当代英国语言战略探析及借鉴》，《外语界》，2015 年第 4 期。

基本上所教的孩子年龄越小，要求越严格。中小学教师大多需要硕士学位，要通过考核拿到教师资格证，最后要根据一堂堂课的考评结果来确定。英国的教师职业资格证书分为 PGCE（Postgraduate Certificate in Education）和 GTP（Graduate Teacher Programme）两种。PGCE 是一种类似于专业教师学位的证书。在英国没有类似于中国师范学院类的大学，若想从事教师行业，必须在读完本科或研究生后考取 PGCE 证书。而对于已经在一所学校拥有职位的人来说，则可考虑向学校申请英国政府的 GTP 项目，这是一种在职带薪培训，经过一年培训可取得英国的教师资格证 QTS（Qualified Teacher Status）。在英国若想进入公立中小学任全职教师，必须至少拥有以上两种证书之一。对于私立学校来说，虽然在招聘上有比较大的自主权，但近年来也越来越倾向于招聘有资质的教师。而除了具有基本的教师资格外，本土的汉语教师往往凭借在英语方面的优势以及了解学生特点、适应学生学习策略等比以汉语为母语的中文教师更有竞争力。[1]

在大学担任汉语教师的情况随着当地大学政策的不同而不同，一般情况下，对教师资格证书要求并不严格，更看重实际教学经验和汉语学习背景，如中文相关的博士学位。

除此之外，在英国进行汉语教学的一个庞大群体便是通过国家汉办的项目，通过孔子学院总部的资格考核，作为汉语教师志愿者或者资格教师进行赴英的汉语教学，由汉办解决志愿者或资格教师的工作签证问题。其中教学课程既包括孔子学院内部为大学提供的学分课程，又包括面向社会社区的汉语课程，还有孔子学院下设的中小学孔子课堂的汉语课程。2016 年 3 月，英国要求所有在中小学进行汉语教学的志愿者与教师必须拥有无犯罪证明——DBS 检查（Disclosure and Barring Service），方可进入课堂，这是对中小学教学环境的一大完善。

二、中观层面

2.1　西米德兰兹郡基本情况

西米德兰兹郡（West Midlands），是英国英格兰西米德兰兹区域的郡。1974年 3 月 31 日或以前，西米德兰兹地方原属沃里克郡、伍斯特郡、斯塔福德郡范围，《1972 年地方政府法案》在 1974 年 4 月 1 日生效后，它脱离沃里克郡，升格为新设的都市郡，取名为"西米德兰兹"，与所属的英格兰区域同名。以人

---

[1]　凤凰网：http：//news. ifeng. com/gundong/detail_ 2012_ 10/12/18208486_ 0. shtml。

口计算，伯明翰是第一大城市、第一大都市自治市，考文垂是第二大城市、第二大都市自治市，伍尔弗汉普顿是第三大城市、第三大都市自治市；达德利是第一大镇，沃尔索尔是第二大镇，西布罗米奇是第3大镇。①

从政区上看，西米德兰兹郡分为伯明翰、考文垂、达德利区、桑德韦尔、索利哈尔区、沃尔索尔区和伍尔弗汉普顿七个都市区。西米德兰兹郡有英国十所大学，包括华威大学、伯明翰大学、阿斯顿大学、基尔大学、考文垂大学、哈珀亚当斯大学、纽曼大学、伯明翰城市大学、伍斯特大学和史丹福郡大学。其中华威大学在《时代》杂志的综合排名为第八，伯明翰大学排名为第二十四，考文垂作为现代大学，于2014—2016年蝉联《星期日泰晤士报》年度最佳现代大学。

2.2　考文垂市、考文垂大学基本情况

考文垂（Coventry），是英国英格兰西米德兰郡第二大城市，曾以纺织业驰名于世。地处英格兰中心腹地，是英国从南到北交通贯线的必经之地，与伦敦、布里斯托尔、利物浦、赫尔诸港距离大致相等，面积98平方千米。人口约35万。因建有隐修院而发展成为繁荣的贸易城镇。14世纪末，制造、羊毛、服装与皮革工业发达。15世纪中叶是英国重要的纺织工业中心。18世纪以钟表业著称。19世纪出现汽车等重工业。1896年，英国第一辆戴姆勒汽车在此诞生。20世纪开始发展人造纤维、电子和军火工业。建有英国诗人丁尼生的两座纪念塔和三一教堂。

第二次世界大战中是英国军需工业中心，在"二战"中城镇破坏严重，战后重建，市区建有战争纪念公园，成为一座古老而又现代化的城市。早自1896年起，考文垂就一直是摩托车与汽车的制造中心，汽车制造工业是这座城市工业的中心点。"二战"后，虽然汽车工业逐渐萎缩，但捷豹（Jaguar）汽车公司依然设总部和制造工厂于此。法国标致（Peugeot）公司也在城外的莱顿（Ryton）设厂。伦敦著名的黑色出租车（black cab）也由位于考文垂的伦敦国际出租车公司（LTI）制造。考文垂的主要工业包括：汽车制造、电子设备、机械设备、农业机械、人工纤维、航天部件及电信设备制造。

在高等教育方面，考文垂大学和华威大学均坐落于此。华威大学（The University of Warwick）是英国一流的综合性大学，它是英国少有的拥有完整校园的大学，创建于1965年，现有超过17000名学生及4000多名教职人员，学生中有来自100多个国家的超过4000名的海外留学生。作为一所年轻的大学，

---

① 维基百科：https://en.wikipedia.org/wiki/West_ Midlands_ （county）。

华威大学在英国乃至全球都享有良好的学术声誉，近年来一直都保持在全英前十所顶尖高校的行列。①

考文垂大学位于考文垂市中心，占地 33 公顷，是一所具有远见卓识的大学，能够提供地区性教育、全国性教育和国际教育，并为学生提供良好的学习环境，同时继承了提供高等教育和多学科研究的优良传统。大学历史可以追溯到 1843 年建立的考文垂设计学院。100 多年来，尤其是近 10 年以来，大学取得了巨大的进步。校园的建筑和环境在不断地改善和发展。据苏格兰最新皇家银行的学生生活指数显示，考文垂是学生生活费第三低廉的城市。据最新国家犯罪记录统计显示，考文垂被列为英国第四安全的城市。②

2.3 考文垂大学孔子学院基本情况

伦敦时间 2015 年 10 月 22 日，在国家主席习近平出席的全英孔子学院和孔子课堂年会开幕式上，英国考文垂大学宣布，将与江西财经大学全面合作建立孔子学院。在经历了近半年的筹备和规划，考文垂大学孔子学院正式于 2016 年 5 月 12 日揭牌成立。考文垂大学孔子学院是英国考文垂大学与江西财经大学合作创立的孔子学院，它是在英国建立的第 29 所孔子学院，是英国西米德兰兹地区唯一一所孔院，英国中西部地区的第一所孔子学院，也是截至目前英国最新一所成立的孔院。考文垂大学孔子学院将致力于支持区域企业的国际贸易往来、凸显商务文化特色、加强当地社区的汉语推广和文化交流。

截至 2017 年 3 月 12 日，考文垂孔子学院的机构人员构成为：英方院长 David Pilsbury 先生、中方院长张曦凤女士、英方执行院长 Matthew Beedham 先生、汉语资格教师王芙蓉。笔者与另外两名汉语教师志愿者于 2016 年 4 月 4 日来到考文垂大学，帮助筹备建设孔子学院的开幕仪式与文化活动。2016 年 5 月 12 日，考文垂大学孔子学院正式建立后，由于中方院长因公回国，在 2016 年 5 月 13 日至 2017 年 1 月 23 日，笔者与另外两名汉语志愿者共同承担起了考文垂大学孔子学院开创后的课程教学与文化推广活动。在没有中方院长与资格教师帮助、没有汉办捐赠教材、没有先前管理经验和资源的情况下，我们吸取英国

---

① 百度百科：http：//baike. baidu. com/link？ url＝xx3x－tI9eGgOnLKrJxVqdS7o83q9zj6Eyy
fXKgmUPusoS7Q9rQla－LN37wu－OqGxlkBcPYOfNUP5HSRNnh8＿ TojDMq12om66VzzPNAa
O5OhL7Aqey6W2Mfn0ySv＿ NN72。

② 百度百科：http：//baike. baidu. com/link？ url＝－N＿ yU0iz0rQSYqnUp2VaHGrgzToh9iN8
SFSJ7Qh2A3sQE2SzdJiZZ7＿ SDuFiNmmBLoX1ltvFLM7KWcWJlhfK7Wjj8－sBmJsapSTzcPzSZ v
－NI3qmaa2RrbfOhgz7My3nsEgsaPZfbjbXOrGMMzDkjq。

各大成熟孔院的发展模式、借鉴当地汉语教学的经验、并承蒙英方院长助理 Kim Bowen 和 Ruth Begley 的指导，开创探索出一条属于自己的孔子学院运营之路。

2.4 考文垂大学孔子学院的教学理念与教学环境

考文垂大学孔子学院自成立之初，就定位在语言教学与文化传播的基础上，加强商务汉语与周边企业社区的经济合作。西米德兰兹郡是英国文化、经济、教育与世界交流的重要区域，作为英国中西部第一所孔子学院，考文垂孔子学院承载着中国语言与文化传播的使命，成为当地民众学习汉语和了解中国的广阔平台，为增进中英两国人民之间的友谊做出了积极的贡献。

考文垂大学作为英国近几年社会影响力不断提升的现代化大学，与英国传统偏重学术的传统大学相比，更加注重学生的满意度、毕业生的就业水平和校园人文设施的高体验度。在考文垂大学不断加强与东亚地区合作，尤其是扩大中国市场的今天，汉语教学在考文垂大学逐渐得到重视。但现阶段我们将教学的重心放在语言技能的培训上，教学理念遵循从学生自身原有的汉语储备知识和学习风格出发，因材施教，提高学生的汉语水平，重视知识点的传承。孔院也身处优越的教学环境之中，在此，我们将孔院的教学环境分为硬件设施环境与汉语人文环境。

2.4.1 硬件设施环境

由于考文垂大学孔子学院处于成立之初的起步阶段，国家汉办对孔院的发展持积极的支持态度，考文垂校方也大力支持孔院硬件设施的建设。孔子学院建于学校的艺术与人文学院的二楼，整个孔院包括三个大的房间区域，专门邀请学校艺术设计学院的学生帮助规划基本布局和细节设计。进入二楼，首先是一个公共休息区，摆放桌椅和沙发、茶几，用于教职工和学生学习、休息，公共休息区旁是一个六边形灯笼状的红色小图书馆，内部陈列汉语教学相关的书籍。其次是孔院的公共办公室，共有 6 张桌子、6 台电脑，柜橱等便于教师办公。最后，孔院独自使用的教室内部，采用了可移动式滑轮桌子，教师可以根据需要，将桌子任意摆放成六边形、四边形或者会议长桌型，适合不同班型的学生人数，既方便小组讨论，又方便随拆随组（见图 1），教室墙面上宽屏的电子屏幕用于播放视频、音频和幻灯片，教室的墙面采用中国传统文化中远山的造型，营造出凹凸不平、错落有致的景象（见图 2、图 4）。

图1 考文垂大学某汉语教室

图2 考文垂大学孔院汉语教室

因为孔院常常不定期举办专家讲座、文化展览和茶歇讨论，孔院教室的使用首要的原则上应体现"简洁和温馨"，以适应不同的活动需求。根据课程的安排和文化的主题，教师也可适当对环境加以布置，营造不同的文化氛围（见图3、图4）。孔院虽只有一间独立的教室，但是教师可以申请使用艺术与人文楼内的其他空闲教室。考文垂大学没有专门的汉语教室，教师可以根据实际需要对教学环境加以修饰。英国的语言教学处处强调以学生为中心，因此教室的桌椅常常为了便于学生的交流，呈现小组圆桌或者三面环绕的形式，教师可以在弧形内部监督学生的课堂活动，加以指导。

图3 考文垂大学孔院公共休息区（用于书法文化活动布置）

图4 考文垂大学孔院教室（用于剪纸和中国结文化活动布置）

2.4.2 汉语人文环境

2.4.2.1 考文垂大学的中国留学生和访问学者

考文垂孔子学院的建立，使得大学逐年递增的中国留学生们找到了一个熟悉的汉语文化驻点，也给每年来自国内江西财经大学、广东外语外贸大学、大连海事大学等学校的赴考文垂大学的大量中国访问学者一个稳定的语言环境。孔子学院善于利用学校当地的留学生、访问学者资源，为孔院的发展出谋划策，并邀请文化活动的参与者与志愿者，为孔院的建设出一份力。大学的中国学生是孔院的汉语学习者天然的语言环境来源，"汉语角"的邀请，让学习者们可以充分与汉语母语者进行语言交流，增加汉语会话的机会。而来自中国各大高校的访问学者老师，往往都在外语教学与研究、中国语言文化研究、汉语词典学等领域上有一定的研究背景，孔子学院与访问学者合作，邀请学者教师们开展就汉语学习某一方面的讲座，以此丰富孔院的文化和研究活动。

2.4.2.2 考文垂大学的语言中心

考文垂大学的学生在学分课上，有语言课的选修学分要求，而汉语则是重要的选修语言。考文垂大学的语言中心主要进行考文垂大学母语非汉语的学生的汉语学分课的授课，还有部分针对对汉语感兴趣的教职工的免费授课。汉语教师多为当地的本土教师，具有汉语学习背景，曾在中国生活过一段时间。孔子学院从成立之初就受到了语言中心的教师们热情的关照，志愿者教师们不仅受邀参观语言中心的办公场所，还对语言中心的汉语学分课进行观摩，对当地学生的汉语水平和常见偏误有较为直观的了解。汉语教师无私地分享给孔院志愿者教师们其课堂所用的幻灯片资源和优质的网络资源，让我们接触到英国本土的汉语资料和原汁原味的语言教学风格。同时在协助语言中心教学的过程中，我们对当地学生的学习风格和方式有了更深刻全面的了解。

2.4.2.3　Linguae Mundi 与 Cultuae Mundi 语言和文化培训中心

Linguae Mundi 是考文垂大学校内语言教学机构，从属于大学的国际交流中心，在考文垂大学与其他国家大学或组织的国际化合作中，起到了重要的语言培训作用。Linguae Mundi 相当于一个语言的培训机构，包括世界上 21 种语言的教学，面向考文垂大学的师生和社会人士，以每周一节晚课、每次 2 小时的方式收费授课，与学分无关，仅仅是语言教学和学习。其中的语言教师（Tutor）均为考文垂大学的学生，在这一点上，类似于在读的汉语教师志愿者，但机构的汉语教师大多没有汉语教学经验，所以要在接受汉语教学培训、考核成绩合格后方可上岗。汉语是该机构众多语言中的一个重要的分支，于是孔子学院的成立让双方在合作中相互促进。

孔院三位志愿者教师在来临之初，就受邀帮助 Linguae Mundi 选拔汉语教师（Tutor），作为面试官考察前来应聘汉语教师的学生，这让我们对汉语教师的资质有个更多的认识。2016 年暑期，Linguae Mundi 又邀请孔院志愿者参加了他们的暑期语言教师的培训，让我们对英国本土的教学方法有了较为深刻的理解，找到了孔院自身汉语课堂的不足，为突破自身教学瓶颈提供了非常好的灵感。同时了解到先进的课堂活动组织形式和课堂管理方法，最重要的是获得了很多设计巧妙、方式新颖的具体游戏活动设计方案，并亲身体验了使用效果，对各种课堂活动的优劣有了更为客观的认识和理解，极大地丰富了汉语课堂活动的类型。

作为语言教学的补充，Cultuae Mundi 在文化方面补足了 Linguae Mundi 的缺陷，通过文化课和文化活动的方式，丰富学生们对世界各国文化生活的体验，其中中国的文化活动是不可或缺的环节。Linguae Mundi 以其成熟的运营模式和良好的口碑为孔院做出了一个优秀的榜样，也在招生方面，帮助孔院完成技术难题；同时推荐内部的学员来到孔院学习更高层次的汉语知识。Cultuae Mundi 积极帮助孔院的文化活动加以推广宣传，形成了良性竞争、良性合作的画面。

三、微观层面

3.1　考文垂大学孔子学院的汉语课程设置

考文垂大学孔子学院的汉语课程经历了从无到有的过程，在一无所有的情况下，经历了一个探索的过程。总体来说，孔子学院的课制和学期数与大学保持一致，与当地的语言培训中心保持一致。分为春季学期（13 周）、暑期学期（13 周）和秋季学期（13 周）。

课程以汉语综合课为主，班型从第一学期的单纯的语言课程，包括Beginners class（零基础）和 Post-beginners class（初级）两个班型，发展到语言课与文化课并行的班级模式。其中第二学期的语言课较第一学期增加了 HSK 三级和 HSK 四级课程。第三学期较第二学期的语言课增加了 Intermediate（中级）班型和 HSK 二级课程。

Beginners（初级）课程包括 13 周的课时量，每周一次课，每次课 2 小时，时间定在晚上 6：00 至 8：00，初级课程从拼音开始，以功能为导向，每一课均涉及日常生活的一个交际方面，话题从日常打招呼、自我介绍、介绍家庭、表达时间日期到购物、讲价、描述服饰、评价天气等，以实用性为纲。重点练习学生的会话表达和听力理解能力，辅之以汉字书写，淡化阅读。

Post-beginners（初级）课程包括 13 周的课时量，每周一次课，每次课 2 小时，时间定在晚上 6：00 至 8：00。初级班在零基础之后，水平更进一步，在功能主题教学下，话题更加深入，涉及如职业、就医、校园生活、日常活动等方面，初级课强调学生的长对话和段落描述能力，对简单的语法知识能够有一个清晰的认知，能举一反三，创造新的句子。同时，初级课程对学生的汉字有更高的要求，除了每节课建议书写的汉字外，学生应培养对对话、课文的汉字的认读能力。

Intermediate（中级）课程包括 13 周的课时量，每周一次课，每次课 2 小时，时间定在晚上 6：00 至 8：00。中级课程是目前孔子学院汉语综合课中，水平最高的一种课型。由于海外汉语教学不同于中国本土汉语教学，学生的水平不能达不到较高的层次，故中级课程逐渐舍弃功能导向的原则，根据汉语知识点的循序渐进，以语法为纲，培养学生对于语法结构的概念。对学生自主对话、评价事物、讨论话题的能力有一定的要求。

HSK Prep（HSK 预备）课程是专门针对对于考 HSK 有要求的学生设计的，以通过汉语水平测试为目标的课程。学生在报名前，通过一套模拟 HSK 测试题，确定自己的大致水平，根据自身条件，报名相关的 HSK 预备课程。该课程同样包括 13 周的课时量，每周一次课，每次课 2 小时，时间定在晚上 6：00 至

8：00。以《HSK 标准教程》为教材，辅之以教材配套的练习册，并在每周听一套 HSK 模拟听力，全方位训练学生的应试能力。HSK 预备课程不同于上述综合课，根据学生的报名情况来开班授课，小班授课甚至一对一授课均可。考文垂孔院在运营第一年并无开设 HSK 考点，但是我们正在积极申报，并且与华威大学、伯明翰大学联系，积极将适合 HSK 考试的学生推荐到当地考试。

收费方面，第一学期（春季学期）为孔子学院开幕之后的首个学期，处于学校课程的中间阶段，孔子学院开展为期八周的全面免费课程。第二学期（秋季学期）开始收费，13 周共 26 小时的课程，收费为 100 英镑，其中学生、员工及其他考文垂大学国际项目人员按合同标准享受相应折扣。孔子学院的课程设置和收费标准、合同方案均与学校的语言培训中心保持一致。

3.2　考文垂大学孔子学院的学生情况

考文垂孔院的目标学生群体是考文垂大学的在职教职工、学生，以及周边城市社区的社会人士。在招生范围方面，除第一学期的免费课程只接收考文垂大学本校学生和教职工注册外，到第二学期开始，开放社会人员报名通道，实现了招生范围的全覆盖。由于考文垂大学的每栋教学楼和每间教室均设有门禁系统，社会人士在网上注册后，需要经过一周左右的身份安全检查，然后方可使用分发的校园卡在规定时间出入校园。

自 2016 年 5 月 23 日孔子学院第一节汉语课以来，截至目前（2017 年 3 月 12 日），孔院课程注册人数共 71 人。其中考文垂大学员工 22 人，在校生 40 人，社会人士 9 人。

从学生的年龄上看，主要是 18 周岁以上的成年人，最小的 22 岁，最大的 60 岁以上，但学生的平均年龄一般在 30 岁左右。

从身份上看，有学校在读的本科生、研究生、博士生、教师、行政工作人员、社会工作人员、退休人员等，身份多样化。

从国籍上看，学生以英国人为主，也有部分西班牙人、加拿大人、巴基斯坦人、芬兰人、俄罗斯人等，以欧洲国家为多数。

学生学习汉语的目的主要是：喜欢汉语，对中国的语言和文字感兴趣；曾经有在中国工作的经历，希望继续学习汉语；配偶是中国人，日常生活中有学习汉语的需要；还有相当多的社会人士，由于工作上与中国企业有合作，需要汉语的语言沟通技能。无论是出于何种目的学习汉语，不可否认的一点是，汉语在众多第二语言中，逐渐得到越来越多的学习者的青睐，无论是生活还是工作，汉语的需求正日益提升。

3.3 考文垂大学孔子学院的师资情况

考文垂大学孔子学院的师资情况经历了一个简略的变化，从 2016 年 4 月 4 日至 2016 年 5 月 12 日，孔院的中文教学师资有一名中方院长和三名志愿者教师；从 2016 年 5 月 13 日至 2017 年 1 月 22 日，孔院仅有三位志愿者教师；从 2017 年 1 月 22 日至 2017 年 2 月 25 日，孔院有一名中方院长和三名志愿者教师；从 2017 年 2 月 26 日至 2017 年 3 月 12 日，孔院达到成立以来中方人员最多的情况：一名中方院长，一名资格教师，三名志愿者教师。2017 年 3 月 13 日后，由于三名志愿者教师任期已满回国，孔院仅有一名中方院长和一名资格教师。但 2017 年 4 月将陆续派来两位资格教师和一名志愿者教师，壮大师资队伍。

由于中方院长不参与课堂教学工作，资格教师暂未走上讲台接任课堂教学任务，所以在孔院成立之初的一年时间里，教学任务主要落在了三位志愿者教师身上。笔者有幸成为这三名志愿者教师中的一员，具有北京师范大学汉语文化学院的专业硕士，另两位志愿者教师均是来自天津师范大学的汉语国际教育专业在读硕士生。我们三人负责三个学期的全部汉语课程教学工作、课程设计、大纲编写、文化活动开展、广告策划……与孔院的运营息息相关的工作任务。

在教学上，笔者主要承担每周各两个课时的零基础学生和初级班学生，G 教师负责每周各两课时的 HSK 二级和 HSK 四级的一对一辅导班，Z 教师负责每周各两课时的 HSK 三级和中级班的课程。全部课程均无指导教师、管理教师或者助教，全部独立完成。每节课结束后，在第二天，每位教师均应把教学资料（教师整理好的知识点梳理和 PPT）发送给每一位学生，其中 PPT 里，应有所有生词和句子的音频文件，让学生在课后能够自主学习。如有作业，教师应在下节课开始之前批阅好，于下节课上发给学生。

因为人员限制，孔院在起步之初很难开展与汉语语言课相应的独立文化课，因此，在汉语综合课上，应有语言和文化的双技能目标，在课堂的最后十分钟到二十分钟内，通过多媒体设施或者相应的教学资源，带领学生体验相关的中国文化。

3.4 考文垂大学孔子学院的教学资源

考文垂大学孔子学院没有固定的汉语教材和学生用书，志愿者教师在综合了全英各大孔院的教材使用情况的基础上，根据学校语言中心和语言培训中心的大纲与教材，考虑到学生的实际汉语水平和学习风格，制订出符合实际汉语教学实践的教学材料。我们在综合确定大纲的要求和话题功能后，融合各个教材的优点，如《快乐汉语》《跟我学汉语》《中文听说读写》《新概念汉语》

等，自主制作 PPT 放映文件，并思考课堂活动和游戏方法，做出教具，应用在课堂上。

在网络资源上，通过与学校语言中心、培训中心的交流和培训，我们得到了很多优秀的网络辅助教学资源工具，如 Hello Chinese、arch Chinese、田字格字帖生成器、quizlet、kahoot 等在线工具，可以帮助学生练习所学知识、复习已学知识、增加课堂趣味性，使课堂活动形式多样化。在与其他孔院的志愿者教师交流教学经验、分享教学资源、互通有无的过程中，我们也得到了其他孔院优秀的汉语教学资料，如爱尔兰都柏林大学孔子学院的文化教学资源包、汉办的教学资源包、BBC 的中国语言相关文化视频等，在课堂开始或者结束时，给学生们放映一小段中国文化的视频，会增强学生们对中国的兴趣。

对于教学资源最重要的一个方面——教材上，在经历了长期的探索和试验后，我们总结了相关的教材适用状况，整理如表 2。

表 2 考文垂大学使用汉语教材情况表

教材名称	教材图示	出版社	优点	缺点
《快乐汉语》（1、2 册）		人民教育出版社	1. 图文并茂，生动形象2. 语言结构简单，循序渐进3. 配套练习册内容丰富，便于影印分发给学生做为作业4. 功能导向明显，话题充分，易于根据内容制作教学材料	1. 教学内容上趋于单薄，对于成年人来说，语言结构相对简单2. 相关的主题教学知识点连贯性不太充分

（续表）

教材名称	教材图示	出版社	优点	缺点
跟我学汉语（英语版零基础）		人民教育出版社	1. 课文材料丰富，语法知识点清晰 2. 句型操练细致有序 3. 注重汉字知识的系统性 4. 课文图片简洁生动，语言要素很有条理	1. 汉语语言知识相对本土化，在一定程度上不利于海外的汉语教学 2. 课文内容相对较多，篇幅较长 3. 配套的练习册对学生的语音、汉字要求太高
《新概念汉语》（1、2册）	 	北京语言大学出版社	1. 课文以对话为主，注重交际性 2. 教材配套教学卡片非常便于汉语教学 3. 教学内容连贯，语言知识适合成人 4. 每课一个到两个语法点，讲解清晰，操练充分	1. 对话性课文多，描述性和议论性较弱 2. 对于某一个功能话题，材料不够充分，有些松散 3. 淡化汉语教学模块
《中文听说读写》（第一册第一部分）		波士顿剑桥出版社	1. 教材内容体例非常清晰 2. 语法讲解充分且全面 3. 适合大学生、成人的汉语学习 4. 表达贴近中国本土	1. 语法操练形式相对单一 2. 教学内容较多，不利于学生短期的课型课制 3. 相关的配套教学资源相对短缺

（续表）

教材名称	教材图示	出版社	优点	缺点
《HSK 标准教程》（2、3、4 上、4 下）		北京语言大学出版社	1. 大纲明确，根据 HSK 等级设立和要求，设计教学内容 2. 课文和练习并重，操练充分 3. 配套的练习册与教材搭配，便于学生及时巩固	1. 知识点的分布不太成体系 2. 教学内容与综合课有所交叉，单独根据教材授课需要有所损益

四、考文垂大学孔子学院的课堂教学

4.1 课堂教学特点

考文垂大学孔子学院主要面向成人教学，且大多数学习者是在校学生，即使是社会工作者，出于实际工作或生活需要，也是对汉语充满兴趣和动力，所以相对中小学的汉语课堂，课堂管理的环节相对较少，英国学生的关注点更多地集中于汉语语言知识本身，他们不但对能够实实在在学习到的汉语知识感兴趣，更关注于传授知识的过程。经过一年的汉语教学实践，我们认为考文垂大学的汉语课堂教学方法有如下特点。

4.1.1 以交际为主，以功能教学为重点

学生对于学习汉语的最大要求是——使用，因此，在教学的设计上，教师应当时刻贯彻"功能性""任务型"教学，在任何一个新的知识点提出之后，都应当加以一定的课堂活动进行交际性练习活动，以使得学生能够体会教学内容的实用性。如在学会"如何向他人介绍自己的姓名、国籍、居住地"之后，教师可以分发一些空白卡片，要求全班学生站起来自由交际（Mingle），获得他人的有用信息，并填写好表格，得到成就感。

4.1.2 精讲多练，在操练中强化知识点

孔院的汉语课程课时有限，要在每周仅有的两小时内，完成某一特定的话题任务，教师就一定不能过多地占用学生的开口时间。在每一个新的知识点引出之后，应当花费更长的时间引导学生不断地练习。如在教"五官"的课堂上，学生已经学过了五官的名称，教师可以带领学生做"鼻子鼻子"的游戏，从教师开始，发出指令，让学生指出相应的器官，接下来交给学生来发出指令。几个回合下来，学生纷纷反映，"鼻子"这个词随着游戏的强化，在学生心中留下很深的印象，他们对此记忆最深刻。

4.1.3 善于采用多种教学方法，充分调动学生积极性

关于汉语课堂教学法，刘珣在《对外汉语教育学引论》中，已经做出明确而系统的描述，一直沿用至今并有深远影响的语法翻译法、直接法、情景法、视听法、全身反应法等理论的教学方法运用于实际汉语教学中，往往有多种良好的效果。对于零基础学生来说，一味的沉浸式教学法很容易引发学生的畏难情绪，所以在课堂中，教师要善于利用学生的母语——英语来直接解释或翻译某些语言点，不仅节省时间，而且直观简明。对于较为具体的汉语生词，教师可以直接将实物带进课堂，让学生充分建立汉语和实物之间的对应关系。在交际性比较强的语言材料上，教师要善于利用情境的设定，来创造一个语言的

"需要"，进而推动学生将所学利用于生活。当学生略感疲乏时，为了活跃课堂氛围，教师可以让学生的身体动起来，把语言演练融汇在肢体活动中，促进学生主动性的提高。

4.1.4 语言教学与文化教学相结合，以文化辅助语言教学

英国学生对汉语的学习热情和对中国文化的兴趣是相结合的，在每一课汉语课开始前，教师应当在PPT演示中显示本课所涉及的语言点和文化点。在语言点的学习过程中，穿插一定的文化点的渗透。如在讲解食物的过程中，介绍中国的饮食文化；在讲解中国学生的学校生活中，讲解中国的教育制度……成年人关注的文化点具有深入性，视频、音频、教具卡片、实物展示等都会在无形中吸引学生的兴趣。

4.2 课堂教学设计

课堂教学设计是使学生接受汉语知识点的重要途径，在志愿者教师的交流和创造下，以及在考文垂大学语言培训中心的培训启发下，我们进行了很多独创性的教学设计，为课堂教学增色不少。

4.2.1 根据信息线索拼出十二宫格拼图

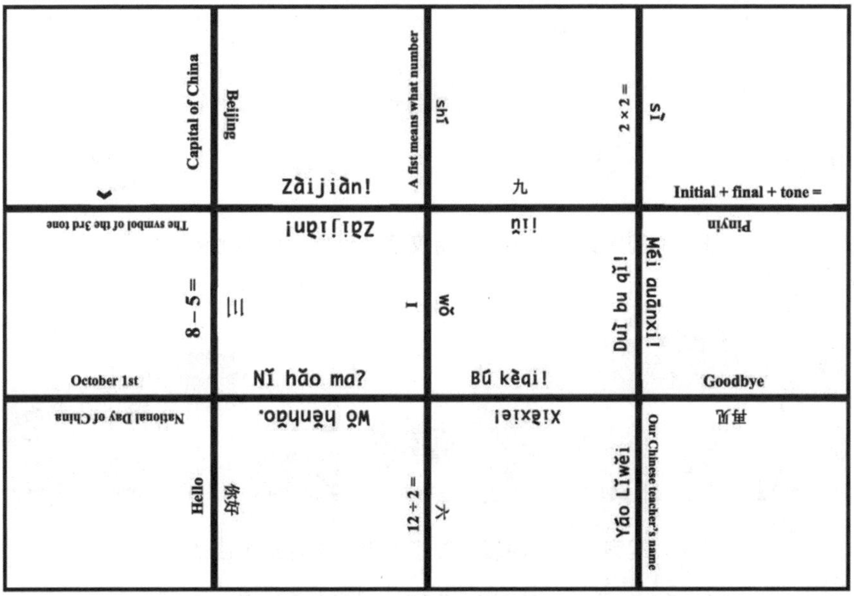

图5 以本课所学内容为提示信息的十二宫格拼图

这是第一节汉语课后最后一个活动，要求学生以2~3人的小组为单位，将12张卡片拼出一个完整的拼图，卡片边缘相邻的信息具有相关性，学生既可以充分合作，又可以将这一课所学回忆起来（见图5）。

4.2.2 呈上一桌完美"晚宴"

图 6 标有食物名称拼音的桌子

这是在学习了所有的食物和饮料的名词之后,在"春节"这节课中,为了使学生对"团圆饭"有一个概念,每个人得到一个标有拼音的桌子和食物的小图片,学生要将图片贴在桌子上,做出一份丰盛的"晚宴"(见图6)。

4.2.3 记忆重现

图 7 观察记忆左图后,用汉语说出右图中增加的天气

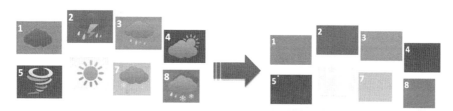

图 8 观察记忆左图后,按顺序用汉语说出相应的天气

在学习"天气"一课后,让学生在幻灯片上仔细观察左边的图片,然后接下来替换成右边的图片,考查学生的记忆力,用汉语说出丢失的天气(见图7);第二种活动是记忆左侧的天气的编号,并回忆起它们的顺序(见图8)。

4.2.4 寻宝游戏

图 9　用于"寻宝"比赛的"家庭"成员名称小卡片

在"家庭"一课中，教师提前将以上小卡片打印下来并裁剪好，用胶带粘贴在教室的各个角落，在课堂上最后的环节，教师将全体学生分为两组，教师说出一个名词，学生在教室"寻宝"，寻找出相应的卡片，最后统计两组的卡片数量，多的小组获胜（见图9）。

4.3 独立课程规划

以"介绍"一课为例，笔者在综合了各个教材的基础上，独立设计此课内容和教学环节。

第二课　Introduction（介绍）

授课教师：姚李伟

一、课型

初级汉语综合课

二、使用教材

以《我和你》（海外篇）第一册 第5、6课"您贵姓？""你是哪国人？"为模本，自己编写教学内容。

(迟兰英总主编，韩玉国、姜宇编，北京语言大学出版社出版，2014 年 2 月第1 版)

三、教学对象

汉语水平为零基础的英国成人学生，共11 人。

四、教学内容

1. 语言内容：

（1）生词：数词：11~19，20~90，0，100，100 以内的数字

人称代词：他/她

疑问代词：什么，哪里，哪

动词：叫，是，来自

名词：名字，国，人，中国，英国，法国，德国，美国

（2）句型：

①问名字：

　　　　nǐ jiào shén me míng zi
–你叫什么名字？

　　　　wǒ jiào
–我叫……

　　　　wǒ shì
–我是……

②问国籍：

　　　　nǐ lái zì nǎ li
–你来自哪里？

　　　　wǒ lái zì
–我来自……

　　　　nǐ shì nǎ guó rén
–你是哪国人？

　　　　wǒ shì　　　　rén
–我是……人。

2. 文化内容：

（1）中国的姓名。

（2）中国人眼中的吉利数字和不吉利数字。

五、教学目标

1. 认知领域：

（1）词汇：通过词汇的学习，能够准确掌握生词中的人称代词、疑问代词、基本的国家名词、询问名字和国籍的词、简单的动词。

（2）句型：通过句型的学习，能够掌握"我叫……""我是……""我来自……""我是……人"的结构。

（3）对话：通过对话的学习，能够理解并表达询问和回答关于姓名、国籍的内容，并能向他人介绍自己或介绍朋友。

2. 技能领域：

（1）听：能够听懂初次见面日常交流的对话。

（2）说：能够表达自己的姓名和国籍，话语自然流畅。

（4）写：能够准确书写"你""我""他""她""是""国""人"。

3. 情感领域：

（1）学生有询问他人姓名和国籍的愿望。

（2）学生有描述自己或他人的姓名和国籍的愿望。

4. 学习策略：

引导和培养学生的交际能力，体会交际学习的长处。

六、教学重点和难点

1. 词汇：

（1）掌握表示国家的名词"中国""英国""法国""德国""美国"。

（2）掌握用于询问姓名和国籍的相关词汇。

2. 句型：

（1）掌握"我叫……""我是……"句型，理解它的意义。

（2）掌握"我来自……""我是……人"句型，理解它的意义。

七、教学方法

1. 课堂教学按照"生词—句子—句型—操练"的顺序。

2. 从复习旧课的生词和句型入手，引出新课内容。

3. 运用直观手段，使用多媒体辅助教学。

4. 设计互动形式的小组活动，充分展示学生主体性。

5. 讲练结合，精讲多练，听说领先，同时加强学生的会话能力。

八、教学时间

全课共 2 小时，120 分钟，中间不休息，但尽量在两节课之间插入有较大活跃性的课堂活动。

九、教具

（1）自己写的本课生词卡片（汉字+拼音+英语意思）（1 份）

（2）孔子学院开幕式的写有 1~10 十个数字的小卡片（15 份）

（3）PPT 准备

（4）自己写的 0~10 的数字卡片（1 份）

（5）打印的 5 个国家的国旗卡片+汉字+拼音（1 份）

（6）打印的用于练习的小国旗卡片（15 份）

（7）打印的用于练习的写有姓名、国籍的统计表（15 份）

（8）打印的两个版本的用于练习的乱序数字表（各 15 份）

（9）打印的 PPT 简图（1 份自用）

（10）叶脉书签和小挂饰（小礼物）

（11）打印的田字格纸（15 份）

十、教学步骤

（120 分钟）

1. 组织教学（约 2 分钟）

与同学们以聊天、谈话的方式把学生的心思集中在课堂，营造良好的课堂氛围。

教学步骤：教师：大家好！记得上节课学习的内容吗？上节课我们没有出现汉字，但是这节课我会把汉字打在 PPT 上，你们可以看，但是不需要掌握，学会熟悉汉字。(用英语,根据学生反映,适时补充对话。)

2. 复习旧课 (约 13 分钟)

根据上节课的教学内容,带领学生复习已学过的生词、句型,以及课文对话。

教学备品:①小卡片 m1、m2、m3、m4

　　　　　②上节课 4 个场景的小卡片

　　　　　③数字小卡片 1~10

教学步骤:①复习四声的读法。

a. 举着小卡片 m1、m2、m3、m4 让全班同学读,并纠正发音。

b. 点名让同学一个一个读,随机抽卡片,并纠正发音。

②复习问候、道谢、道歉、道别。

a. 举着上节课的场景图片,问全班同学怎么说,一起说。

b. 点小组随机抽卡片说对话,纠正发音。

③复习数字 1~10。

a. 全班同学把手伸出来,带大家一起结合手势说数字。

b. 全班同学一个一个地结合手势说数字。

c. 把数字小卡片拿出来,点名同学一个一个问随机数字的说法。

d. 再次纠正发音,并带领全班同学一起结合手势说数字。

3. 语言点教学 (75 分钟)

3.1　询问姓名 (20 分钟)

教学备品:生词卡片,PPT

教学步骤:① 介绍本节课的语言点和文化点。

②生词讲解。

> wǒ　nǐ　tā　tā　jiào　shén me　míng zi
> 我、你、他/她、叫、什么、名字

利用上节课学过的词汇"我""你",引出"他/她",继续学习下面的词汇,带领学生英文解释和汉语读音建立联系,每学一个生词,全班一个一个单独读,并纠正发音,然后学下一个生词时,问上一个生词怎么读,点读和集体读相结合。

③带领学生把生词连接以来,形成"你叫什么名字?",全班一个一个读,纠正读音。然后引出"我叫……""我是……"。

④教师逐个问同学"你叫什么名字",学生用"我叫……""我是……"逐个回答。

⑤全班两人一小组,互相询问对方姓名并回答。

⑥教师点名让某同学问另一个同学姓名,另一个同学回答,然后另一个同

学继续问下一个同学,全班每个人都得到练习机会。

⑦教师随机点名,问学生另一个人"他/她叫什么名字",让学生转换主语回答。

3.2 询问国籍(25分钟)

教学备品:生词卡片,国家卡片,用于操练的国家小卡片,PPT

教学步骤:① 生词讲解。

lái zì	nǎ li	nǎ	guó	rén
来自	哪里	哪	国	人

首先复习人称代词"我""你""他/她",然后按照同样的方式逐个讲解生词,注重操练和复习。

② 带领学生把生词连接起来,形成句子"你来自哪里",全班逐个朗读,然后引出回答"我来自……"。教师逐个询问学生"你来自哪里",学生逐个回答,自己的国家用英文代替。然后让学生互相询问自己身边的人来自哪里,然后互相回答。

③ 带领学生学习句子"你是哪国人","我是……人"。告诉学生这两个句型是一样的。全班逐个朗读,然后相互提问并回答。

④ 请各个小组互相询问,第一组举手的有礼物。教师指明用哪个句型询问,然后请所有小组逐个展示对话,纠正发音,纠正句型。

⑤ 学习关于国家的生词:

zhōng guó	yīng guó	dé guó	fǎ guó	měi guó
中国	英国	德国	法国	美国

向学生解释很多其他国家的名字在汉语中是音译的,但个别的是后面加个"国",今天举的例子就是这样。利用国旗卡片,向学生依次解释各个国家的含义,"中国"—the middle of the word,"英"—"heroic","德"—"morality","法"—"laws","美"—"beauty"。每学习一个生词,都及时复习上一个生词,全班齐读和逐个朗读相结合,顺序读和点读相结合。任意举国旗,点名说国家。

⑥ 点名让同学回答"你来自哪里""你是哪国人",举任意国家的国旗,让学生回答。

⑦ 将小国旗卡片发给学生,让学生根据国旗代表的国家相互询问对象来自哪里,用两种句型询问。然后教师点名让每组学生对话,指明用哪一种句型。第一组有奖励。

3.3 数字(30分钟)

教学备品:0~10数字小卡片,乱序圈数字卡片,提前在白板上写两份乱序

数字图，PPT

教学步骤：

① 全班一起再次用手回顾数字 1~10，然后教师点名让学生随机回答自己抽的数字卡片。告诉学生，我们学习了这 10 个数字，之后的数字是很简单的，有规律可循的。

② 把幻灯片展示出来，以 11（eleven）为例，11（eleven）相当于 10（ten）+1（one），10（ten）怎么读？1（one）怎么读？11（eleven）怎么读？简单吗？11~19 都是这样的规律。

③ 点名让每个学生说出 12~19 的说法，纠正发音。

④ 让学生和自己的同伴从 11~19 数完。

⑤ 介绍 20~90 的说法，20 是 two tens，30 是 three tens……一个一个地点名让学生回答怎么说。

⑥ 让学生和自己的同伴从 20~90 数完。

⑦ 教师随机点名让学生回答十几和几十的数字。训练学生的反应速度和流利程度。

⑧ 教学生 100 以内任意数字的读法，以 56 为例，如下图所示。

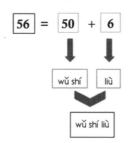

⑨ 拿出手中的数字卡片，任意组合，请全班同学回答怎么读，然后点名回答怎么读。

⑩ 分发乱序数字 1，请两名同学上前来，根据教师读出的数字，看谁的反应最快，然后圈出数字。两名同学用不同颜色的笔圈，最后统计结果，胜出的同学得到礼物。教师读完数字后，重新读一次，并逐个让同学回答是什么数字，并统计台上的同学的结果。胜出的同学给奖品。第二轮采用同样的方式。

4. 文化点教学（15 分钟）

4.1 中国人的姓名（6 分钟）

教学备品：PPT

教学步骤：

结合 PPT 上自己的姓名，解释中国人的姓名一般有 2~3 个汉字，其中，family name 放在前面，given name 放在后面，family name 来源于父亲方面，后面的 given name 表示父母对自己的孩子的期待。

4.2 中国人眼中数字的吉凶（9分钟）

教学备品：PPT

教学步骤：

结合 PPT，解释中国人眼中的吉利数字：6（smooth，things going well，结合当天是 2016 年 6 月 6 日，这个日期是个吉利的日子）；8（prosperity，big fortune）；520/521（谐音"我爱你"，前几天 5 月 20 号和 5 月 21 号，中国人会向自己爱的人说"我爱你"）。不吉利的数字：4（谐音"死"，death）；13（上海人说"十三点"，表示一个人很傻，silly）；250（上海人说一个人二百五，也是傻的意思，silly）。有争议的数字：2（中国人喜欢成双成对，喜欢双数，但是现在如果说一个人很二，是指这个人很傻，但那是喜欢的傻，不是贬低。）

5. 汉字教学（15分钟）

教学备品：PPT 汉字笔画动画，田字格纸

教学步骤：

① 分发田字格纸，每人一张。

② 教师依次演示"你""我""他""她""是""国""人"几个字的动画，让学生自己学会书写本课汉字。

五、考文垂大学孔子学院的教学反思

对于一个成立一年的孔院来说，能够在教学工作上开拓先河，汲取各方经验，是值得肯定和赞扬的。在考文垂大学中外方的努力配合下，在当地宽松的汉语教学环境下，在大学语言中心、语言和文化培训中心的通力合作下，考文垂大学孔子学院在未来定将有更加长足的发展，同时，这一年来，我们通过孔院的发展运营和汉语教学实践，也获得了更多反思的空间。

5.1 对孔院汉语教学的反思

5.1.1 因地制宜，开发具有地区特色的汉语教学资源

任何一个孔院都或多或少地面临过汉语教材无法以一应百的问题。在英国特定的语言环境下，孔院的志愿者教师或者资格教师需要在实践中发掘出一套适合自己的教学资源，包括教材、网站信息、实用工具、教学卡片等。这些资源需要保存并不断完善，因为它们对于孔院的传承具有重要的意义。

5.1.2 加强企业化管理，打响品牌战略

虽然在一定意义上，孔子学院是一个具有教育功能的非营利性组织，但是在语言教学日益发展的今天，任何一个机构都有可能成为语言培训的佼佼者。

而孔子学员依托汉办强大的政府资源和资金支持，更加不能掉以轻心。考文垂大学孔子学院常常意识到"品牌推广""广告宣传"的重要性，对于每一个教学和文化活动的展开，都需要充分考虑受众和市场，在以学生为中心的理念中，孔子学院的各项活动才会吸引更多的受众。

5.1.3 推动中国文化与语言相辅相成的理念

孔子学院相对于其他语言机构的一大优势是，教师资源的本土性特征和对中国文化的接近性。孔子学院在开展汉语教学的过程中，要辅之以必要的文化传播，这样不仅促进了语言的学习，也加强了中国文化在异国的形象塑建。

5.2 对汉办汉语志愿者教师培训的反思

5.1.1 加强志愿者教师输送的连贯性

孔子学院的志愿者派出是孔院生命力的一大重要体现，然而在实践中，我们往往看到志愿者在一年甚至不到一年的任期内，从接触到磨合到适应，需要一个阶段，但是这个阶段往往一完成，志愿者教师就要面临任期已满需要回国的境况，这样不仅对孔院的持续发展不利，也对志愿者海外教学的连贯性不利。在这个问题上，汉办需要花费一些时间，解决这种任教周期较短的问题。

5.1.2 促进志愿者外语能力和跨文化交际能力的培养

志愿者的海外教学一旦脱离书本，就具有很强的社会实践性，而这时，志愿者对海外生活的适应能力是一个很重要的考察派出方面。在海外教学，学习者母语的使用不可避免，尤其是课堂用语的使用，学生提问也往往用他们的母语进行，在这种情况下，志愿者需要有合格的所赴国家的语言能力，还要有跨文化交际的意识和眼光。

英国汉语教学调研报告

——以伦敦地区 The Charter School 为例

徐红玉

（北京第二外国语学院汉语学院）

一、英国汉语教学

（一）英国国家语言政策简介

英国全称大不列颠及北爱尔兰联合王国（United kingdom of Great Britain and Northern Ireland），由英格兰、苏格兰、威尔士和北爱尔兰组成，主要语种为英语。

汉语在英国的发展由无到有，21 世纪前，汉语属于"社区语言"（community languages），未被列入"现代外语"（Modern languages），学校学生不用学习汉语；到 2002 年，英国教育与技能部门发布 *Languages for All：Languages for Life-A Strategy for England* 提及汉语是世界主要语言并且是重要的商务语言①；到 2008 年，英国将汉语列入课程设置清单中，汉语在英国成为学生可以选择学习的现代外语；根据 British council 发布的统计资料 *Language Trends* 2015/16：*The State of language learning in primary and secondary school in England*② 英国小学阶段和中学阶段学生学习汉语情况有明显的不同。

小学阶段学习语言情况统计如下。

在统计的学校中，有将近 75% 的学校开设法语课程，22% 的学校开设西班牙语课程，4% 的学校开设德语课程，小部分的学校开设汉语或者拉丁语课程。文件表示，有 41% 的学校给学生提供在非课程时间学习外语的机会，以小组学习、兴趣课程（club）的形式在午餐时间或者放学后的时间进行。

---

① 数据引自 https：//www. gov. uk/search？q = MFL&show _ organisations _ filter = true&start = 20。

② 数据引自 https：//www. britishcouncil. org/education/schools/support - for - languages/thought - leadership/research - report/language - trends - 2015 - 16。

中学阶段学习语言情况统计如下：

大部分学校会开设法语、西班牙语、德语，一小部分学校会开设阿拉伯语、汉语、意大利语、日本语、俄语或者乌尔都语（巴基斯坦的官方语言，也用于印度），也有一些学校提供波兰语、葡萄牙语、荷兰语、土耳其语。

汉语考试主要为：YCT（Youth Chinese Test）、GCSE（General Certificate of Secondary Education）、A - LEVEL（Advanced Level）、HSK（Hanyu Shuiping Kaoshi）。YCT 针对初步学习汉语的中小学生；GCSE 针对从 Secondary School 即将毕业的学生，和英国其他科目的 GCSE 相同，学生可以用汉语的 GCSE 成绩作为其中一个科目成绩申请 College；A-LEVEL 主要针对从 College 毕业学生，成绩可用于申请 University。HSK 汉语水平考试，目前主要是一些孔子学院在大学开设汉语课堂，学生以大学生及社会工作人员为主。

截止到 2017 年，英国有孔子学院 29 所，孔子课堂 148 个。

（二）所在地区伦敦的语言政策

伦敦是英国的首都，属于英格兰地区，其语言政策遵循教育部门（Department For Education）制定的国家课程标准（The National Curriculum）。

国家课程①将学生设置为几个阶段（Key Stage），见表 1，每个阶段结束后，老师会评估学生的表现。

表 1　学生关键期

年龄（Age）	年级（Year）	阶段（Key Stage）	评估（Assessment）
3~4		早期	
4~5	学前班	早期	早期教师评估
5~6	一年级（Y1）	第一阶段（KS1）	看字读音检查
6~7	二年级（Y2）		国家测试、英语、数学、科学老师评估
7~8	三年级（Y3）	第二阶段（KS2）	
8~9	四年级（Y4）		
9~10	五年级（Y5）		
10~11	六年级（Y6）		国家测试、英语、数学、科学老师评估

---

① 数据引自 https：//www. gov. uk/national-curriculum。

（续表）

年龄（Age）	年级（Year）	阶段（Key Stage）	评估（Assessment）
11~12	七年级（Y7）	第三阶段（KS3）	
12~13	八年级（Y8）		
13~14	九年级（Y9）		
15~16	十年级（Y10）	第四阶段（KS4）	一些学生参加 GCSE 考试并拿到证书
16~17	十一年级（Y11）		大多数学生参加 GCSE 考试拿到或者获得其他的国家资格

小学的义务课程设置（KS1/KS2）：

英语、数学、科学、设计与技术、历史、地理、艺术与设计、音乐、体育（包括游泳）、计算、古代和现代外语（KS2）、学校必须提供宗教教育，但是家长可以要求学生不学习这一部分。学校也常常会提供以下课程：人类学、社会和健康教育、现代外语（KS1）。

中学阶段必修国家课程：

KS3：英语、数学、科学、历史、地理、现代外语、设计与技术、艺术与设计、音乐、体育、公民教育、计算，学校必须提供宗教教育，但是家长可以要求学生不学习这一部分。KS4 阶段学生主要针对国家资格考试进行学习，一般来说是 GCSE。

必修的国家课程分为"核心"和"基础"科目。核心课目：英语、数学、科学。基础科目：计算、体育、公民教育。学校从以下科目中至少提供一个：艺术与设计、设计与技术、人文、现代外语，必须提供宗教教育和性教育，汉语属于现代外语范畴。

（三）汉语教师志愿者和当地教师入职情况

到目前为止，国家会派出几种不同类型的教师或者志愿者，一种是隶属于孔院，包括公派教师和孔子学院汉语教师志愿者，还有一种是由国家汉办和英国文化委员会（British Council）合作的"英国助教项目"，选派出优秀的人员到英国担任汉语课程的助理教师。国家汉办的教师通常会被分配到不同的中小学或者大学，中小学教师一般根据所属学校的要求教授课程，大学教师主要是教授 HSK 课程。除了汉语知识课程，还有武术课程（太极拳、太极扇、中国功夫）、剪纸、中国舞蹈、书法绘画课程等。

当地教师入职有两种基本的方式，一种是经过教师训练研究学位的老师，即读取 PGCE（Postgraduate Certificate in Education）相关专业。PGCE 的学校一般会和各个中小学建立合作，就读 PGCE 的学生在攻读学位期间要进行实习，会有专门的老师管理学生实习并且对接的中小学会非常愿意去做这件事情，帮助培养新教师；另一种是学校会在某些学科选择一些英国的教育公司合作，公司人员会派相关教师到学校工作，虽然不属于学校系统，但为了保证教学的连贯性一般派到学校的老师不会经常更换，有利于学生的学习。目前伦敦地区汉语的教育公司 Dragon 做得比较好。

二、伦敦地区 The Charter School

（一）所在学校的基本情况

学校名称为 The Charter School。

The Charter School 成立于 2000 年，位于英国伦敦 North Dulwich，属于公立学校，包含英国中学全部阶段，从七年级到十三年级，学生 GCSE 和 A-Level 成绩突出，被公认为全国顶尖学校之一，学校非常重视学生综合素质的发展，相信所有学生都有在学校取得成功和将来在人生道路上取得成功的潜力。学校包括两个部门，Y7-Y11 的 Secondary school，以及 Y12、Y13 的 College School。

学校坚持的目标是：The Charter School enables all students to develop the knowledge, skills and character so that they can be happy in life and be successful in higher education or the inspiring career pathway of their choice. The Charter School was founded to serve the needs of families who live locally to the school and is intended to reflect the character of the community surrounding the school.

学校课程种类丰富，七年级课程包括：艺术，计算机，设计技术，戏剧，英语，法语或西班牙语，人文科学，数学，音乐，儿童哲学或国语，体育，科学。八、九年级课程包括：艺术，计算机，公民权，设计技术，戏剧，英语，法语或西班牙语，地理，历史，数学，音乐，体育，宗教教育，科学。十、十一年级课程包括：英语语言，英语文学，数学，科学，应用技术。

所有学生在学校期间学习音乐、艺术和戏剧至少三年。学校学生可以组成不同的交响乐团，参加各类演出。会有戏剧的演出，给学生提供各种各样展示自己的舞台。

学校属于全国顶尖学校之一，毕业生成绩令人骄傲，2016 年，GCSE 中，75% 的学生得到了至少 5 个 A+~C 的成绩，包括英语和数学；29% 的学生得到了至少 5 个 A+~A 的成绩（英国学生至少参加五门学科的 GCSE 考试，其中每个考试成绩分为这几个等级：A+、A、B、C、D、E、F、H、G）。

（二）汉语课程的教学情况和地位

学校一共有四门现代外语课程：法语、西班牙语、汉语、拉丁语。所有学生必须在 Y7 选择两门外语，至少一门是法语或者西班牙语。十一年级可以考取汉语的 GCSE，学校每年都会有一部分学生选择考汉语 GCSE 考试，有些学生可以达到 A+的成绩等级。

目前学习汉语人数 205 人，Y7 三个班级，Y8 两个班级，Y9 两个班级，Y10 一个班级，Y11 一个班级，学生在 Y7、Y8 学年可以选择汉语课作为必修两门外语中的一门，Y9 可以根据自己的学习情况选择是否继续学习汉语，Y10、Y11 依次类推，如果学生 Y11 仍在继续学习汉语，就可以选择参加汉语的 GCSE 考试，学校每年都有学生参加汉语 GCSE 考试以及 YCT 考试。

教师情况：英国本土汉语中文教师两名，国家汉办汉语教师两名，本土实习汉语教师一名。

学生在学校的作息时间为：

所有的学生在 8：25 开始学校的一天。

08：00—08：30 学前俱乐部

08：30—08：50 学生有时会集合在一起开会

08：50—09：50 第一节课

09：50—10：50 第二节课

10：50—11：10 课间休息时间

11：10—12：10 第三节课

12：10—13：00 第四节课

13：10—14：00 午餐

14：00—15：00 第五节课

学校的一天结束

15：00—16：00 学校俱乐部（体育、艺术、外语等）

（三）汉语课在课程计划中的安排

学校课程设置情况：学生在校期间一周 25 小时课程，不同年级课程设置和选择不同，根据学生兴趣和学习情况可以选择适合自己的课程，分为必修课程和选修课程，每个学生会有自己的专属课表，基本上没有两个学生的课程是相同的。

学校在学生七至十一年级设置中文课程，不同年级对学生的要求不同，以 Y7 为例，要求如下：Y7 汉语课程涵盖了考试中的四个模块（听、说、读、写)，学生被提供汉语拼音以及汉字版的标准教材，并且可以在线进行学习和测试，写作模块有特别的书籍和在线学习测试网站。学生在这一年中主要学习的话题包括问候、名字、年龄、数字、家庭、国家、学校、食物和饮料、身体部位、时间、衣服、否定表达、体育爱好。

汉语课程时间不固定，第一节课到第六节课，Y7、Y8 每周一小时汉语课，Y9、Y10、Y11 每周两小时汉语课。每周三有固定时间汉语 club，50 分钟。

(四) 学习汉语的学生情况

学校学生在 Y7~Y11 学习汉语，学生年龄在 12~19 岁之间，学生基本为伦敦本土人，Y7 大部分学生可以通过 YCT 考试，学生把汉语作为自己想要学习的一门语言，用于交际也用于自己的成绩评定。一些学生在小学时期已经学习了至少4 年汉语课。汉语课程相对于国内学生学习外语更加重视听、说技能，读、写相对较弱。Y7、Y8 以训练学生听说技能为主，加入适量的读写技能训练；而 Y9、Y10 会加入更多的读写技能，加深学生对汉字的认知，学习写汉语作文。

Y10、Y11 学生会在课堂上增加听力、写作教学，增加 GCSE 考试训练课程。

(五) 以 Y10 为例，学生听说读写相关训练

1. 听——听力练习，复述听到的内容

A. 我滑冰滑得比较好。B. 我头疼。C. 你会不会弹钢琴？D. 哥哥很喜欢钓鱼。E. 她病了，应该每天吃药。F. 我嗓子疼，肚子也不舒服。G. 你发烧了，四十一度。H. 周末你应该在家休息。I. 你应该每天吃三次药，饭后吃。J. 我网球打得好。K. 网球场离我家不远，很方便。L. 我们吃元宵，看灯笼。M. 我跟家人互相送礼物。N. 我觉得月饼很好吃，我喜欢这个节日。O. 我拉小提琴拉得很好听。P. 我日语说得很流利。Q. 我做中国菜做得很好吃。R. 我车开得太快了。S. 我跳舞跳得不错。T. 有一个朋友告诉我不可以抽烟，对身体不好。

2. 说——话题练习，根据问题回答一段话

A. 伦敦天气怎么样？B. 你觉得我应该去什么地方？C. 你通常会建议参观什么？D. 伦敦有什么节日？E. 你去过中国（或别的国家）吗？跟谁去？F. 你喜欢跟学校去，还是跟家人朋友去？为什么？G. 你喜欢中国吗？为什么？H. 你在中国（或者其他国家）做了什么？I. 你去了中国（或者其他国家）哪里？J. 你喜欢中国（或者其他国家）的什么？K. 你将来会再去中国（或其他国家）还是会去别的国家？为什么？L. 你为什么说中文说得那么好？M. 你在哪里学的中文？

3. 读-阅读

A. 我_____又高又_____。眼睛是蓝色的，_____是棕色的。他的爱好是打_____。他每天开车_____。他在工厂_____。

①足球　②个子　③瘦　④爸爸　⑤姐姐　⑥工作　⑦矮　⑧头发　⑨上班　⑩坐　⑪网球　⑫可以

B. As in the example, put a cross in the correct box. 见表2。

表2　词语配对表

	看病	地理	胖	校服	起床	友好
Fat						
Friendly						
Get up						
School uniform						
See a doctor						
Geography						

C. Read the text and choose the correct answer for each question.

六点半起床以后，我在浴室洗澡。我不吃早饭，只喝一杯咖啡。我们学校七点半上课。每天第一节是数学课。我觉得太难了。我平时跟朋友们在外边吃午饭。我吃面条，也喝可乐。星期三我们有体育课，是我最喜欢的课。

例题：The first lesson is science.

The first lesson is maths.

The first lesson is chemistry.

4. 写——写作

以"我最喜欢的名人"为题，写一篇文章。

以"我最喜欢的运动"为题，写一篇文章。

（六）汉语相关文化活动

学校汉语相关文化活种类丰富。

1. 国家演出团队

每年，国家会组织大型并且专业的演出团队，Y8 学生会被邀请观看，学生会接触到中国舞蹈音乐等相关演出。

2. 国家汉办孔子学院演出团队

The Charter School 是国家汉办的孔子课堂学校，所以每年新年期间会有伦敦中医孔子学院的演出团队来到学校，演出内容包括武术（太极拳、太极扇、刀、枪等中国功夫和舞狮等）、中国传统乐器（琵琶、长笛、古筝等）、剪纸、舞蹈，学生在观看演出之后有一小时的学习时间，只要有演出团队人员进行教授，学生就可以选择自己感兴趣的部分进行学习，主要针对 Y7。

3. 中国新年活动、中国新年餐

中国新年一般都在学校学年中的第二学期初，所以在新年期间，学校会展示新年相关的活动、展板介绍等，中文课的学生会进行真正的新年课程，了解中国新年，唱恭喜的歌曲，也有收红包/做灯笼等环节。针对所有年级的学生。

全校在中国新年的第一天，学校会做中国新年特别餐，和传统的英国午餐不同，这一天，提供各种各样的中国餐，学生老师和员工可以自行选择。

4. 做中餐

组织学生包饺子、吃饺子，感受中国饮食文化，学生学习如何正确使用筷子。

（七）选用的汉语教材

学校为了保持教学的连贯性和活跃性，一直致力于和 DARGON IN EUROPEN 合作，Y7~Y9 使用的教材为 *Dragon-Primary School Chinese*，因为学生在 Y7 阶段为零起点汉语学习者，所以这本教材比较适合这个学校的学生。除了这一本基础教材，还会配合使用 *Cambridge Chinese For Beginners*。Y10、Y11 使用的教材为 *Edexcel GCSE Chinese*。

1. *Primary School Chinese*

A. *Primary School Chinese* 教材结构：

（1）学习生词

（2）生词练习

（3）句型

（4）句型练习

（5）写生词

（6）扩展知识

（7）归纳整理

（8）练习

B. *Primary School Chinese* 教材内容，见表3。

表3 *Primary School Chinese* 教材内容

	第一本书（Y7）	第二本书（Y8）	第三本书（Y9）
第一单元	你好	购物	大小
第二单元	名字和数字	我的房子里	天气
第三单元	年龄和数字	做什么饭	多少钱
第四单元	我的家人	我的学校	我的生日
第五单元	国家	我喜欢	数东西
第六单元	我的书包	我的爱好	方向
第七单元	食物和饮料	运动	我的朋友
第八单元	身体	我的一周	我可以
第九单元	时间	我的一天	转转
第十单元	衣服	我的假期	冬天

C. 教材分析

本套教材涵盖话题广泛，使用有趣，但是比较简单，教师在讲课过程中会在原有的教材基础上加入更加实用具体的知识，教材弱化语言点，以交际为主，重视学生听说。配合练习书籍以及网络作业及游戏练习，强化学生的读写。

这套教材的优势之处在于配合网络在线练习，学生用学习到的汉语知识，到网站上进行对应单元练习，以游戏为主，但是游戏分为不同的等级，学生很愿意进行网络学习，有趣并且学习效果很好。

这套教材一直作为 The Charter School 的大纲性教材，教师按照这套教材主题完成 Y7、Y8、Y9 的全部教学。

2. *Cambridge Chinese for Beginners*

A. *Cambridge Chinese for Beginners* 教材结构

（1）主题简介

（2）生词

（3）生词练习（听力、阅读、写三个部分）

（4）句型、语法

（5）写生词

（6）课文

（7）对话练习

（8）阅读练习

（9）拓展知识

99

10）单元练习

（11）中国文化常识

B. *Cambridge Chinese for Beginners* 教材内容，见表4。

表4 *Cambridge Chinese for Beginners* 教材内容

	第一本书	第二本书
第一单元	你好	遇见人
第二单元	关于我	出去玩
第三单元	我的家人	学校
第四单元	我的东西	我的一周
第五单元	在中国买东西	出去吃
第六单元	在哪里	假期

C. 教材分析

本套教材趣味性强，整体结构严谨，非常适合中学阶段学生学习，语音、词汇、语法清楚简明。练习题种类丰富且非常有用，文化部分介绍使学生对中国的文化有了更深的了解。内容充实、饱满。

三、余论

（一）实习过程中遇到的难题与解决方法

1. 学生上课比较活跃

英国学生上课很活跃，因此控制课堂秩序非常困难。

解决方式：在课程的开始阶段设置一些规则，上课过程中尽量不要以中国教师的思维方式看待学生，要融入学生的环境，找到学生的兴奋点并及时转移学生注意力，吸引学生学习有意思的知识。向本土教师学习。

2. 语言障碍

在英国的时间很短，所以学生说的一些英语是很难在国内学习英语过程中学习到的，这个时候，作为老师会有点不好意思。

解决方式：平时生活中注意学习、积累，上课过程中学生说的话不明白可以让学生换一种方式解释一下。多关注学生喜欢的东西，也会有帮助。主动去看一些他们喜欢的电视节目、电影、新闻等。

3. 课程不连贯性

Y8、Y9 有一小部分课程是轮堂制度，有的课程学生必须在汉语和其他一门课中选择一堂课去上。

解决方式：给来上课的学生详细地讲解知识，但是每节课初始时候复习上节 课知识时间增长，没有来上课的学生快速学习缺下的知识。保证学生能学到全部知识，防止他们产生挫败感而放弃学习中文。

（二）汉语教师采访记录

分别采访三位教师。2004 年来到英国开始教授汉语的肖老师、英国本土教师 Kris、目前正在读取 PGCE 硕士的实习教师李老师。

1. 肖老师

我：肖老师您好，请问您什么时候来到英国开始教授汉语的呢？

肖老师：我 2004 年来到英国教授汉语。

我：您可以先介绍一下您的公司和您的主要工作吗？

肖老师：好的，Dragon in Europe 是一家教授汉语的公司，在欧洲很多国家都有分公司，研究汉语教材、和学校地区合作教授汉语等。我的职称是教学经理，主要负责伦敦地区的教学工作。管理培训教师，并且也在包括 The Charter School 在内的三所学校承担汉语教学工作。

我：您在英国这么长时间，觉得汉语在伦敦的发展怎么样？

肖老师：汉语教学发展确实越来越快，尤其是一些孔子课堂在伦敦开设教学点，汉语辐射面越来越广，会说中文的人也越来越多。

我：我知道您之前一直在中国教授英语，您目前教授中文；您觉得在中国教授英语和在英国教授中文有什么教学上的区别？

肖老师：在英国进行汉语教学以听说为主，学生也比较活跃，所以学生交际能力较强，而读写较弱，一定要严加训练，找对方式，才能让他们提高读写能力。在中国，学生比较安静，读写能力很强，听说能力比较弱，所以要试图寻求方法让学生多听多说，提高交际能力。

2. Kris

我：你好，老师！

Kris：你好！

我：老师您什么时候来到 Charter 教汉语的，您汉语说得这么流利是在中国学习过吗？

Kris：我来到 Charter 快 4 年了，我之前学习过很多语言——德语、日语、汉语，在日本生活了很多年，在中国生活一年，是去山东的一所大学教授英语，但是自学了汉语，通过了 HSK6 级的考试。

我：您觉得汉语是一门很难学习和掌握的语言吗？

Kris：我觉得真的不难。

我：那您在汉语教学中遇到的困难主要是什么？

Kris：主要是发音问题，发音一定要正确，因为学生会跟着学，汉语的语音语调非常重要；其次是一些惯常用语，有一些句子可以用两种或两种以上的方式说，但不知道哪一种是中国人习惯去说的。这就要求在教课过程中随时请教中国教师。

我：您比较喜欢什么样的教学方法？

Kris：我喜欢让学生以放松的方式学习汉语，我知道让他们上课听话、跟读的方式很好，但是其实不适合英国的课堂，学生需要在学习过程中感受到乐趣，发挥积极性。

3. 李老师

我：您好，请问您现在在哪个学校上 PGCE？

李老师：在伦敦大学金史密斯学院。

我：您觉得这个学校的 PGCE 课程设置得怎么样？

李老师：非常好，首先，这个学校的 PGCE 入学条件非常严格，并且在学校期间感受到这个学校的专业性，导师很棒；其次，英国非常注重教师的综合素质和讲课能力，所以学校会帮助大家联系实习的学校，一般来说是中学或者小学，在实习期间，不只是观摩该学校教师课程，还要真正地的自己去上课，学校教师会给予评价并帮助进步，导师也会随时到学校检验我的教学效果。我在两所学校实习，Charter 的学生算起来比较乖，但是另一所学校的学生特别的活跃，是两种不同类型的实习状况，感觉收获非常大，自己的教学进步也非常大。

从小学课堂看法国汉语教育发展

江晨晨

（北京第二外国语学院文学院）

随着"改革开放"政策的深入践行和不断发展，"教育对外开放"作为中国"改革开放"的重要组成部分，也呈现出蓬勃景气的发展态势。短短三十年间，汉语对外教学从一门新兴学科，到变得炙手可热，与中国经济的繁荣发展密不可分。此外，中国综合国力的增强和国际地位的提高，也一并掀起了汉语热的潮流，汉语之花绽放在世界各地。

法国作为与中国长期保持外交友好关系的西方国家，近年来与中国在政治合作、贸易往来、文化交流等方面均有着密切的合作。语言是一个国家文化的载体，学习该国语言自然也成为接近该国文化、了解该国习俗的一个重要突破口。随着在法学习汉语人数的日益增多，法国汉语教学也成为一个值得探讨和反复研究的内容。

一、剖析法国汉语教学现状

法国是最早和中国开始教育交流的西方国家之一。自从 1964 年法国和中国建立外交关系后，许多法国学生相继来到中国，他们不仅学习中文，而且对传统的中国文化和源远流长的中国历史充满兴趣。另一方面，在法国，汉语教学也不断与时俱进，经历了突飞猛进的发展。

（一）"汉语的天书时代已去"

汉语教学在法国开创了多个"第一"：第一个中文教授席位——巴黎区法兰西学院（1814 年设立），第一个中文系——法国东方语言学院中文系（1843 年开办），第一个开设汉语课的中学（1958 年开课），第一个教育部汉语总督学（2006 年设立）……①

虽然汉语教学在法国历史悠久，但是在过去几个世纪里，法国一直流行着

---

① 白乐桑：《由法国汉语教学发展审视"汉语热"增长危机》，《国际汉语教学研究》，2014 年第 4 期。

这样一句成语——"C'est du chinois",表示事物像汉语一样让人困惑不解,难如天书。现在,随着西方世界对中国的了解,中文也渐渐被揭去其神秘的面纱。面对汉语,法国人不再谈其色变,法国著名媒体《世界报》*Le Monde* 就曾于 2013 年 9 月 4 日以《汉语的天书时代已去》为标题,报道介绍了中文教育在法国二十年间的发展与变化。

根据法方提供的数据,在法国本土,一共划分了 26 个学区,目前这些学区全部开设了汉语课,而在法国的海外省和海外领土中,也开始尝试开展中文教学工作,比如留尼汪、塔希提和圭亚那。据统计,在法国,HSK 汉语水平考试的考点一共有十个,是欧洲 HSK 考点最多的国家,而每年在法国参加 HSK 汉语水平考试的考生人数,也遥遥领先欧洲其他国家。

目前,法国学习汉语的人数已达 10 万人,汉语是学生人数增长势头最猛的一门语言学科。相比从前汉语位于第三、第四外语的地位,如今我们惊喜地发现,中文开始被列入法国学校第二外语的名单之中。目前,在法国的中学教育阶段,有 600 多所中学每周开设汉语选修课或必修课;而小学教育阶段也在不断发展,现在已有 20 多所小学开设了中文课。与此同时,在高等教育阶段,汉语也取得了蓬勃发展。

在法国高等教育系统中,有 28 个大学院系进行长期的汉语语言文学与文化或应用语言学教学,150 所大学和高等学校设有非专业汉语课程(汉语初级班、短期学习、大学文凭),几乎所有精英学校(如巴黎高等师范学院、巴黎综合理工学院、国家行政学院、巴黎高商、巴黎政治学院等)均开设了汉语课程。[①]

最值得一提的是,法国国民教育部为了保证汉语教学的有序进行和顺利发展,特别设立了"汉语教学总督学"一职,随后又陆续任命了"地方专职汉语教学督学"和"地方兼职督学"等职位,并且,每个地区或学区之间会定期组织中文老师参与汉语教学方面的培训与交流活动,可见,现今的汉语教学在法国教育体系中占据着相当重要的地位。

除了备受重视,法国汉语教学和其他国家汉语教学最大的不同,就在于汉语已经进入法国基础教育体系。在法国,无论是公立学校还是私立学校,开设中文课程的学校已经不在少数,笔者所任职的法国珍妮·玛纽尔学校(Ecole Jeannine Manuel)便是一所有着多年中文教学经验的私立国际学校。

(二)珍妮·玛纽尔学校——将中文列入小学必修课的学校

珍妮·玛纽尔学校成立于 1954 年,是一所法英双语国际学校,也是法国为

---

① 巴黎:中国驻法国大使馆教育处,《法国汉语教学简介》,2013 年 12 月 19 日。

数不多的将中文列入小学必修课的私立学校。学校共设有巴黎、里尔、伦敦三个校区。据统计，巴黎和里尔校区从幼儿园中班至高中三年级的学生有三千余人，至少来自 77 个不同的国家；而刚刚开设的伦敦校区目前只有小学部，有接近两百名学生。

笔者所任职的里尔校区常年设置三名中文教师和一名中文助教，从幼儿园大班至高中毕业班，全校学习中文的学生在 500 人左右。中文在幼儿园和小学为必修课程，中学为选修课程，在进入高中毕业班前，学生可以自由选择中文作为第二外语或第三外语来参加法国高考。

除了认真细致的课堂教学，学校中文组还为学生们提供了丰富多彩的文化活动，如学唱中国歌曲、品尝中国美食、学习书法、剪纸、刻画等中国传统才艺，尤其在每年春节期间，持续半个月之久的中国新年活动总是能吸引全校师生的目光。在珍妮·玛纽尔学校，无论你是否学习中文，见面说"你好"已经成为一种潮流。

学校校长曾经表示："作为一所国际学校的学生，一定要了解世界。至少在学校的时候要开始了解中国这个在国际舞台上越来越重要的国家，而要了解一种文化，除了学习它的语言，没有更好的办法。"目前，在中国驻法大使馆的支持下，珍妮·玛纽尔学校已经与包括北京师范大学附属实验中学、复旦大学附属中学、史家胡同小学等 6 所中国学校建立了合作交流项目。①

与此同时，学校也定期组织学生前往中国，让学生亲自触摸中国的历史和文化，感受中国的变化与发展。我们相信，学校如此重视中文的教育发展，与中国日益提升的综合国力和越发强大的国际影响力密不可分。借着改革发展的东风，汉语一路向西，在法国乃至整个欧洲都越来越"热"。

二、解析法国"汉语热"现象

随着汉语在世界各地的推广普及，"汉语热"已然成为一个显而易见的事实。究其形成的主要原因，我们可以从政治、经济、文化三方面进行探索与思考。

（一）中法外交新局面

2014 年是中法建交 50 周年，两国外交关系来到新的历史起点，进入更加崭新的局面。回望历史，50 年前，戴高乐将军和毛泽东主席做出中法全面建交

---

① 张新：《法国唯一必修中文的法英双语国际学校：用外语打开世界》，《欧洲时报》，2015年 12 月 18 日。

的决议，自此，两国间从政策到贸易，从文化到交流，一步一步从昨天走到今天，从荒芜走向繁盛，汉语教育在法国的蓬勃发展，便足以说明一切。正如习近平总书记在中法建交 50 周年纪念大会上说的一样：

"50 年来，人员往来从无到有，已经接近每年 200 万人次；有 5 万法国人正在学习汉语，学习法语的中国人数达到 10 万。中法合作是双赢的事业，两国人民是这一事业的最大受益者。"①

（二）全球经济新发展

自 1964 年建交以来，中法两国在经济贸易往来上总体保持着平稳发展的态势，其中，2008 年，中法之间的贸易总额达到了 389 亿美元之多，来中国投资的法国企业也在逐年增长。两国间在经济交流上的大发展大繁荣也为两国人民带来了货真价实的经济利益。

拿珍妮·玛纽尔学校举例来说，很多学生都有在中国生活过的经历，短则一两年，长则六七年，大部分是因为父母曾经在中国工作或从事商业活动。正因为经历了中国经济的飞速崛起，这些学生的父母更加关注孩子的中文学习。现如今，在法国，学习中文不光是符合世界经济发展趋势的必然要求，也是法国青年人申请大学、应聘工作的重要有利条件之一。

（三）启蒙益智新潮流

法国国民教育部第一任汉语总督学白乐桑是一位对汉语有着深刻研究的汉学家，他表示欧洲人之所以觉得学习汉语有难度，是因为对于西方学习者来说，汉语是一种远距离语言。②

与汉语相比，英语和法语就属于近距离语言，不可否认，法国学生学习并掌握英语会花费相对较少的时间，也更轻松一些。中文属于另外一种语言体系，很多家长为孩子选择中文也正是看中了这一点，他们认为学习汉语可以帮助开发少儿大脑的另外一部分机能。对于欧洲少年儿童来说，说出汉语，接触以象形文字为基础的汉字，从认识图形图画开始，再到学写方块字，可以很好地从截然不同的角度启发他们的智力。

小学中文教育作为法国汉语基础教育体系中的新兴阶段，更具特殊性和研

---

① 巴黎：外交部，《习近平在中法建交 50 周年纪念大会上的讲话（全文）》，2014 年 3 月 28 日。

② 白乐桑：《由法国汉语教学发展审视"汉语热"增长危机》，《国际汉语教学研究》，2014 年第 4 期。

究意义。为此，笔者采访了珍妮·玛纽尔学校的中文主讲蒲明秋老师，请她以学校的小学课堂教学为例，具体谈了谈学校小学中文教学的特色，以及法国小学汉语教育的发展前景。

三、实析 EJM 小学课堂教学

在本文第一章，笔者曾介绍过，中文在珍妮·玛纽尔学校的幼儿部和小学部是必修课。从幼儿园大班至小学三年级，学生每周累计学习两小时汉语；从小学四年级至五年级，学生每周累计学习三小时汉语，在访谈中，笔者进一步了解到学校的中文教育有着很大的特色与亮点。

（一）以学汉字作为中文起步

众所周知，学习语言的黄金时间是在三至五岁，对于一个小孩子来说，每周两小时的学习时间量已经不算少。蒲老师表示，对于小学生，她采取的是先教汉字、再教拼音的方法。原因有二。第一，因为少儿与成人的学习方法不同，面对一门崭新的语言，不能阻碍他们尝试的过程，像母语一样直接输入概念反而效果更佳。比如今天是阴天，中文课上，指着窗外的天气告诉学生们阴天，就是这样的天气，久而久之，学生对"阴天"这个词就形成了自己的印象。第二，是因为作为一所国际学校，每个学生从幼儿园起就要学习两门语言——作为母语的法语和作为第一外语的英语。小学生们已经被法语和英语字母弄得晕头转向，这时再加入一门汉语拼音，恐怕只会适得其反。

不过，值得一提的是，学校从一年级便开始进行写汉字的教程，而在法国，大多数学校都是在初一或者高一才开始学写汉字。虽然不写拼音，但在教写汉字的过程中着重纠正学生的语音语调，让学生对中文口语有一个熟悉和练习的过程。从二年级开始，中文课上会渐渐加入拼音的部分，比如学习"你家有几口人？"这句话时，蒲老师会把"几"字单独拎出来进行强调，标上拼音并带学生朗读……慢慢地，再到三年级，学生已经学会了大部分拼音或者所学汉字的读法，此时，老师开始着重纠正学生们的发音，尤其是带有法语发音习惯的拼音读法，如"ang"末尾的"g"，学生总是会读出声来。

总之，在珍妮·玛纽尔学校，中文教育和学写汉字起步之早，为幼儿的汉语学习打下了坚实的基础。

（二）以歌曲辅助中文教学

对于课堂上的中文歌曲教学，蒲老师这样比喻道，课堂上如果没有歌曲，学习就会失去很多色彩。走进珍妮·玛纽尔学校，你会惊讶于孩子们会唱的中文曲目如此丰富，而且发音非常准确。

如何针对不同学龄段的少儿选择歌曲，蒲老师有自己的一套方法。她表示，对于幼儿园和一年级的学生，多偏向活泼的有故事性的歌曲，比如《水果歌》《身体歌》《小星星》《小兔子乖乖》等，学生通过认识不同的水果名称和身体部位、通过给星星涂色、通过模仿兔子的动作，并观看相对应的歌曲视频，从而对中文产生更加浓厚的学习兴趣。到了二年级时，蒲老师不会选择歌词太复杂的歌曲，她更希望让学生们能在歌词中认出学过的汉字，从而产生学习上的成就感，这也会更加提高他们的兴趣，比如《上学歌》就是不错的选择。至于三年级至五年级的歌曲，蒲老师则更多地会选择传递人生哲理的歌曲，比如《三个和尚》。通过向学生们解释歌词，让他们进行分组练习，学生不仅学会了唱歌，也明白了一个道理或者中国传统，即使不能全部了解，也会在心中形成潜移默化的观念，毫无疑问，这样的歌曲教学更具教育意义。

（三）以三十分钟为一个课时

在珍妮·玛纽尔学校，小学生平均每周有两小时的中文课，基本上每节课为半小时。学校根据儿童的注意力习惯，即小孩子的注意力最多只能集中十五分钟，将一个课时设置为三十分钟，这样做的好处是，老师在前十五分钟完成新课教学后，便可以在后十五分钟集中进行游戏、复习整理等教学环节，从而最大程度地提高教学效率。随着儿童年龄的增长，他们的自控力渐渐提升，学校也以此为尝试，循序渐进，不断对他们提高要求：从三年级开始，学生每周会有一节一小时的中文课，课程内容的难度逐步增加。

可以说，珍妮·玛纽尔学校在小学中文教育方面具有一定的经验和特色，但与此同时，学校的中文老师们也在不断优化教学模式，试图摸索更好的教学方法。其实，这不仅是一所学校的任务，更是全法已经开设或将要开设的小学中文课堂学校的目标，可谓任重而道远。

四、探析法国小学中文教育前景

对于法国的中文教育，我们相信前途是光明的，但道路是曲折的。在本章，笔者继续对蒲明秋老师进行采访，请她谈一谈对法国小学中文教育的期待与建议。

（一）说中文是未来的发展趋势

说起中文在法国的发展前景，蒲老师充满信心地说道，一定会越来越多，越来越好。在 2004 年前，珍妮·玛纽尔学校除了英语与法语，另一门必修的外语是日文，但自 2004 年起，日文必修课改成了中文必修课。随着去中国旅游工作的人越来越多，人们对中国的了解也不断加深，说到中文，大家都说这是未来的趋势（C'est le future.）。蒲老师还补充道，在很长一段时间内，里尔学区只有珍妮·玛纽尔学校这一所学校有小学中文课程，而今年，已经慢慢增加了几所，相信其他学区也是同样的情况。此外，蒲老师最近还参加了一场培训会，这也是有史以来首次针对小学中文教育的培训会议，由此可见，法国对小学中文教育也越发重视起来。总而言之，未来开设小学中文课的学校，未来学习中文的小学生，只会增多，不会减少。

（二）配套设施尚需完善

由于法国小学中文教育开展的时间尚短，目前仍存在一些亟须解决的问题。

首先，蒲老师表示，相对于中学，大家在小学方面并没有足够丰富的教学经验。在法国的小学中文老师们都是一边摸索一边前进，大家都处于不断适应与改进的阶段，并没有形成系统化的教学经验。

其次，法国境内针对幼儿初学者水平的中文教材不够充分，有些带卡通图案的词汇卡片，缺乏语音搭配，有些教材上配套的中文儿歌，又过于呆板，仍然需要不断地修正与完善。

最后，蒲老师还提到了一个问题，即学生课下没有足够的语言环境练习汉语。在珍妮·玛纽尔学校，大部分学生家长都是法国人，通过从家长方面得到的反馈，因为自己既不认识汉语，也不会说中文，当在家辅导孩子练习中文时，通常心有余而力不足。虽然可以通过播放网络上的中文歌曲和中文动画片给孩子看，但由于大语言环境的不足，总体来说背后的支撑依旧相当薄弱。目前，针对这个问题，学校中文组的老师们想出了两个应对策略：第一，给学生布置的课后作业都是学生在课堂上熟练运用过的相关中文知识，降低课后作业的难度；第二，定期整理在线学习中文的链接并提供给学生家长，让家长在空闲之余可以和孩子一同学汉语。虽然这两个方法均有成效，但如何让课外家庭辅导更具规模化和系统化，仍需各位同人不断探索和思考解决。

五、结语

其实，无论是法国的小学教育还是中学教育，无论是初等教育还是高等教育，在蓬勃发展的同时，都面临着相似的挑战与问题。如何根据法国的国情和教育制度，将中文教育融入法国的特色之中，是一项十分值得研究的工作。作为一名对外汉语教师，除了要履行好自身基本的工作、教授中文知识外，还要时刻牢记一名对外汉语教师的责任和义务，宣扬中国文化，传达中国声音。我们有理由相信，在国家的大力支持与各位同人的努力下，海外中文教育会日臻成熟，不断完善，学汉语、说汉语的人也必然会越来越多，未来还会有怎样的惊喜，让我们拭目以待！

奥地利汉语教学情况概述

周 赟

（北京第二外国语学院汉语学院）

一、欧洲外语教学现状

（一）欧洲外语教学大纲

1998 年欧洲理事会提出"语言学习与欧洲公民身份"的跨世纪规划，在这一规划中明确申明："多元化的语言是欧洲丰富的文化遗产，必须加以捍卫和保护"，同时，也"必须坚持语言多元化政策"。2003 年，在布鲁塞尔的会议中，通过了《促进语言学习和语言多样性的行动计划（2004—2006）》，将增强全体公民的终身语言学习、提高语言教学、创造更加适合的外语学习环境作为该行动计划的三个主题。[①] 2008 年，欧盟又正式通过了《多元化语言：欧洲的共同资产和承诺》[②] 计划，其主要目标是：进一步加强对欧盟语言多样性的价值和机会的认识，鼓励移除不同文化和对话的障碍。

同年，在 2008 年的《欧洲学校语言教育的关键数据》报告中也指出：外语教育已经成为义务教育阶段的重要组成部分，在 2006—2007 学年，大多数欧洲国家都要求所在国学生在义务教育阶段至少学习两门外语。[③] 在奥地利、德国、波兰和列支敦登，几乎所有完成九年义务教育的学生，都必须继续学习两门或两门以上其他外语。2008 年的报告还指出，在过去 20 年间，外语教育呈现出的低龄化的趋势越发明显。在 1984—2007 年间，大约有 10 个欧盟国家在学生学习外语的年龄方面有了新的要求，在几乎欧洲的所有国家中，外语教育都成

[①] Council of Europe Promoting Language Learning and inguistic Diversity：an Action Plan 2004-2006［EB/OL］2009-07-12.

[②] Multilingualism：am asset for Europe and a shared commitment1［R］. Commission of The European Communities. 2008.

[③] Eurydice. Key Data on Teaching Languages at School in Europe 2008 Edition.［EB/OL］（2008-5-16）［2009-3-15］.

为中小学义务教育阶段的重要内容之一。

（二）欧洲语言学习现状

2001 年还被确立为欧洲的语言年，其主旨是在全欧洲范围内，加强对外语教育的普及，营造各个成员国的外语学习氛围，在 2002 年召开的巴塞罗那会议上，欧盟的国家元首或政府首脑呼吁采取进一步行动促进学校外语教育的发展，使学生能够从小学习至少两门外语，掌握外语的基本技能，会议通过了《外语语言学习和语言多元化发展的行动计划》，该计划包括 3 个重点：（1）促进终身学习的发展；（2）促进外语教学；（3）创建更加融洽的外语环境。欧盟还在 2003 年制定《语言学习的多样性和语言多元化》[①] 的行动计划，其中，建议各成员国移除各种对外语教师正常流动所造成的法律和行政阻碍。2008 年，欧盟又正式通过了《多元化语言：欧洲的共同资产和承诺》的计划，在不同文化之间的交融以及语言的流通，以及欧盟语言多样性的价值认识方面，起到了很大的作用。

半个多世纪以来，欧盟及其前身欧共体颁布的一系列法律性文件都坚持尊重和维护欧洲的多语制，也就是说，在欧洲层面，通过一系列的立法，在外语教育者一方面，欧洲政府间也达成共识，从而促进了欧盟地区对外语学习的热情。与此同时，颁布的法律也规定：每一个缔约成员国应该促进在其他缔约国境内学习语言、历史、文化，并给予他国的公民在本国内进行此类学习的各项支持。

由于各个国家的大力支持，欧盟范围内的很多学校都具有较大的自治权（autonomy），即他们可以按照自己学校的实际情况和学生对外语的接受能力，自主选择引进哪些学科，尤其在外国语言类课程方面，同时也可以决定某门外语教学能否被列入必修课。

根据欧盟委员会的数据显示：英语是欧洲人学习最多的语言，接下来是德语、法语和西班牙语。整体上，有 89% 的学生学习英语，32% 学习法语，18% 学习德语，8% 学习西班牙语。[②] 在大多数国家，英语都是国家强制性要求学习的第一外语，而法语则是第二强制性外语。在小学阶段，学生首先学习的都是常见的通用语言或者邻国语言，对于使用较少的欧洲语言或非欧洲语言则主要在中学阶段开始学习，汉语便属于这一种类。

---

① Barcelona European Council. Presidency Conclusions. ［EB/OL］（2002-03-15）［2008-12-20］.

② European Commission. Language of Europe. ［EB/OL］（2006-11-07）［2008-10-7］.

（三）欧洲外语教学的实施情况

为了客观、动态地记录和反映欧洲外语学习者的语言学习经历和能力发展，语言政策部门还设计开发了主要针对个人学习者的一套"欧洲语言档袋"（ELP）①。该档案文件主要由三个部分组成：（1）语言护照，用于记录个人学习不同外语语言的水平以及所取得的相关语言资格和跨文化学习的经历；（2）语言传记，用于总结个人的目标语言学习经历以及学习的优先侧重点；（3）语言档案，记录包括个人所取得的相关国家资格认证和学习、工作履历。"欧洲语言档案"不仅记录和反映每个人在外语语言学习和跨文化交际中的动态发展过程，更帮助了学习者的自我评估。

二、奥地利外语教育政策国家报告

（一）奥地利外语教学政策

奥地利参加欧洲理事会所倡导的国家语言政策报告项目和欧洲语言教育政策纲（LEPP）项目，《奥地利语言教育政策国家报告》是这一相关项目活动中的第一个里程碑：它十分详细地阐述了奥地利国家目前语言教育的现状，使之成为奥地利制定未来语言政策的核心参考工具。根据欧洲理事会的倡议，各会员国根据《欧洲语言教育政策制定指南》反思本国的语言教育政策，在此基础上制定国家的语言教育政策发展纲要。为完成奥地利的国家语言教育报告，由超过30个组织和来自70多个不同领域的教育专家共同撰写，不仅对语言教育在幼儿园、学校教育、成人教育、教师培训和第三产业的作用进行反思观察，同时还分析指出了所面临的挑战，提出了积极发展的措施。自1990年以来，在东欧和南欧发生了政治变化，奥地利语言政策行动的负责单位是教育部以及各地区学校管理机构，而许多重要的倡议也是由大学和非政府组织发起的。20世纪90年代初，随着东欧政治开放，德语作为一门外语的教育兴起，自那时以来，已经制定了许多措施加强语言特别是德语及其变体作为外语语言教育。

1994年在奥地利格拉茨成立的欧洲现代语言中心（ECMI），主要负责实施欧洲语言教育政策司的各项语言政策，加强现代语言的学习、教学和外语师资培养等。2008年又完成并公布国家语言教育政策报告（language and language education policies in Austria：Present situation and topic issues—country report）。

---

① European Commission. Detecting and Removing Obstacles to the Mobility of Foreign Language Teachers. [EB/OL]. (2006-06-12) [2008-12-5].

奥地利和法国、荷兰、马耳他、希腊、斯洛文尼亚、瑞士和列支敦士登是现代语言中心的发起国。根据欧洲理事会扩大协定，欧洲理事会会员国和非成员国可以随时加入欧洲现代语言中心。在短短几年中，又有25个国家成为ECML的成员，1998年，欧洲现代语言中心ECML取得永久法定地位。

（二）奥地利汉语教学现状概述

奥地利是欧洲国家中最早在全国小学阶段引进现代外语教育的国家。从1983—1984学年开始，从小学三年级开始每周一个学时。从1998—1999学年开始，现代外语教学提前至小学一年级。在2003—2004学年，在Volksschule1里，现代外语已成为面向全体小学生的必修科目。

曾祥喜（2008）指出：奥地利的官方语言为德语，与中文有着完全不同的结构体系，对于当地人来说学习汉语是一件不太容易的事情。奥利地维也纳的汉语学校主要分为两种，以成年人为主要教学对象的汉语大学、孔子学院，还有以未成年人为主要教学对象的中文课堂以及中文教育中心。在奥地利其他的城市当中，汉语学校也是和维也纳的汉语教学情况相类似的。在奥地利的汉语教学中，汉语教学较为发达的地区是首都维也纳，其次是萨尔茨堡。

奥地利的汉语教学最早兴起于首都维也纳。现如今，奥地利的汉语教学机构和组织有100多家，主要集中在东部维也纳地区和西北部的萨尔茨堡地区。维也纳地区的汉语教学主要以维也纳大学的东亚学系为主，以联合国所属机构中文教学为辅，还有一些零散的民间教学机构。萨尔茨堡地区的汉语教学，主要以萨尔茨堡大学汉学系为主，主要的教学对象是当地的大学生及社会闲散人士。萨尔茨堡中文学校主要的教学对象是当地的华人子女，同时也兼收一些零散的奥地利人。萨尔茨堡中文学校的建立可能与一般的教学机构的建立有些不同，其发展历史也稍有些曲折，在当地市政府和中国驻奥地利使馆的支持下，萨尔茨堡中文学校于2013年才正式挂牌成立，有了自己独立的校舍。

三、萨尔茨堡中文教学现状

萨尔茨堡中文学校的汉语教学是奥地利汉语教学的缩影，它能直观地反映奥地利乃至整个欧洲的汉语教学及学习状况。在本文中，我介绍了学生、教师、教材等方面内容，希望对国内汉语教师了解奥地利当地汉语教学提供帮助。

（一）萨尔茨堡中文学校汉语学习者情况

1. 华侨子女学员基本情况

萨尔茨堡中文学校的主要教学对象为华侨子女，在这些华侨子女当中，萨尔茨堡中文学校按照学员的年龄将班级分为幼儿班、儿童班、青年班。其中，幼儿班的学员年龄为 3~5 岁、儿童班的学员年龄为 6~10 岁、青年班的学员年龄为 11~18 岁。由于受家庭环境的影响，有些汉语程度较好的低龄学员也可在较高年龄学员的班级中学习。为了清晰地了解萨尔茨堡中文学校的学员情况，现对 2017 年的 48 名在校注册的华侨子女学员情况进行了统计，他们的性别、年龄分布见表 1。

表 1　华侨学员情况统计

年龄	性别		总计
	男	女	
3~5 岁	2	0	2
6~10 岁	11	14	25
11~18 岁	6	15	21
总计	19	29	48

从表 1 可以看出萨尔茨堡中文学校华侨子女的性别比例，男生的比例为 39.58%，女生的比例为 60.42%，两者相差 20.84%，男女比例不均衡，相差数额较大，汉语学校学员情况为女生多于男生。

同时，除幼儿班（3~5 岁）外，各年龄段的人数相对较为平衡，在儿童班和青年班中，也是女生比例大于男生。

2. 奥地利学员基本情况

目前，在萨尔茨堡中文学校的奥地利、德国人总数不多，其中成年人共计 19 人，青少年共计 8 人，在成人班中，男性人数为 12 人，女性人数为 7 人，青少年班中，男性人数 3 人，女性人数 5 人。因为外国人班主要是面向全社会招生，所以学生的水平和年龄相差较大，其中，成年人年龄主要集中在 16~40 岁，有 2 名学员的年龄达到了 60 岁，青少年班年龄则在 8~12 岁之间，以班级授课为主。在成年人的班级中，主要以一对一或一对二课程为主，学生根据自己的空闲时间和老师协商，确定好自己的学习时间。

除此之外，为了普及汉语教学，还有一部分课程走进了当地的中小学，授课教师每周去当地中小学一次，小学课程每次 50 分钟，高中课程每次 90 分钟，为当地学校里的班级开设中文课。

由于汉语推广力度有限，加之对于不熟悉拼音文字的外国人来说，汉语是完全陌生的一套系统，很多外国人在汉字、声调方面存在严重问题，因此，学习汉语的人数并不多。其中，由于大都处于初级阶段，对拼音的依赖性很强，他们在做笔记的过程中都是全篇拼音，每次我提醒他们写汉字的时候，他们都会说: 我觉得现在我是初级, 刚刚开始, 写汉字太浪费时间了, 我想等我学得再多一点的时候, 再写汉字。由于缺乏汉语环境, 学生进步速度很慢, 往往每节课需要重复复习大部分基础知识才能掌握。

(二) 汉语学习者的学习目的

该学校的汉语学习者可分为两大类: 华侨子女和奥地利人, 各自的学习目的会直接影响到学习者的学习方法和学习效果, 同样也会影响到教师的授课方式和授课内容。对于华裔来说, 由于父辈为第一代移民者, 大部分学生在家中都会用汉语进行交流, 因此, 语言环境较好, 学生主要学习识字和阅读, 在口语和听力方面不存在问题。对于奥地利人来说, 除过一些与中国人结婚的家庭外, 其余学习者能够接触到中文的机会少之又少, 仅靠每周只能一两小时的中文课来学习, 平日里只能借助 CD、App 等软件自己学习与积累。在调查中发现, 学习者学习汉语的目的分为以下几种。

1. 应父母的要求前来学习汉语。经过在课上的询问调查, 将近80%的未成年人都是在父母的要求下来汉语学校学习的, 其中既包括华侨学生, 也包括一部分外国的未成年小孩。一部分华人家长认为, 学习汉语是作为龙的传人所必备的, 他们希望让孩子能更好地在国外了解到自己祖国的语言和文化, 并将其传承下去; 还有一部分则是为孩子以后去中国留学打下基础。

2. 工作的需求。有工作需求的大多数为奥地利的职场人士, 他们在工作中与中国有密切的往来, 收发邮件和接打电话时会用到中文, 为了更好地了解中国人, 同时为了满足自己升职加薪的需要, 他们学习汉语的兴趣较浓, 学习效果也比较好。在我所教学的班级中, 有位保时捷的员工, 2017 年 9 月要派往中国, 因此在之前的半年中会进行汉语强训课。此外, 萨尔茨堡是一座旅游城市, 前来旅游的中国人数不胜数, 在一些商店或饭店里, 在对中国人进行推销或者接待的时候需要有一些中文基础的人, 因此, 为了拉拢顾客, 他们也会前来学习中文。

3. 个人的兴趣爱好。此类人群大多数是去过中国并了解一些中国文化的, 他们对中国的名山大川、文化历史十分感兴趣, 并时不时去中国出差旅游, 因此对中文产生了浓厚的兴趣, 此类人在学习效果上是最有成效的。

4. 配偶为华人。在萨尔茨堡中文学校中的外国人, 大概有65%的配偶为华人, 对于他们来说, 学习中文能够有利于更好地与自己的另一半或者家人进行交流与沟通, 此类人群对于中文也较有兴趣。

5. 受宗教的影响。西方国家的人, 大都有自己的宗教信仰, 在奥地利也不例外, 只是在萨尔茨堡地区略微有些与众不同。

在萨尔茨堡当地有基督教组织, 该组织中的教徒都是奥地利人, 每周会有一天将大家聚集起来，用中文朗诵《圣经》。朗诵结束后，会针对所朗读的内容进行讨论。因此，对于这部分基督教徒来说，中文不仅仅是一门语言，更是信奉这种教义的依托。在这种特殊动力的驱动下，学习者的学习热情很高，也从不缺课，因此学习的效率远远高于同水平的其他奥地利人。

（三）教师采用的教学法

好的教学法在一门学科中具有非常重要的意义，不仅帮助教师串联起每部分的知识，更使学习者又快又好地达到学习目的。

萨尔茨堡中文学校的汉语教师们也意识到了好的教学法在教学过程中的重要性，但由于学校开办时间较短，加之教学主力军为汉办志愿者，流动性较强，所以汉语教师在这里积累的经验并不多。其中所采用的教学法主要有以下几种。

1. 翻译教学法

在外国的汉语教学不像国内，有语言环境作为依托，在萨尔茨堡，尤其是在针对外国人进行汉语教学时，教师大多数采用的是翻译教学法，每学一个字词、句子、语法，学生都会要求老师和其母语对应起来，这样学习，对于缺少语言环境的外国人来说，比较容易接受。在口语教学方面，比如，之前的一位将汉语作为爱好前来学习的学生，他的主要目的是掌握汉语中的词汇，对语法要求较少。他更希望教师用德语授课，这样会使学员的理解与教师的教授都变得相对轻松、简单，同时不至于因为课堂压力较大使学生丧失对汉语学习的兴趣。因此，大部分奥地利学员都是运用翻译法进行汉语学习的。同时，在教学中，教师也会根据教材和学生水平的不同，适当减少德语讲解，更多地用学生学习过的简单词汇解释接触到的复杂词语，逐渐减少学生对母语的依赖，提高学生的汉语水平。

2. 辅助教学法

萨尔茨堡中文学校采用的另一种教学方法为辅助教学法。这一教学在华侨子女、幼儿班以及零基础学员的课堂中使用较多。主要是借助词卡、光盘、音乐、视频、课件等方式来辅助课堂教学，目的是让学生多掌握一些课堂教授内容。比如，在《快乐汉语》（德语版）这本教材和《汉语乐园》（德语版）中，就配有大量的生词卡片，以及 CD 光盘。教材中的生词、课文在光盘中都有对应的朗读示范，课文中的一些习题也能在光盘中找到，可以帮助学生巩固课堂所学内容。

同时借助音乐和视频，用丰富多彩的形式吸引学生，加深学生对汉语学习的乐趣。

3. 体验式教学法

由于外国人大都不了解中国文化，因此体验式教学在萨尔茨堡中文学校应用较广，采用了文化体验的方式能够让更多的奥地利人感受中国文化的博大精深和源远流长。比如，萨尔茨堡中文学校的汉语角就是体验式教学的代表，汉语角每月举办一次，每次两小时，每次汉语角课程都会针对一个特定主题，主要是就学生感兴趣的话题进行讨论，在时间充足的情况下可以亲身体验。这一活动通过师生互动，让学生更好地了解了中国文化。此外，萨尔茨堡中文学校还有一大特色体验课程："中国文化一日游"。学员提前报名，人数确定后决定开课日期。"中国文化一日游"旨在用短短的一天，带学生体验中国文字的魅力，上一节书法课；感悟中国画的韵味，将简单的中国国画融入课堂当中，手把手带学生画出简单的如"竹子""梅花""龙"等图案；体验中国结的简单工艺，学习编简单的中国结，最后，会带学生包饺子和煮饺子，品尝色香味俱全的中国菜。将学和玩融合起来，并加上学生的亲身体验，这种教学模式也是目前为止最受奥地利人喜欢的形式。

（四）萨尔茨堡中文学校汉语教材情况

教材在课堂当中的地位十分重要，教师备课的内容一方面取决于教师自身的专业素质，另一方面则是教材的选用和使用。萨尔茨堡中文学校的汉语教材主要分为以下几大类。

针对华侨子女编写的教材，针对奥地利人编写的教材，商业化的自编教材。针对华侨子女编写的教材，萨尔茨堡中文学校为当地的华侨子女选用了暨南大学出版社出版的《中文》以及配套教材。配套教材是暨南大学出版社针对华侨子女所编写的，共八册，每册教材都有对应的A、B两本练习册，A本练习册是单数课文的练习，B本则是双数课文的练习，这样的形式方便教师检查和批改学生的作业。《中文》教材的前几本为汉字教学，将汉字的笔顺、笔画罗列起来，加强学习者对汉字笔顺笔画的意识。在学校里，接受程度较高的学生可以学到第八册。

针对奥地利人编写的教材，在奥地利人所用的教材里，萨尔茨堡中文学校采用了国家汉办以及北京语言大学编写的教材：《快乐汉语语》（德语版）、《跟我学汉语》（德语版）、《长城汉语——生存交际篇》（英语版），每册教材都包含课本与练习册两部分，并附有生词表和光盘。《快乐汉语》（德语版）包含教材、练习册、教师用书、教学挂图、词语卡片、听力光盘。《长城汉语——生存交际篇》（英语版）中的辅助外语为英语，因为奥地利中也有一部分外来移民，英语是他们的母语，这套书正是为他们准备的。并且，一部分教师的英语好于德语，在这套书的使用过程中，教师备课会较为方便。《快乐汉语》（德语版）则是为汉语接受能力稍弱且英语不是很好的奥地利当地人准备的，因为教材是用德文注解的，所以对于奥地利本国学员和外语为德语的教师会更加方便一些。

除此之外，还有一部分自编教材，主要是由于中国旅游人群较多，为了吸引顾客，达到较好的营业额，特地向商业街的商店推出有针对性的商业汉语课程。这种课程没有固定教材，教师根据学习者的需求一边教，一边编写教材，编写完毕后，反复修改，成为目前较为完整的自编教材。这部教材没有正式出版，只是教师内部传阅和使用，教材也没有装订成册，而是以电子版和复印稿件的形式保存。该教材的特色是将汉语与商业促销结合在一起，促进了简单的商务汉语的发展，课文内容中绝大部分为销售题材的对话，趣味性较大，学习者可以根据自己商店的实际情况转换对话内容。

以下为商业汉语 100 句的基本授课内容（可根据销售商品的不同进行适当的更改）。

Kursplan

Letion1：您好，欢迎光临，您需要什么帮助？

Herzlich willkommen！Was kann ich fur Sie tun？BegriiBen und Verabschieden

Letion 2：这个表/项链/包 200 欧。

Diese Uhr/Kette/Tasche kostet 200 Euro. Zahlen und Preise

Letion3 您想买什么样式的？

Für welchen Stil interessieren Sie sich？ Marken und Stil

Letion4：您自己用还是送人？

1st die Uhr Für Sie selbst oder ein Geschenk？（Kundenwünsche erfragen

Uktion5：这个表/项链/包现在打七折。

Diese Uhr/Kette/Tasche ist momentan auf −30% reduziert Werbung undEmpfehlunge

Lektion6：这是全球联保。

Auf dieses Modell haben Sie weltweit Garantie Garantie und Service

Lektion7：这是您的退税单。

Hier ist Ihre Bescheinigung für die Steuerrückvergütung（Steuerrückvergütung

Lektion8：复习测试。

Wiederholung und Test

（五）萨尔茨堡中文学校课程安排情况

1. 基础汉语课程

萨尔茨堡中文学校的课程安排可分为几大类：华侨子女课程、奥地利本国人课程、文化体验课程。华人课程主要是按照年龄来划分的：幼儿班汉语课、儿童班汉语课、青少年班汉语课。奥地利人的课程是根据学员自身的不同需求来确定的，一般会分为：一对一、一对二、商务汉语、商业汉语。文化体验课程则按照体验时间的长短来划分：汉语角课程、中华文化一日游课程。

2. 特色汉语课程

2015年，萨尔茨堡中文学校曾开设过一门有特色的课程——"商业汉语100句"，主要针对商店售货员，由教师根据各商店的经营特色教授学生基本的欢迎语和简短的购物对话。第一期招收的学员为手表店售货员，教师根据手表店出售的商品特色编排出每节课的课文内容。例如："欢迎光临，请问您想买什么牌子的手表？""这块手表多少钱？""一共多少钱。""找您多少钱。"等简短的对话内容。"中国文化一日游"课程主要以体验中国文化为内容，将中国的书法、饮食、中国结、国画等集中在一天中，教授给参加活动的学员，学员也有机会亲身体验。在书法课上，教师会简单介绍笔墨纸砚的由来和使用方法，接着教授简单的毛笔字书写、国画的描绘；饮食课则会向前来体验的学员展示中国传统美食的制作方式，让他们感受到中国美食的魅力，并品尝饺子与中国特色菜；语言课则是在课堂中进行一些简要的汉语对话练习，让学员大概了解到汉语的拼音、声调和文字。中华才艺课程则是教授学员编织中国结，如果有时间，还会教学生打简单的太极拳。

丹麦本土汉语教学现状研究

谢迪扬

（复旦大学法学院）

一、引言

丹麦本土在大规模汉文化传播运动之前早就存在东亚文化的研究。近年来，随着汉语热的逐步升温，丹麦政府在 2010 年 11 月发布了"将在中小学开设汉语课"的决定，2011 年的统计数据显示，已有 34 所高中将中文设为外语选修课程，许多小学也将中文纳入教学范围之内。① 汉语成为仅次于英语和德语的外语，深受学生欢迎。研究丹麦自身发展起来的汉语教育的目的在于更好地配合本土教育，科学推广汉语。因为我国开展孔子学院项目、大力推广汉语不仅是为了华裔子女的汉语教育，更是希望将汉语传播到世界各地，加强汉文化的国际认同感。对丹麦本土的汉语教育现状有了深刻认识后，有助于国内力量配合当地开展汉语教育、汉文化研究工作，也有助于丹麦孔子学院、中文学校准确定位，科学、卓有成效地推广汉语教育。

国内外汉语国际教育界的科研文献中，以地域为中心进行，综合考察当地汉语教育情况的研究，目前以英语国家为主要考察对象，其次是针对日韩、新马泰等亚洲国家，北欧地区的汉语教育研究几乎为空白，还没有针对丹麦本土的汉语教育现状的学术论文，只有一篇《丹麦汉语教育现状调查研究——以哥本哈根及周边地区为例》的硕士论文。此文对丹麦五所中文学校和两所孔子学院的汉语教育情况进行了调查研究，指出办学问题和解决方案。

笔者于 2015 年参加了哥本哈根大学的交换项目，有幸走访哥大汉语系师生，以及当地的华裔家庭，得到了第一手资料，整理成本文。本文主要的研究对象是丹麦中小学、高等学校中的汉语教育现状，对汉语教育研究界来说，有填补研究空白的意义。本文还总结了丹麦汉语教育发展中的一些问题，如华裔后代学中文机会少、孔子学院发展过于独立等，对汉语教育工作的开展、问题

---

① 刘坤喆：《丹麦年轻人热衷学中文，中文与中国相关课程受热捧》，《中国青年报》，2011 年 5 月 3 日。

的解决、发展趋势的预测也有一定意义。

本文主要采用了查阅文献、采访调查和语言测试等研究方法。首先，笔者通过哥本哈根大学图书馆、哥本哈根大学汉语系网站、奥胡斯大学中文系网站收集相关文献资料，系统了解两所大学中文系的办学历史和教学现状，以及部分开设中文课程的中小学的教学情况。其次是采访哥本哈根大学汉语系教师，了解近年来学生的生源状况、学习情况，以及汉语教学相关的内容，如课程设置、课本选用、课时分配、教学方法等。再次，笔者与哥本哈根大学汉语系的学生互动，了解学习动机、方法、职业规划等，并针对当地与中国内地不同的教学方法进行一系列语言测试，深入剖析当地特殊教学法的优劣。最后，笔者走访哥本哈根当地三个华裔家庭，了解华裔子女的汉语学习兴趣和学习情况，以及当地中小学的汉语教育情况。

二、丹麦汉语教育发展

从汉语教育的角度看，丹麦汉学起源于 20 世纪 20 年代。1921 年，一位名叫夏雷的中国驻丹麦公使馆馆员在哥本哈根大学教过一段时间的中文。夏雷的学生柯特·沃尔夫（Kurt Wulff）于 1928 年起继续在哥本哈根大学开课，直至 1938 年他去世。此后丹麦的汉文化研究中断了，直到 1957 年，由瑞典汉学家高本汉的学生易佳乐（SØren Egerod）恢复教学，并于 1960 年创立了哥本哈根东亚学院。① 从华人移民的角度看，第一批移民丹麦的华人始于 1902 年，较大规模的移民开始于 50—70 年代，改革开放政策使移民人数激增，至 2009 年 1 月丹麦华侨达 7000 多人。② 随着华侨人数的逐渐增多，华侨第二代、第三代的出生、成长，人们开始将越来越多的注意力转向汉语教育。

丹麦本土的汉语教育中心有两处，一处是哥本哈根，一处是奥胡斯。由于丹麦于 1950 年就承认新中国，与中国一直有着良好的外交关系，哥本哈根东亚学院的学生很早就到中国大陆学习，这是其他西欧和北美国家所没有的便利条件。1967 年，在丹麦、芬兰、挪威、瑞典等北欧各国政府资助下，北欧亚洲研究院（The Nordic Institute of Asian Studies，简称 NIAS）成立。③ 中国的经济、社会、文化是该组织研究的重点。它对丹麦的汉语教育和汉学发展起到了巨大

---

① 李明：《论北欧汉学研究的转向与拓展》，《北方论丛》，2011 年第 5 期。

② 朱梅（Mette Thun φ）：《〈华侨华人在丹麦的移民历史和生活情况〉讲座综述》，《华侨华人历史研究》，2005 年第 1 期。

③ 北欧亚洲研究中心：《关于北欧亚洲研究中心》，北欧亚洲研究中心网，2017 年 4 月 7 日访问。

的推动作用。20 世纪 70 年代，在左翼文化运动的影响下，学习汉语的人数显著增多。① 瑞典斯德哥尔摩大学中文系罗多弼教授曾经指出："让·米代尔（Jan Myrdal）和斯文·林奎斯特（Sven Lindqvist）这样一些作家影响了整一代青年，使他们的兴趣转到了对中国文化和社会的研究上来。"但高等学府的研究员，特别是哥本哈根大学的教授们依旧把研究古代中国看作正道。② 哥本哈根商学院亚洲研究中心柏思德（Kjeld Erik BrØdsgarrd）教授指出："绝大多数汉学家都注重诸如历史语音学、古代宗教、哲学和语言学等传统汉学，而有关当代中国的研究则被视为一种浅易的工作，由记者和外交家们去做就足够了。"相比哥本哈根大学，奥胡斯大学的汉学研究较早完成了向现代中国的拓展和转向。③ 70 年代初就有学者专门从事 20 世纪中国问题的研究，还有几位固定的汉学教研人员专门研究现当代中国社会的问题。1981 年，东亚和东南亚研究中心（The Centre for East and South-East Asian Studies，简称 CESEAS）成立，丹麦教育部将其总部置于奥胡斯大学。同年，奥胡斯大学中文学院还成立了中国信息办公室，它以研究商业团体的文献为中心，同时出版时事通讯《中国信息》（Kina Information）。1984 年，该办公室与奥胡斯大学政治学系合作，提出了有关东亚地区的研究计划和课题。进入新世纪，越来越多的丹麦中学和大学开设了中文课程，中文在丹麦青年中的人气很高。根据丹麦科技创新部的最新调查，2010 年还只有 131 名丹麦学生在大学注册了中文课程，到了 2011 年，这一数字已变成 540 名。④ 奥胡斯大学中文系的教授斯蒂格·苏格森说："现在丹麦的大学和中学都兴起了中文热。在我们学校，想学中文的学生太多，我们只能接受不到一半的学生申请。"

　　2010 年丹麦政府正式决定将在丹麦中小学开设中文课程，2010 年年底，丹麦政府建议小学开设正规的中文课程并进行考试，这一举措使得中文成为与德语、法语拥有同等地位的第二外语。从 2011 年的统计数据来看，已有 34 所高

① 李明：《论北欧汉学研究的转向与拓展》，《北方论丛》，2011 年第 5 期。

② 罗多弼（TorbjÖrn Lodén）著，李明译：《面向新世纪的瑞典中国研究》，《国际汉学》第四辑，第 24 篇，2004 年。

③ Kjeld Erik BrØdsgarrd：*State of the Field*：*Contemporary China Studies in Scandinavia*，*he China Quarterly* 1996 年第 9 期（《中国季刊》1996 年第 9 期）。

④ 刘坤喆：《丹麦年轻人热衷学中文，中文与中国相关课程受热捧》，《中国青年报》，2011 年 5 月 3 日。

中开设了中文和与中国研究相关的课程，许多小学也将中文纳入教学范围。①
小学阶段开设的中文课程一般为必修课，中学阶段则以开设选修课为主，阿尔
松高中等中学还对有一定汉语基础的学生提供高级汉语课程。孔子学院对汉语
教育在中小学中的推广起到了推动作用，部分中小学的汉语教师师资由孔子学
院承担，如哥本哈根小龙虾学校。② 还有部分中学与中国内地高中建立了姐妹
学校的合作关系，每年双方学生都会到对方学校参加交换生项目。

三、丹麦高校汉语教育现状

目前的丹麦汉语教育大体上由四部分组成：丹麦本土的高校和中小学
汉语教育，以及华人主办的中文学校（见附表1）、丹麦孔子学院（见附表
2）。其中高校的汉语教育以哥本哈根大学和奥胡斯大学为中心。哥本哈根
大学于 1960 年设立了东亚学院，后来又形成了单独的中文系，近年来中文
系每年招收新生 50 人左右，由于转专业等原因，每届毕业生有 20 至 30
人。奥胡斯大学的中文系是社会文化学院（School of Culture and Society）中
的世界研究系（Department of Global Studies）的一个分支，成立于 1990 年。
每年招收本科新生 20 至 40 人，硕士研究生人数与本科生人数相差不大，
招收博士研究生 2 至 3 名。

本部分则以哥本哈根大学和奥胡斯大学为例，谈谈丹麦本土高校的汉语教
育现状。

3.1 高校汉语教育的特点

1. 自行编写部分教材

除了使用成套的汉语教材外，高校汉语教师还会自行编写适合当地学生的
教材辅助教学。比如，哥本哈根大学中文系使用的教材是北京语言大学出版社
的《成功之路》。由于该教材并不是针对丹麦学生的，两位教师还自行编写了
一套教学幻灯片，满足了以丹麦语为母语的学生的需求。它区别于《成功之
路》的几个特点在于：首先，在语音上注重汉语拼音与丹麦语中某些字母发音
的对比，便于学生掌握汉语语音；其次，在情景对话上选择了更贴近丹麦学生
生活的情景，如周五下午的酒吧聚会（丹麦学校周五下午一般不安排课程，师

---

① 丹麦通讯社：《丹麦高中眼下正掀起"中文热"，汉语成为仅次于英语和德语的外语课
程》，新华网（广州）转载，2017 年 4 月 7 日访问。

② 石寿河：《丹麦百年学校新开中文课》，2014 年 8 月 21 日，新华网，2017 年 4 月 7 日
访问。

生都习惯去酒吧聊天社交）；再次，在介绍中国传统文化和社会生活时注重和丹麦文化、社会的对比，让学生了解两种文化的差异，也为第三学期赴中国学习做准备。

对成套教材《成功之路》、自编教材的学习效果，笔者采访了哥本哈根大学中文系大一年级（1）班的21位学生。采访中学生反映，学习影视、小说等资料效果良好。采访结果见表1。

表1　中文系学生学习方法、效果调查表

方法类型	学习效果	人数	备注
学习老师自编的课件	帮助很大	21	
	一般	0	
	帮助不大	0	
学习教材《成功之路》	帮助很大	15	
	一般	0	
	帮助不大	6	
学生自行寻找的学习资料	喜欢中国影视作品	18	所有学生都反映哥本哈根大学图书馆收藏的中文资料很有限，他们无法从中找到喜欢的文本、音频或影视资料
	阅读中文小说	2	
	阅读中文小说	1	

注：21位学生中有女生13名，男生8名，都是丹麦本国人，没有华裔家庭，上大学前从未学习过汉语（但据笔者了解，同届（2）班有2位学生高中时选修了中文，约占全部44名学生的5%；有1名学生来自华裔家庭，约占全部学生的2%）。

2. 注重文化教学

丹麦高校还十分注重中国社会文化知识教育，如奥胡斯大学开设了历史、社会、文化主题的研讨课，课上对简单的部分使用汉语，遇到超出学生汉语水平的难题时，师生也不排斥使用丹麦语进行交流讨论。可见，此类研讨课的主要目的不在于语言训练，而是引导学生对中国社会文化进行全面深入的了解。此外，奥胡斯大学亚洲研究部的学生（分别是中文系、日文系、印度语系）每月都会在一个酒吧举行一次以亚洲文化为主题的聚会，若遇到中国、日本、印度等南亚国家的传统节日，学生都会按亚洲国家的习俗布置好会场，前来参加聚会的学生都能够感受到浓郁的文化氛围。该聚会是面向全校学生的，亚洲三系的学生往往在会上表演武术、民族器乐、民族舞蹈、话剧等节目，吸引了众多其他专业的学生，起到很好的文化宣传作用。

3. 赴华留学机会多

丹麦高校的中文系大多会为学生提供赴华留学的机会。如哥本哈根大学中文系，学生可在第三学期选择赴北京（北京第二外国语学院）或台北（"国立台湾大学"）学习，这段时间学生的口语水平将得到显著提升。又如奥胡斯大学中文系，本科学生第四学期的所有课程在北京大学开办，所有学生都必须在北京大学学习一学期。在中国学习生活的经历能帮助学生显著提高口语能力，并进一步了解中国现代社会的现状。在最后一年，也就是第七和第八学期，如果学生认为需要，可以选择再次前往北京大学学习。

4. 以兴趣为导向

在中文系学习的学生都对中文有着强烈的兴趣，教师在教学过程中也是引导兴趣为主，在教学方法上注重迎合学生的兴趣，不会布置强制性的学习任务。学生对中文的兴趣究竟来自何处，笔者针对这个问题也采访了上述中文系学生，采访结果见表2。

表 2　中文系学生学习动机调查表

学习动机		人数
与未来职业相关	从事与中国商业贸易相关的工作	8
受中国文化影响	喜欢中国的小说、影视	5
	曾赴中国旅游而欲深入研究中国文化	3
	学成后游遍中国，同时学习中国的武术	1
自我挑战	挑战自我，学习世界上最难的语言	2
无特别兴趣	无特别兴趣	2

可见，有益于未来职业发展、受到中国文化影响是使丹麦学生对中文感兴趣的两大原因，也有少数学生因希望挑战自己的学习能力而选择学习汉语。

5. 学生发展方向多、前景好

丹麦高校中文系的学生不但在语言文化研究领域十分活跃，而且各行各业中都有他们的身影。如哥本哈根大学中文系的学生有一次转专业的机会，每届都会有将近一半的学生在掌握基础汉语后（第三学年），转到贸易、金融、考古、人类学等学科进一步学习。剩下的学生会在丹麦老师的指导下学习中国文化、历史、社会的知识，同时进一步提升汉语能力。又如奥胡斯大学，大部分中文系的本科学生会选择在奥胡斯大学世界研究学院攻读本系的硕士项目，该项目与本科项目完全对接。学生得到硕士学位之后，不少选择在教育界工作，比如在高中或大学教授汉语。除此之外，也有学生从事管理、咨询、市场销售、出口、旅游等方面的工作。在中国和丹麦合作的商业项目中，中文系的毕业生能发挥重要的作用。

3.2 高校汉语教育的问题

1. 基础汉语师资力量缺乏

一般在高等教育机构中，基础汉语由华人教师负责教学，中国文化部分由丹麦教师讲授。华人教师缺乏是一个普遍的问题。比如哥本哈根大学，整个中文系只有2位华人教师，每位教师负责两大块内容（汉字与练习，或语法与语音），每周有32个课时的教学任务，几乎是丹麦教师教学任务的2倍。他们在完成教学任务后，几乎没有余力举办有关汉语学习的活动。针对这个问题，可以推广奥尔堡大学的做法，即就近孔子学院合作，将中文系低年级的基础汉语教学任务外包给孔子学院，减轻校内华人教师的负担，也有更多机会举办汉字听写大会、汉语演讲比赛等活动。孔子学院的教师可以与大学中的华人教师多多交流教学经验，共同推进丹麦地区的汉语教学。

2. 缺乏针对丹麦大学生的教材

《快乐汉语》是哥本哈根商务孔子学院引进的，但它主要针对丹麦的小学生、初中生，目标读者为丹麦大学生的汉语教材仍有待编写。所谓针对丹麦学生的教材，不仅仅要把普通教材的英文部分翻译为丹麦文，更重要的是，要从以丹麦语为母语者的角度编写，注重对比汉语与丹麦语的不同、中国文化与丹麦文化的区别，帮助丹麦学生掌握难点、接受两国文化差异。要解决教材问题，孔子学院可以多与当地大学教师交流。据笔者了解，大学中文系的基础汉语教师一般都会编写适合当地学生使用的课件，孔子学院在征得这些汉语教师的同意后，可以将其中的精华部分编成一套针对丹麦大学生的教材。

3. 丹麦教师与华人教师合作不足

丹麦高等教育机构中，中文系的课程很明显地被分为两部分，一部分是汉语语言教育，一般由华人教师负责，另一部分是中国历史、文化、社会教育，一般由丹麦教师负责。丹麦教师与华人教师一般情况下都是各司其职，很少进行合作，这就使得整个中文系的教学很不连贯。一般大学第一、第二学期是基础汉语的学习时期，之后是去中国交流半年，回丹麦后基础语言课程就大幅减少，导致学生语言能力不升反降。而且，一些讲授中国现代社会、文化的丹麦教师，所用的教材、自身的观念等有些落后，华人教师发现并提出问题后，丹麦教师也不一定会重视。要增进两方教师的合作，首先可以优化课程设置，在基础汉语学习阶段就由丹麦教师适当开设一些中国历史、文化、社会的课程（如奥胡斯大学的课程设置），这也有助于激发学生的学习兴趣；在高年级的课程中也适当安排一些语言课程，巩固并提升汉语能力。其次，要增进丹麦大学与中方院校的交流合作，邀请丹麦教师来华参加汉学研讨会，展现新中国的面貌、世界各国汉学家的观点、世界各地中文系的发展状况。

4. 高等教育机构图书馆的中文资料缺乏

除了汉语学习资料，只有少数中国文学资料可以在图书馆中找到，而且多为中国现代文学作品，当代优秀文学作品除了莫言外，并不多见。中文系学生喜欢的武侠小说几乎没有收录。关于中国的社会、历史、文化方面的书籍，图书馆中收录的大多是欧洲学者撰写的研究著作，几乎没有收录中国作家、学者的作品。针对这个问题，汉办或者中方合作学校（如北京第二外国语学院、"国立台湾大学"等）可以将当代优秀的中文书籍引进丹麦学校的图书馆，最好同时将电子版上传图书馆网站，方便师生查阅、学习。

四、丹麦中小学汉语教学现状

在丹麦政府的号召下，截至 2011 年，有 34 所丹麦高中开设了中文或与中国研究相关的课程，许多小学也开设了中文课程。① 2013 年，锡尔克堡市政府决心将汉语引入锡尔克堡高中，成为丹麦第一个将汉语课引入公立中小学课程设置的市府。而在 6 年前，丹麦还没有一所高中开设中文课程。各所中小学开设的中文课程各有特色，下文中将会选取重点加以介绍。

4.1 中小学中文课程的特点

1. 高级汉语课程

绝大多数中小学的汉语课程以初级为主，部分学校还开设中级课程，而位于日德兰半岛桑德堡市的阿尔松高中在开设初级、中级课程的基础上，还向学生提供高级水平的汉语课程。该校校长佩尔·默勒曾在接受采访时说明了开设高级汉语课的原因："现在中国发展很快，中国已经超过日本成为世界第二大经济体，所以丹麦学生理解中国的文化和语言显得很重要。"②

2. 中文必修课

尼尔斯中学位于哥本哈根市中心地区，是一座有着 60 年历史的天主教中学。自 2011 年 11 月起，该校在六至十年级开设中文必修课，并在高中部开设

---

① 汉办新闻中心：《哥本哈根商务孔子学院在花田学习开设汉语课程》，汉办官方网站，2017 年 4 月 7 日访问。

② 刘坤喆：《丹麦年轻人热衷学中文，中文与中国相关课程受热捧》，《中国青年报》，2011 年 5 月 3 日。

中文课程作为选修外语科目。① 学校共有 640 名学生，其中 485 名学生正在接受中文教育。就开设中文必修课的原因，该校多特·恩格尔校长十分强调语言学习的重要性。她在接受采访时说，汉语热在丹麦、在欧洲的兴起绝不是一个偶然的现象，而是一个历史的必然趋势。她希望尼尔斯中学能走在这个发展趋势的前列，培养出更多精通汉语的人才。该校的中文教师廖东表示："孩子们对中文的喜爱超乎我的想象。即使是一些低年级学生，他们都已对中国文字产生了浓厚的兴趣。"正在读高一的扬尼克·奥弗高谈到中文课程时说："不仅在语言上，中国的文化教育也跟我们非常的不一样。学习中文对我们而言是个全新的体验。"

3．与中国内地学校合作办学

2002 年，位于北日德兰半岛斯特林市的斯特林高中与浙江嘉兴秀州中心结为姐妹学校，每年秋季，两校均会派出 2 至 3 名教师，带领 15 名左右的学生，来到对方学校，进行一个月的交流学习。丹麦学生来到中国后，入住当地的学生家庭，对中国人的日常生活进行全方位的了解和体验。姐妹学校的办学模式无疑对斯特林高中中文课程的正式设立有着巨大的推动作用。2008 年，斯特林高中正式开设中文课程。其校长严斯·尼尔森在接受采访时指出："我们可以清楚地看到，学生们学习中文的兴趣不断增加，汉语在丹麦的地位还将继续上升。"从 2011 年的统计数据来看，斯特林高中有 22 名学生学习中文，占学生总数的 15%。②

随着汉语热的持续升温、大学生来华交换项目的良好发展，中小学同中国内地的学校合作办学已成为一种发展趋势，这可以使得更多丹麦学生有机会来到中国，走进中国课堂，入住中国家庭，亲身领略中华文化的魅力。

4．与丹麦的孔子学院合作办学

2010 年，奥尔堡创新学习孔子学院与奥尔堡市 St∅vring 高中共同成立了丹麦第一个孔子课堂，至 2010 年年底已开设 3 个汉语选修班，共有 40 多名学员。③ 2014 年的统计数据显示，哥本哈根商务学院和奥尔堡创新学习孔子学院

---

① 杨敬忠、吴波：《走进丹麦尼尔斯中学孔子课堂》，《海外华文教育动态》，2011 年第 1 期。

② 刘坤喆：《丹麦年轻人热衷学中文，中文与中国相关课程受热捧》，《中国青年报》，2011 年 5 月 3 日。

③ 郭万舫：《丹麦汉语教育现状调查研究——以哥本哈根及周边地区为例》，东北师范大学2011 年硕士论文，2011 年 3 月。

已经与哥本哈根市和奥尔堡市的 5 所高中合作，开设了孔子课堂。① 以哥本哈根市小龙虾学校为例，与哥本哈根商务孔子学院达成共识后，小龙虾学校于 2014 年 8 月正式开设孔子课堂，各个年段均设有 1 个汉语选修班，师资力量由孔子学院承担，教材则选用汉办专门为丹麦学校编写的丹麦语版《快乐汉语》。在开班仪式上，小龙虾学校校长米卡埃尔·延森校长表示，开设中文课丰富了学校的教学内容，为学生们开辟一个新的天地。他为中丹两国在教育领域的合作感到高兴。

5. 两国教师共同执教

2015 年 8 月，哥本哈根商务孔子学院在当地公立中学花田学校（Hummel tofteskolen）新设汉语教学点，目前已有 20 多名中学生学习汉语。② 与其他中学不同的是，花田学校的中文课程由孔子学院派出的华人教师与本校德语教师共同执教。该校一直以来都设有德语这一第二外语课程，德语教师与学生熟识，如今在中文课堂上担任助教的工作，有助于中方教师更快融入丹麦中小学的教学氛围，增进与学生的互动。

4.2 中小学汉语教育的问题

笔者在丹麦期间走访了三个华裔家庭，收集到一些关于中小学汉语教育的一手资料，他们的情况大致可见表 3。

表 3 华裔家庭子女情况反馈表

家庭编号	移民时间	子女编号	子女出生地	受教育程度	中文教育程度
1	父母成年后	A	丹麦	哥本哈根大学中文系大一学生	大学前未接受中文教育，目前不能使用中文
2	父母成年后	B	丹麦	哥本哈根商务孔子学院金融系大三学生	在家中接受中文教育，听说中文无障碍，但读写问题较大

---

① 石寿河：《丹麦百年学校新开中文课》，新华网，2017 年 4 月 7 日访问。

② 汉办新闻中心：《哥本哈根商务孔子学院在花田学习开设汉语课程》，汉办官方网站，2017 年 4 月 7 日访问。

（续表）

家庭编号	移民时间	子女编号	子女出生地	受教育程度	中文教育程度
3	父母成年后	C	丹麦	哥本哈根公立花田学校的初中生	孔子学院在花田学校开设教学点之前，就一直在丹麦华人总工会孔子学校学习，两人听说中文无障碍，读写能力在中级水平
		D	丹麦		

笔者从采访中总结了几个中小学汉语教育的问题，总结如下。

1. 中小学生学习汉语的机会少

虽然汉语热正风靡丹麦，但中小学生要得到一个正式学习汉语的机会，还是十分困难的，不少华裔家庭选择由家长进行汉语教育，有的甚至放弃汉语教育。出现这个问题的原因有三个：一是汉语教师缺乏，二是兴办中小学汉语教育的资金不足，三是已经兴办的教育机构宣传力度不够。

要解决汉语学习机会不足的问题，我认为可以采取如下办法。

第一，借鉴花田学校、小龙虾学校等的做法，将孔子学院的汉语课程引入中小学课堂，以应对师资不足的问题；第二，对有一定影响力但缺乏资金的中文学校，如哥本哈根中华文化学校，国家汉办或当地孔子学院提供一定的资金支持；第三，对资金充足、运作良好的中文学校，如华人总工会、旅丹工程师协会主办的中文学校，加大宣传力度，给更多希望学习汉语的孩子一个学习的机会。

2. 各校汉语教师交流少

除了部分中小学的汉语课程由孔子学院承担，大部分学校都是自行招聘华人教师，其中相当一部分没有教学经历，若能联合多校举办规模较大的教学经验交流会，则对教师教学能力的提高有很大帮助，对教材或课件的修改完善也有促进作用。由于中小学汉语教学起步较晚，而大学的基础汉语课程至少已经开设了十年，大学教师有更为丰富的教育经验，特别是针对以丹麦语为母语的学生，他们的经验对中小学的新老师会有很大的帮助。这种经验交流会可以以多种形式开展，交流座谈是一种，公开课展示也是一种可取的形式，另外还可以邀请各方教师来到中小学汉语课堂中观摩。

3. 有关汉语学习、中国文化的活动少

由于汉语教师师资力量紧张，很多中小学的教师完成教学任务已经不易，根本没有余力组织语言学习、文化交流等活动。若能不时举办一些活动，可以激发学生兴趣，进一步提升汉语的影响力。解决这一问题，关键在于发挥孔子

学院的作用。当地孔子学院在组织活动时，可向中小学发出邀请，也可安排有书法、武术、剪纸特长的老师在附近的中小学巡回开课。

五、丹麦汉语教学模式分析

丹麦是北欧的一个小国，也是个国际强国，丹麦人民深知只有对外开放、走在全球化潮流的前列，方能强国富民。因此，丹麦举国上下都十分重视外语学习，英语水平几乎与母语者无异。除却英语，德语、法语也是颇受欢迎的外语，近年来，随着中国国际影响力的提高，越来越多的丹麦人选择学习汉语。除了外语方面，丹麦也十分重视在艺术方面培养学生，几乎所有接受丹麦义务教育的学生都能阅读音乐曲谱，很大一部分学生有一定的绘画功底。调查结果显示，丹麦学生扎实的音乐、绘画基础对他们学习汉语声调、汉字书写有很大帮助，对教学法的影响也很大。丹麦的教学模式也与中国很不同，学生学习时主要以兴趣为导向，学习压力较小，但对有兴趣的学科学习积极性非常高，有明确的学习目标、强大的学习动力，面对学习困难不会轻易放弃。因此，在丹麦推广汉语教育时，应当因地制宜，使用适合丹麦学生的教育方法。

5.1 独特的听说读写教学法

与传统的汉语教育方法不同，丹麦本土的汉语教育发展出了一套切合当地学生需求的独特的教育方法，在听、说、读、写四方面都有所调整。在听力的训练上，学校开设了粤语兴趣小组，使同学们感受到汉语的方言差异；在口语的练习上，学校组织了多种多样的活动，不仅有中国学生熟悉的演讲比赛、话剧演出等，还有定期举办的中国时事研讨会，不仅锻炼了学生的口语能力，还增进学生对当代中国的了解；学校对学生的阅读能力要求很高，不但要求熟练阅读现代汉语，而且会引导学生学会阅读古诗词以及《道德经》等中国古代经典著作；汉字方面，学校的要求不是很高，只是要求学生熟练掌握汉语拼音输入法和简单的汉字书写，甚至在学生参加考试时，也是用计算机作答，学生只要能够正确输入汉字即可。

5.2 以声调教学为例对比教学效果

在不少教学细节上，丹麦教师也发展出了独特的方法，如用"音乐法"进行声调教学，即将五度标调法中的数字 12345 转化成音乐中的 do re mi fa so 向学生讲授，让学生们像唱歌一样唱出四声。笔者对哥本哈根大学汉语系大一年级的 21 名学生进行了一次语言测试，试图探究"音乐法"与传统的五度标调法在教学效果上的差异。

本次测试对象是 13 名女生和 8 名男生，都是丹麦本国人，上大学前从未学习过汉语，本次是他们第一次接触汉语声调。笔者将 21 名学生随机分为两组，A 组 11 人，B 组 10 人。A 组学生接受的是传统的五度标调教学法，B 组则使用上述音乐法。两组在讲授 15 分钟后，进行第一次声调测试，让两组同学认读单个汉字和简单词语（均附带拼音），录音并记录正确率。下课时，发一张声调练习作业纸，包含汉字、词语、简单短句的声调练习（均附带拼音），请两组同学当晚朗读并录音。之后分析学生的录音文件，并记录正确率。两周后，在课堂上对两组同学进行第三次声调测试，测试内容包含汉字、词语、简单短句和较长的句子（均附带拼音），录音并记录学生正确率。需要说明的是，笔者对学生发音的评价是按照三个等级划分的：标准、可以辨认、不能辨认。每一位同学的每一个发音都由三位记录员进行评价，最后取多数记录员的意见。若三位记录员的意见各不相同，则回放该录音，由第四人进行评价，取多数人的意见（真正测试中未出现该种情况）。最后分别统计学生认读汉字、词语、短句、较长句的正确率。

A 组学生接受传统的五度标调教学法，由于该方法比较抽象，学生理解起来略有难度。从学生在操练时的表现可以看出，学生跟读基本没有问题，但需要他独立认读时，还是会出现找不到调的情况，且半数以上的学生无法自己纠正，必须由老师带读后才能正确认读。对 B 组学生使用的是音乐法。丹麦学生的义务教育课程中包含了初级乐理知识，因此所有学生都能够熟练认读音乐简谱，使用音乐法对其讲授声调知识没有障碍，反而使得抽象程度降低，学生较易理解。操练时，学生跟读没有问题，独立认读时，除个别学生需要老师带读才能纠正错误外，大部分学生想一想之后至少能够读出正确的音高变化趋势。

第一次声调测试的结果见表 4。

表 4　第一次声调测试结果统计表

百分比 类别 等级	A 组		B 组	
	汉字	词语	汉字	词语
标准	23%	20%	22%	24%
可以辨认	28%	22%	41%	38%
不能辨认	49%	58%	37%	38%

（上表资料来自笔者组织的语言测试）

从中可以看出：B 组学生的发音被评价为"可以辨认"等级的比率明显高于 A 组，说明使用音乐法教学声调，虽然不能明显提高学生发音的标准率，但能够帮助学生发出正确的音高变化趋势，使得学生的发音虽算不上标准，但可以辨认。而传统的五度标调法则没有这个优点，掌握好的学生就能发出标准的读音，没掌握好的学生就面临找不着调的困境。

第二次测试的录音是学生在学习声调的当晚自行录制的，结果见表 5。

表 5　第二次声调测试结果统计表

百分比 等级＼类别	A 组			B 组		
	汉字	词语	短句	汉字	词语	短句
标准	15%	12%	8%	18%	17%	10%
可以辨认	18%	14%	8%	40%	42%	35%
不能辨认	67%	74%	84%	42%	41%	55%

（上表资料来自笔者组织的语言测试）

A 组学生的发音在"可以辨认"这一等级上更加明显落后，由于五度标调法掌握得不是很牢固，又没有老师的带读，发二声、三声、四声时遇到了困难。B 组同学由于掌握了音乐法，独立发音困难较小，"不能辨认"等级出现的频率明显低于 A 组，但是拖音现象较为严重，特别是三声，由于需要发 214 三个音调，导致发音时间明显长于一声、二声、四声，而且正确的三声，发 21 的时间较长，发 4 的时间较短，B 组同学容易忘记这个特点，使得 214 三个音调发的时间一样，导致发音可以辨认但很奇怪。这个问题在认读汉字和词语时并不很明显，在认读短句时就比较突出了。

两周后的语言测试结果见表 6：

表 6　第三次声调测试结果统计表

百分比 等级＼类别	A 组				B 组			
	汉字	词语	短句	较长句	汉字	词语	短句	较长句
标准	52%	45%	42%	42%	55%	57%	45%	38%
可以辨认	39%	36%	38%	41%	35%	37%	36%	42%
不能辨认	9%	19%	20%	17%	10%	6%	19%	20%

（上表资料来自笔者组织的语言测试）

经过两周的学习巩固，学生对声调已经基本掌握了，无论是用五度标调法学习的学生还是用音乐法的学生，"不能辨认"的情况出现的频率都能控制在20%以内。值得注意的是，B 组个别学生还是有拖音的现象，但大部分学生已经能将四声的发音时间控制在合理长度内。

笔者得出结论：五度标调法和音乐法都能够帮助学生掌握汉语声调，且这两种教学方法各有其特点。五度标调法比较抽象，学生理解起来不是很容易，而且在初学阶段，离开老师的带读会出现找不到调的情况。但五度标调法描绘出了声调的发音规律，学生在学习过程中没有出现明显的副作用，一旦学生理解掌握，便能发出正确的声调。而音乐法对熟悉乐理知识的学生来说，抽象程度较低，掌握起来比较容易，且学生学习兴趣较高，练习声调时不觉得枯燥乏味。因该方法容易理解，学生独立发音困难较小。但该方法有个明显的副作用，学生在发音时若不注意就会发生拖音现象，需要一段时间来逐渐纠正。

六、总结

6.1 汉语教育成果丰硕

经过近百年的发展，丹麦的汉语教育主要可分为四类，一是中文学校开展的针对华人后代的汉语教育，二是孔子学院主办的最为广泛全面的汉语教育，三是以哥本哈根大学、奥胡斯大学为中心的高等教育机构中的精英汉语教育，四是近年来新发展出来的中小学的基础汉语教育。这四类教育构成了丹麦汉语教育的根基。其中又可分为两个部分，一、二两类是中国汉办、华人组织主导的，三、四两类是丹麦政府、教育机构主导的，前者播撒了中华文化的火种，后者抓住了新一代全球性语言的机遇，两相结合，才迸发出一波又一波的汉语热席卷丹麦这一童话王国。如今，汉语作为与德语、法语并列的第二外语的地位在丹麦教育体系中逐渐稳固，越来越多的学生被中华语言文化的魅力所吸引，看到了汉语在未来经贸领域的重要性，从而选择学习汉语。汉语教育在丹麦收获了累累硕果，离不开华人组织、汉语教师、国家汉办及孔子学院的艰苦奋斗和无私奉献精神。

6.2 现阶段发展方向

在中、丹双方的共同努力下，丹麦本土的汉语教育与非本土的汉语教育联系日渐紧密，其发展方向也逐渐明朗，主要有以下四个发展重点。

1. 逐渐形成以孔院为中心的教学体系

近年来，孔子学院承担了越来越多的中小学、高等院校的基础汉语教育任务，其自身也从一个独立的汉语教育机构，逐渐渗透到丹麦本土的各级院校之中。笔者认为，这将成为新时期汉语教育的发展趋势，孔子学院入驻丹麦，并不一定要自立门户，更重要的任务是要联系当地已有的汉语教育机构，给予资金、师资、场地、培训等各方面的支持，将原本分散、孤立的小机构串联起来，让分布在各个中小学、华文学校、高等院校的汉语教师告别孤军奋战的状态，形成一个以孔院为中心的，有组织、有实力、有特色、有影响力的汉语教育体系。

2. 满足华裔子女对汉语教育的需求

一直以来，孔子学院的主要关注点在于教外国人学中文，但忽略了一个急需汉语教育的群体，即在丹华人子女。从笔者了解到的信息来看，绝大多数的华裔家庭会将孩子送到当地的中文学校学习，但由于资金短缺、师资不足，教育质量很难保证；也有相当一部分家庭由于交通不便、时间冲突等问题，不得已放弃对子女的汉语教育。有些华人子女，由于汉语教育开始得较晚，学习十分费劲，产生了抵触汉语的情绪。近年来，孔子学院逐渐加强与当地汉中文学校的合作，2010年华人工商协会主办的丹麦启蒙中文学校的全体学员正式进入哥本哈根商务孔子学院学习，这一合作办学的形式将成为未来发展趋势。孔子学院可以加强与丹麦华人组织的联系，扶助支持运作困难的中文学校，新增教学点、灵活安排教学时间、推出网络线上教学等新型教学形式，尽可能减少华人后代不得已放弃汉语教育的情况。

3. 高等学校的汉语教育有分化为学术型和实用型的趋势

一般高等院校都会把中文系分为两个部分，前半部分是基础汉语教育，时间为一年半到两年不等，之后是中国历史、文化、社会方面的课程，本科阶段为两年到两年半的时间，硕士研究生为一年。汉语教育中学术型和实用型的分化十分明显，选择学术型的学生数量较少，但大多数会读到硕士研究生，接受整整五年的中文教育，有少数学生还会继续学习得到博士学位；选择实用型的学生相对来讲数量较多，他们接受了基础汉语教育之后就转入其他专业，如经贸、政治、教育、考古、历史等，凭借语言优势，他们在新的领域中也能得到较好的发展。孔子学院可以考虑招收优秀的中文系硕士毕业生，或者有中文基础的教育专业的学生，进行中文教师培训后，正式在孔子学院任课。

4. 孔院教师正规化

孔院教师、志愿者的教学能力不被当地学校认可，是孔子学院加强合作、推进汉语教学的一大瓶颈，比起汉语教学经验丰富的孔院教师，很多中小学更愿意聘用拥有丹麦教师资格证的老师，即使没有汉语教育经历。面对这个问题，首先，孔子学院可以在当地招收已经考取了教师资格证的老师，集中进行汉语教学培训；也可以鼓励国内汉语教育专业、丹麦语专业的学生考取丹麦教师资格证，为长期在丹麦教学做准备。另外，国家汉办应着力提高汉语教师资格证的国际认可度、影响力。加大宣传力度、加强与丹麦教育部的沟通协商是一个方面，另一个方面是要与美国、英国等国际认可度高的教师资格证接轨，更加注重心理学、教育学等部分的考察，增加实践课时数的要求，培养具有全方位教学能力的汉语教师。

附录

附表 1　丹麦中文学校教学现状一览表①

	哥本哈根政府母语中文学校	哥本哈根中华文化学校	美人鱼中华文化学校	丹麦华人总工会学校	丹麦启蒙中文学校
成立背景	1998 年华裔家长自发组织，申请到哥本哈根政府的母语学习资助项目	1995 年成立，1998 年并入哥本哈根母语中文学校，2005 年分立出来，由两位教师承办至今	1996 年华裔家长组织，1998 年并入哥本哈根母语中文学校，2005 年分立出来，由旅丹华人工程师协会承办至今	1992 年由华人总工会组建，1999 年拥有场地（1 个礼堂和 3 个教室，共 300 多平方米）	1997 年由华人工商协会承办，2010 年与哥本哈根商务孔子学院达成合作协议，学生正式进入孔子学院上课
学习形式	业余授课，每周六 11：00—13：45	业余授课，每周六三课时	业余授课，每周六 10：00—12：45	业余授课，每周六9：00—12：00	业余授课，每周日 12：00—14：45
班型	零起点班、初级班	零起点班、初级班	拼音班（18 人）、识字班（16 人）、阅读班（20 人）、写作班（18 人）、HSK 班（12 人）、中国文化课	启蒙班、基础班、提高班，各三个班，每班 25 人左右，另有民族舞蹈班、武术兴趣班	初级班、高级班

---

① 郭万舫：《丹麦汉语教育现状调查研究——以哥本哈根及周边地区为例》，东北师范大学 2011 年硕士论文。

（续表）

	哥本哈根政府母语中文学校	哥本哈根中华文化学校	美人鱼中华文化学校	丹麦华人总工会学校	丹麦启蒙中文学校
学生情况	34 人（最多时为 2000 年时的 120 人），均为华裔，8～12 岁，多为初级水平	25 人左右，年龄普遍较小，均为华人后代，初级汉语水平。	80 人左右，2～3 名丹麦人和俄罗斯人，其余均为华人后代，多数初级水平，少数中级水平	230 人左右，绝大多数为华人后代，7～16 岁，多为初级水平，少数中级水平	25 人，均为华裔，7～17 岁，大多为初级水平
师资情况	常任教师 2 人，大学学历，早期留丹学生	专业汉语教师 1 人，非专业教师 1 人，大学学历	常任教师 5 人，长期从事汉语教育教师 1 人	常任教师 3 人，长期从事汉语教育的教师 1 人	孔子学院派 2 位专业汉语教师
使用教材	零起点班：国内小学一年级语文教材；初级班：《中文》2、3 册（暨南大学出版）	参考《中文》（暨南大学出版）1、2 册，教师自编学习内容	《中文》（暨南大学出版），不同班型学习不同分册，教师也可自选教材	《幼儿汉语》（大使馆赠）、《汉语》（暨南大学出版）、《中文》（暨南大学出版）	《快乐汉语》（人民教育出版社）
教学方法	汉语为主、丹麦语为辅	汉语为主、丹麦语为辅，穿插文化课程和户外课程	基本用汉语教学，暑期组织学生赴中国旅行	汉语为主，重视作文教学，将学生作文投送到《人民日报》（海外版）学中文专栏	多为汉语教学，没有多媒体和网络
运营状况和前景	政府资助政策紧缩，前景令人担忧	政府提供场地，教师无工资，全凭热情奉献精神	协会提供场所，教师无工资，学生家长（多为旅丹工程师协会会员）普遍重视汉语教育	华人总工会提供场地、设备、教师工资、教学费用，发展前景良好	领导相信与孔院合作将使中文学校向正规化迈进

附表 2　丹麦孔子学院教学现状一览表①

	哥本哈根商务孔子学院	奥尔堡创新学习孔子学院
合作院校	中国人民大学、丹麦哥本哈根商务学院	北京师范大学、奥尔堡大学
成立时间	2008 年	2009 年
师资	哥本哈根商务学院聘请院长 1 位、行政主管 1 位；人民大学派出院长 1 名、汉语教师 1 名；汉办派出汉语教师 2 名；其他工作人员 4 名	汉办派出汉语教师 2 名，当地聘用汉语教师 3 名，其中 2 名是兼职教师
场地	哥本哈根商务学院提供	奥尔堡大学提供
学生情况	招收学生 485 人左右	主要学生为奥尔堡大学选修汉语的本科生和研究生
教材	《汉语会话 301 句》《快乐汉语》*A Business Trip To China*	奥尔堡大学选修课为自编教材，孔子课堂（与当地高中合作承办）、政府夜校、中国文化课和企业使用《汉语》（奥胡斯大学出版）
相关活动	文化系列讲座一月一次 丹麦汉语桥大中学生选拔赛 HSK 初级、中级考试 汉语俱乐部 中国社会演讲、乐器演奏会	为奥尔堡大学教职员工开设中国文化课；为奥尔堡政府夜校提供汉语教师和教材；开展中国文化月，向市民免费开放汉语课堂；与高中成立丹麦第一家孔子课堂；为丹麦纽兰运到服装公司提供汉语和中国商业文化培训

---

① 郭万舫：《丹麦汉语教育现状调查研究——以哥本哈根及周边地区为例》，东北师范大学 2011 年硕士论文。

西班牙巴塞罗那地区汉语教学情况报告

王益芹

（北京外国语大学中国语言文学学院）

1973 年 3 月 9 日，中国与西班牙正式建立外交关系。随着中国经济地位以及中国国际地位的不断提高，欧洲学习汉语的热情日益升温。在西班牙，人们对汉语的重视程度近些年显著提升，汉语学习在西班牙已形成了一定规模。目前，以办学主体的不同，西班牙的汉语教育体系主要包括：西班牙政府的大、中小学，中文学校，孔子学院，各类教学机构和语言学校。

正是在这种"汉语热"的趋势下，截至 2016 年 12 月 31 日，全球 140 个国家（地区）建立 512 所孔子学院和 1073 个孔子课堂。孔子学院 130 国（地区）共 512 所，其中，亚洲 32 国（地区）115 所，非洲 33 国 48 所，欧洲 41 国 170 所，美洲 21 国 161 所，大洋洲 3 国 18 所。孔子课堂 76 国（地区）共 1073 个（科摩罗、缅甸、马里、突尼斯、瓦努阿图、格林纳达、莱索托、库克群岛、安道尔、欧盟只有课堂，没有学院），其中，亚洲 20 国 100 个，非洲 15 国 27 个，欧洲 29 国 293 个，美洲 8 国 554 个，大洋洲 4 国 99 个。[①] 其中，截至 2017 年 4 月底，在西班牙地区国家汉办已经与西班牙当地大学或机构合作成立了 6 所孔子学院，分别是马德里孔子学院、格拉纳达孔子学院、巴塞罗那孔子学院、加纳利拉斯帕尔马斯大学孔子学院以及莱昂大学孔子学院（具体合作情况请参见表 1）。这是一种学科发展的新模式。孔子学院不仅带动当地汉语学习的发展，也促进了西班牙中文学科的学术发展。

表 1　西班牙六所孔子学院及其合作高校

孔子学院	中国合作高校	西班牙合作院校、机构	成立时间
马德里孔子学院	上海外国语大学	马德里自治大学、亚洲之家	2005 年 11 月
格拉纳达孔子学院	北京大学	格拉纳达大学	2006 年 7 月

---

① 国家汉办官方网站：http：//www.hanban.edu.cn/confuciousinstitutes/node_10961.htm。

（续表）

孔子学院	中国合作高校	西班牙合作院校、机构	成立时间
瓦伦西亚孔子学院	东北师范大学	瓦伦西亚大学	2007 年 5 月
巴塞罗那孔子学院	北京外国语大学	巴塞罗那大学、巴塞罗那自治大学、亚洲之家	2008 年 6 月
加纳利拉斯帕尔马斯大学孔子学院	长春师范大学	加纳利拉斯帕尔马斯大学	2010 年 10 月
莱昂大学孔子学院	湘潭大学	莱昂大学	2011 年 5 月

由于笔者于 2016—2017 学年在巴塞罗那孔子学院担任汉语志愿者教师，本文将着重分析巴塞罗那孔子学院（以下简称"巴塞孔院"）汉语教学的情况。

一、巴塞罗那孔子学院教学现状

（一）孔院概况

巴塞孔院基金会成立于 2008 年 6 月 3 日，是一所由亚洲之家、巴塞罗那大学、巴塞罗那自治大学和中国北京外国语大学联合协办的语言机构，作为非营利性教育机构，其宗旨在于增进世界人民对汉语言和中国文化的了解，促进中国与外国的友好关系，促进世界多元文化发展，为构建和谐世界贡献力量。①目前巴塞孔院采取的是一种基金会的新模式，由中方理事成员北京外国语大学派出一名教授担任中方院长，外方理事成员巴塞罗那自治大学派出一名教授担任外方院长，两位院长共同协调管理孔院。

（二）师资

目前，巴塞孔院全体教职人员共有 28 名。包括 1 名中方院长，1 名外方院长，3 名分管行政、汉考和教学的协调员，1 名技术人员，1 名行政秘书，2 名海外汉语教师志愿者，4 名公派教师（其中有 1 名海外汉语教师志愿者和 1 名公派教师在巴塞孔院下设的安道尔孔子课堂任教），5 名志愿者教师及 10 名合作教师。

针对这次情况调查报告，笔者设计了一份给教师的小问卷。分别从母语、

---

① 巴塞罗那孔子学院官方网站（中文版）：http://www.confuciobarcelona.es/zh/index.php/about-us。

从教年限、课堂语言、教学方法、教学中遇到的问题及提供的解决方案这几方面了解教师们更全面的情况。

巴塞孔院的教师队伍相对壮大，包括公派教师、志愿者教师、海外志愿者教师、本土中国教师、本土西班牙教师。他们的母语背景、专业背景和语言方面也各具优势、各不相同。教师们从教时间长短不一，队伍中年轻、经验少的教师占大多数。（请参考表2~表4）

表2　巴塞孔院汉语教师母语背景

母语背景	西班牙语	汉语	英语	加泰罗利亚语	其他语言
人数	2	19	0	2	0

表3　巴塞罗那孔子学院教师专业背景

专业背景	汉语国际教育	中西翻译	教育学	建筑学	东亚文化	历史教育	其他
人数	10	3	1	1	2	1	3

表4　巴塞罗那孔子学院教师从教时间

从教时间	0~1年（包括1年）	1~3年（包括3年）	3~5年（包括5年）	5~8年（包括8年）	8年以上
人数	7	3	4	5	2

1. 公派教师

公派教师都是汉语国际教育专业背景的老师，同时具有两年以上的执教经验，善于运用情景法和任务法进行教学。在课堂上，较少使用媒介语。

2. 志愿者教师

志愿者教师也是汉语国际教育专业背景，但对他们来说，没有教学经验，在异国他乡，既面对来自文化的挑战，也有行政工作的压力，而教学更是重中之重。另外，志愿者教师的西班牙语水平偏低，很难辅助教学。而使用媒介语英语辅助教学最大的劣势在于班里有的学生不懂英语。这些都给志愿者教师增加了挑战。

3. 海外志愿者教师

海外志愿者教师由国家汉办派出，但他们是西班牙人。两名海外志愿者教师的专业都是汉语及汉西翻译。并且他们在课堂上还常常使用加泰罗利亚语辅助教学。根据问卷结果分析。海外志愿者教师最大的优势在于：一方面，他们充分了解当地文化和语言。与学生容易拉近距离，感同身受。另一方面，他们自身作为汉语学习者，更加清楚对于学习者来说什么是重难点。

4. 本土西班牙教师

本土西班牙教师除了任职方式与海外志愿者教师不一样之外，其他与之非常相似。他们也不仅会使用当地的加泰罗利亚语，而自身作为汉语学习者，也十分了解当地学生的学习重、难点和心理需求。

5. 本土中国教师

本土中国教师一般来说是合作的兼职教师，其中两名主管汉考和教学的协调员是全职教师。他们的专业背景不一，一共有七名教师，他们的专业是教育学、建筑学、市场营销、东亚学及其文化、翻译学。教学媒介语言可以借助西班牙语，在这方面也有优势。

总的来说，巴塞孔院的师资队伍是比较强大的，各个不同专业背景的老师之间能够互动交流，沟通互补。但是，志愿者老师流动性大，造成了师资流失和不稳定的情况。由于教师各有自己的教学方法和风格，每年志愿者教师的更换对学生来说又是一次适应新老师的过程，这对老师和学生来说都是一个挑战。

（三）课程设置

巴塞孔学的课程非常丰富。从课时来说，分为：每学年 60 课时（每周 2 小时，1 次课）、90 课时（每周 3 小时，1 次课）、120 课时（每周 4 小时，2 次课）。从课程类别来说，包括基础的汉语综合课，综合汉语课程又分为儿童与成人班，以及各类专项短期课程：HSK/YCT 考前培训班（12 次课，每周 1 次，每次 2 小时）、"你好！中国"中国文化体验课（单次课程，每次 3 小时）、汉语高级研修班（是巴塞孔院合作院校庞贝法布拉大学的学分课程）、专用汉语课程如旅游汉语（是巴塞孔院合作院校安道尔大学的短期汉语课程）、中医汉语课程（与巴塞罗那当地的李萍中医学校合作，巴塞孔院派出教师在中医学校教学）、商务汉语课程（是巴塞孔院合作院校巴塞罗那大学经济系、伊萨德商学院的学分课程）、暑期强化班等课程。

（四）教材及教学资源

由于课程设置的不同，采用的教材也各不相同。巴塞孔院主要的课程是成人综合汉语课和儿童综合汉语课。成人课程使用的是《新实用汉语课本》。儿童课程使用的是《快乐汉语》。其他如短期商务汉语课程、高级口语班课程、书法、国画等文化课程的材料均为教师自己准备。

巴塞孔院有一个小图书馆，其中藏书 2355 册。包括听力、口语、阅读、写作、汉字、综合等各类教材；还有汉语分级阅读、唐诗宋词选等阅读类的文学书籍；也包括中国地理风貌介绍类的书籍；还有很多影视多媒体教材，如《中国文化百题》《你好！中国》等。

对于口语课程、文化课程、商务汉语课程等而言，教师有丰富的参考材料用以备课。

除此之外，巴塞孔院正在积极筹建一个网络资源库。现在，使用多媒体课件已经非常流行，所有的老师结束课程以后，都总结了一套自己这一年中所有课程的多媒体材料，老师们把材料按照班级课程分类总结，再汇总到数字资源库。这样，每位老师都能够共享所有的资源。对于新手教师来说，不仅可以参考以前老师的材料，也能够了解上一任老师的教学风格，提前了解学生，更快地融入班级。

1. 关于《新实用汉语课本》

因为《新实用汉语课本》最初针对的是来华的以英语为母语的留学生，即使目前已经翻译了西班牙语版本，但毕竟不是针对西班牙学习者编写的国别化教材。在此次问卷与访谈中，也了解到它在几方面存在一些问题。

（1）课时少而内容丰富

刘珣在《对外汉语教育学引论》中提过，在教学的四大环节中，教材占有很重要的地位。它是总体设计的具体体现，反映了培养目标、教学要求、教学内容、教学原则；同时教材又是课堂教学和测试的依据。[①]《新实用汉语课本》是非常经典的教材，在国内很多对外汉语院校广为使用。作为普适性的经典教材，在巴塞孔院的使用过程中，也遇到了一些问题。孔院的学生，每周最多的也只有 4 小时的汉语课，课时非常少，又因为所有人都是抱着一种兴趣来学习的，所以学习动机不够强。在中国能够进行的听写及单元测试等训练在这里都因为时间限制及学生个人动机等原因无法实现。《新实用汉语课本》内容丰富，每课包括两个小课文，3~7 个语法点，40~60 个单词。学生课时少，每次上新课之前，要分出至少 1/3 的时间进行复习。这就导致上课进度非常慢，有时候一个学期只能学 4 课。1 本书要学几乎两年甚至更长的时间。学生难以坚持并从中获得成就感。

（2）课本中的部分话题、词汇需要更新

《新实用汉语课本》是一部非常经典而系统的教材。在第一、二册涵盖了打招呼、询问家庭情况、自我介绍、爱好、天气、数字、看病、买东西、初步谈论看法等话题。这些基础话题贴近学生生活，深受喜爱。不过，从第三册开始，有的课文，比如第二十四课《我的舅妈也开始用电脑了》其中的话题是讨

---

① 刘珣：《对外汉语教育学引论》，北京语言大学出版社，2000 年第 312 页。

论农村的新变化，但是现在电脑就算在农村也很普及了，还有第四册书中的《孔乙己》等课文内容相对目前中国的实际情况略显落后，有的词语比如"长衫""做工""掌柜""伙计"等已经不再使用。教师应该有所选择，并补充相应话题的最新情况。

2. 关于教材的有益补充

"因材施教、因地制宜"应该也是一个选用教材的准则。每个地区的汉语教学情况都不一样。李泉提出："教材的设计和内容的编排，要适合学习者的特点和需求，适合学习的环境和条件。"① 为了使教学更有针对性、适用性，教师在实际教学中应该实行各种补充方法。比如，参考本土教材、补充多媒体材料等。

（1）参考本土教材——如《汉语》《学中文，做翻译》

《汉语》这套教材是巴塞罗那地区官方语言学校中文课使用的教材，全书一共4册。由官方语言学校西班牙本土教师 Eva Costa Vila 主编。巴塞孔院的两位西班牙本土教师表示：在平时的教学工作中，他们常常参考这套教材后面的练习题，作为《新实用汉语课本》的补充。这本教材以功能为导向，每课的词汇、语法及练习编排均围绕一个目标。

《学中文，做翻译》是巴塞罗那自治大学翻译系教授 Helena Casas-Tost 主编的，这本教材是巴塞罗那自治大学使用的汉语教材。公派教师 YZY 使用的即为该教材。相对《新实用汉语课本》来说，这本教材的语法非常详尽系统，如果学生希望系统地了解一个语法点的所有用法，这本教材不失为一个好的选择。而且，语法是使用西班牙语解释的，学生更容易理解。

（2）补充多媒体资源

巴塞孔院的多媒体资源非常丰富，教师常用的有《你好！中国》光盘资料，其中有100个与中国文化相关的话题。小视频一般为1.5分钟，配有西语字幕，能够帮助学生快速了解某一文化的概况。

另外也有北京语言大学出版社录制出版的《感知中国——中国文化百题》，其中包括5盘光碟。内容涵盖中国概况、中国名胜古迹、中国文明与历史、中国各地概况。教师可以选择不同语言的字幕和不同语言的配音。适合各级别的学生了解文化和进行语音训练。

比如，本人所教 B 级班，第31课是《中国人叫她"母亲河"》，其中第二篇课文是马大为和宋华（《新实用汉语课本》中的人物）讨论假期要去哪儿旅游。宋华向马大为介绍了黄山。这一课的话题是讨论名胜古迹。正好可以利用

---

① 李泉：《论对外汉语教材的针对性》，《世界汉语教学》，2004年第2期。

《感知中国——中国文化百题》光盘中的资源。其中有一个视频就是《黄山》，另外，《感知中国——中国文化百题》中除了视频资料，还提供了一篇关于黄山的阅读材料，正好作为31课的有益补充。视频让学生对黄山有一个更直观的了解。阅读材料又能作为课后练习考察学生对31课语言点的掌握情况，相得益彰。

（五）学生

1. 学生来源

巴塞罗那孔子学院本部（不包括孔子课堂和教学点）共有160多名学生。因为临近考试，又加之本次发放的问卷是电子版，填写全靠学生自觉，所以回收的只有82份。综合考虑问卷调查所得的学生来源情况分布（请参见表5）和巴塞孔院教学组的信息，学生中最主要的是已经参加工作的社会人士。他们学习汉语的主要原因包括：工作需要、个人兴趣、妻子或者丈夫是中国人。其次，占比重较大的是大学生。这是因为最近几年，巴塞孔院正在积极筹建"大孔院"，成立了安道尔课堂，并与加泰罗利亚地区的十所大学签订了合作协议。现在，巴塞孔院已经在巴塞罗那大学、巴塞罗那自治大学、庞贝法布拉大学、安道尔大学、伊萨德商学院开设了汉语学分课程。同时，也有不少大学生来孔院学习汉语。

表5　学生来源

学生来源	小学生	中学生	大学生	已工作	已退休
人数	3	8	30	38	3

2. 学习汉语的时间

由于孔院的课程以兴趣班为主，在平时的学习中，一周2~4课时，学习进度较慢。很多学生越往高级别越学得吃力。故而出现级别越高，学生也会有所减少的情况（请参见表6）。

表6　学生学习汉语的时间

时间	0~1年（包括1年）	1~2年（包括2年）	2~3年（包括3年）	3~4年（包括4年）	4~5年（包括5年）	5年以上
人数	18	10	15	19	14	6

3. 学生国籍情况

在巴塞孔院学习汉语的学生包括西班牙人、芬兰人、波兰人、白俄罗斯人、韩国人、美国人和华人。其中以西班牙加泰罗利亚人为最多,其次是华人子弟。特别是在高级班,常常有这样的华人学生:他们的汉语口语非常流利,但是几乎不认识汉字。另外,在儿童班,被西班牙家庭收养的孩子来学习汉语的也很多,在孔院有一个合作教师 LQF 的班里有超过半数的这样的孩子。在访谈中,该教师称:这一类学生心理敏感,对汉语有着复杂的情绪。他们的父母希望他们学习汉语。他们自己则处在一种叛逆的矛盾状态:一方面,他们长着中国人的面孔,在生活中,常被误会"你为什么不会说汉语?你看上去应该会说汉语"。正因为这种误会,他们反而有些抵触。另一方面,在抵触的同时孩子们内心对中国及中文又有一种好奇。在这样的班级,情绪和课堂管理往往比教学更重要。

4. 孔院合作中小学的学生情况

除了本部的学生之外,巴塞罗那孔子学院还与当地 14 所中小学开展了合作,不少课程已经变成学分课程,效果显著。目前,与中小学合作开展的"你好!中国!"文化体验课程已经走出了巴塞罗那市区,与加泰罗利亚省的 14 所小学建立了合作关系(合作课程具体信息请参见表 7)。文化体验课程包括书法、茶艺、剪纸、中华美食、五禽戏和太极拳等功夫。每次文化体验课都是目的学校私人定制的课程。根据教师的要求和学生的兴趣推出课程,更加有趣味性和针对性,受到参与学校的师生的好评。

表 7 巴塞孔院合作中小学列表

合作院校(学校名称为西班牙语)	学校性质	课程形态	文化体验课	学生人数	文化活动参与人数
Benjamin Franklin Internacional School	私立	汉语课	包饺子、画脸谱	10	50
Escola Aula Europea	私立	汉语课	包饺子、茶艺	15	100
Colegi Sant Lluis	半公半私	汉语课和话剧课	功夫演练	25	120
Escola Mare de déu de Àngels	半公半私	汉语课	包饺子、画脸谱	34	150
Escola Orlandai	公立	中国文化精粹课	功夫演练	26	120

（续表）

合作院校（学校名称为西班牙语）	学校性质	课程形态	文化体验课	学生人数	文化活动参与人数
Institut Guissona	公立	中国文化体验课	包饺子、书法	102	—
Escola Lola Anglada	公立	汉语课	京剧脸谱	12	60
La Salle Gracia	半公半私	汉语必修课	书法、民族舞	16	120
Fundación Collserola	私立	汉语课	待定	15	—
Institut Nou de Vilafranca	公立	文化活动	书法、五禽戏、茶艺、饺子文化及品尝	36	
Centre de Formació d'Adults	公立	汉语课	待定	8	—
Institut Joan Amigó	公立	文化活动	太极拳	64	—
Cooperativa d'ensenyament Daina-Isard	公立	文化活动	书法、五禽戏、茶艺、饺子文化及品尝	16	
Institut El Castell	公立	文化活动	书法、五禽戏、茶艺、饺子文化及品尝	12	—
合计				391	720

（六）教学环境与管理

1. 语言环境

巴塞孔院位于西班牙巴塞罗那，属于加泰罗利亚大区。当地的官方语言为西班牙语和加泰罗利亚语。巴塞罗那在语言方面的一个特色就是在公立学校和政府机构尽可能只使用加泰罗利亚语。我采访了海外志愿者教师 J，他说这是出于对加泰罗利亚语的保护。如果没有这样的规定，在别的语言环境人们都可以使用西班牙语。在巴塞孔院，有两名西班牙教师是巴塞罗那人，他们在教学时借助加泰罗利亚语，不仅增加了亲切感，拉近了与学生的距离，同时也在语言对比中使教学更高效。同时，这也给其他教师带来了挑战。在汉语词汇教学时，将面临三种甚至四种语言（汉语、英语、西语、加语）的对比分析。

2. 物理环境

2016 年年初，巴塞罗那孔子学院因其在当地进行文化交流与传播的成就卓著，获得巴塞罗那市政府的高度认可，并得到市政府免费提供的教学大楼 20 年的使用权。目前，孔院一切教学及文化活动均在教学大楼举办。

目前的教学楼位于繁华的市中心，在一栋非物质文化遗产内，占地两层。第一层分别为接待室、茶水间、计算机教室、多功能厅、储物间和图书馆。第二层有院长办公室、协调员办公室、教师办公室以及四间教室和两间卫生间。四间教师分别以春秋、汉朝、唐朝和大熊猫为主题。大熊猫教室是儿童班专用教室。

3. 人文环境

孔子学院内部分工明确，责任配置合理，从院长到教师都高效工作。志愿者教师教学的同时又是学生，每周一次由海外志愿者教师教四名志愿者教师西班牙语。课上主要学习在汉语教学及生活中使用的教学语言和生存语言。同时，以外方院长（来自巴塞罗那自治大学翻译系的艾丽娜教授）及三位公派教师组成的指导团队会每月定期一次给志愿者教师提供教学及论文指导。另外，也包括线上数据库及教学软件的使用培训。比如，线上教学软件 HOTPATATO、KA-HOOT 等的使用培训。

二、问卷调查分析

（一）针对教师的问卷调查结果分析

问卷最后的三个问题是请教师列举三个教学中最大的难题自己的解决方法以及评价方法是否有效。

1. 教学和教法

教师反馈的问题很多，大致可以分为三类。

（1）汉语本体知识方面的问题

在初级班，纠正发音特别是 zh＼ch＼sh＼r 里的 r 和 sh 很难分清楚。还有 r 音，在西语中，这是大舌颤音，不少学生会把 r 发成大舌音。在中高级班，词汇教学方面，由于存在文化差异，西语版的《新实用汉语课本》上的西语翻译有些有偏差，学生习惯依赖语法翻译法，词汇理解出现偏差。教师们指出，词汇教学方面需要加强文化对比和语境分析。并且，让学生进行半控制的造句练习收效不错。

（2）语篇教学形式单一

还有 3 位老师指出高级班的语篇教学比较困难。在高级班处理课文比较枯燥。学生不喜欢课文学习部分。比如，目前在巴塞孔院使用最多的课文处理的方法是角色扮演的对话练习，然后针对课文内容提问。但是高级班的课文比较长，生词多，学生读起来不顺畅没有成就感，针对课文内容提问的练习做得多了之后学生也产生了疲倦感。老师的解决方法是偶尔更换提问方式，将学生分成两组，将课文分成两部分，让每组的学生针对一个部分进行提问，并让另外的一组同学回答。这种形式增强了竞赛感，学生的积极性有所提高。

（3）学生过于依赖拼音

反馈中提到的最大的问题是学生对拼音太过依赖，21名老师中有17名老师反映汉字教学的问题。过度依赖拼音不仅影响汉字也影响阅读理解。尤其是进入《新实用汉语课本2》之后，课本已经脱离了拼音，但是学生水平还跟不上。

汉字教学跟不上既有学生自身的原因也有教师的原因，以及客观因素。

①学生对学习汉字存在消极心理

汉字属于表意文字。西班牙语为表音文字。当地的学生对汉字这种完全陌生的书写形式在内心存在深深的畏惧，将汉字神秘化，没有理性分析和学习汉字，将其当作无可着手的图画一样。虽然开始学习汉语，但是迟迟不肯下功夫练习和记忆汉字。而且，很多学生是出于兴趣学习汉语，和国内的汉语学历课程不同，孔院的学生对自身能够达到什么样的汉语水平没有明确的诉求，而且很多人希望练习口语，并和中国人交流。对于书写方面的重视也不够。

②教师汉字教学方法比较单一

对外汉语汉字教学教什么、怎么教，很多老师是带着这样的疑问去教汉字的。针对当地学生学习汉字的心理特点，研究他们的学习规律找到适合的方法并非容易之事。由于所有的课程都是汉语综合课，很少能够抽出时间集中教授汉字。很多老师对于汉字的处理就是在线生成田字格笔顺笔画练习字帖，然后让学生作为家庭作业一遍遍地练习。在平时的教学中，也因为有教学进度等客观因素的限制，不能系统地讲授成字理论、构字方法等。从而，多数学生只能用生硬的办法记忆，不能从科学的角度理解记忆。

③客观因素

由于每周的课时少，每一学期有固定的教学任务，没有太多时间专门纠正和强化汉字。

汉字这种古老的文字是从甲骨文发展而来，其在五千多年的时间里经历了多次的演变，而且，其字形、字义都承载了丰富的文化。

虽然汉字教学困难重重，但是任重道远，我们汉语教师更应该迎难而上。根据问卷了解到，有一个公派教师YXJ所用的汉字教学方法值得借鉴。

YXJ执教的是在2017年新开的零基础班，她特别强调汉字教学。在第一节课就给学生介绍了汉字，引起学生的兴趣。另外，在后面的教学中，她极少使用PPT，遇到汉字和词语就写板书，然后让学生跟着做笔记，敦促学生写汉字。并且在教学过程中会将汉字拆分成部件，并尽量解释每个部件的意思。多次反复加强，教到新实用第三课时，她班里的学生已经可以用汉字写一篇简短的自我介绍了。除此之外，她每三次课分出半小时让学生写书法，体验汉字之美，也大大提高了学生的兴趣。

2. 课堂管理和教学管理

由于是兴趣班，很多学生都是工作人士，平时上班忙，没有时间做作业，常常因为工作原因缺勤，这两项成为最大的问题。

（1）学生迟到或缺勤情况过多

有时候一个班级有过半的学生请假，老师不知道该不该讲新课，非常影响教学。对此，教师提出的建议是把平时成绩和作业当作期末考核的一部分。理论上这应该是有效的。但是由于孔院的平行班级很少，在教学管理上，也几乎不会有挂掉而让学生重修原来的课程的情况。因为每个级别的课程都是连接着往前的，没有那么多符合学生需求的平行班级以供重修。在巴塞孔院学习了几年的老学员已经知道基本不会发生挂科的事件，所以对于作业和考勤的打分也并不十分重视。

（2）学生的年龄差异大

本人的B级班，有一位老爷爷，学习非常认真，每节课都认真地记笔记，下课之后认真地抄写单词和汉字，但是口语和语法根本跟不上所在的级别。而且由于年龄大，他不懂英语，而本人又不能用西语教学，对他来说，听课更加困难，跟上班级的进度也更加困难。

这并不是个别的例子。因为在另一位志愿者老师LM的D班，有一位老爷爷因为跟不上班级的进度，非常沮丧，自己主动申请降一个级别，并转到本土的西班牙语教师的班上学习。

另一位志愿者老师DZQ的B级班里，有4名老爷爷，每次上课对DZQ来说都是一次巨大的挑战，老爷爷们态度非常认真，但是学过的词语和发音转眼就忘记，DZQ老师又无奈又心疼，但是不能因为老爷爷们耽误整个班级的进度。

也有另一位志愿者老师ZMQ的D级班里，有一位老爷爷已经坚持学习了6年汉语，但是由于其水平一直没有跟上班级的水平，到了高级别之后，这个矛盾更加凸显，他本应该重修之前的一些级别的课程再往上升，但是由于重修机制不完善，老爷爷一路升到了中高级班，最后完全跟不上，听不懂，导致他放弃学习汉语。

针对学生年龄这个问题，有老师提出可以单独成立老年班的想法，但是当地的老人都非常要强，不愿意被打上"老"的标签。另外，也因为老人们的级别不一样，不可能单独开设不同级别的老人班。所以目前而言，对教师来说，只能设计不同水平的练习，多多关心班里的老年人，尽量让他们融入班级，和年轻人一起结成学习伙伴，慢慢提高。

（3）学生水平和所在班级水平不符或班级内部的汉语水平参差不齐

虽然在学期初，每个学生都进行了水平测试，但由于是兴趣班，学生每周课时少，练习的机会少。不少学生在学完一个级别之后没有达到继续学习另一个级别的水平。针对这一问题，应该将水平测试细化，并且可以参考 HSK 考试水平来分级别。由于每个学生的学习动机不一样，每个学生在汉语学习上投入的时间不一样，按时做作业，每天都看看汉语，练习练习汉语，并且有中国朋友的学生进步很快，能够跟上教学，有的甚至觉得课讲得慢。但是对于常常请假不做作业的学生来说，每次的汉语课都非常难。而且慢慢累积起来，到最后，班级内部的水平差异巨大。没有跟上的学生很可能丧失学习兴趣，放弃学习。

针对以上问题，笔者认为，还是应该细化教学管理规则，并将重修机制建立起来。虽然是兴趣课程，但是达不到要求就不能继续学，只能重修，出于一种金钱的压力也好，自尊的压力也好，学生会更紧张。即使一时来说可能会导致生源减少，但是长远来看是非常必要的。否则，跟不上进度的学生如果一直往上升，最后完全听不懂，获得的全部是挫败感，也许他这一生便再与汉语无缘。或者也可以建立奖励机制，每班考试的前 3 名可以在下一次报名中获得一些学费的折扣优惠。

（4）青少年学习动机需要激励

这个问题主要是两名青少年班的老师反应的。不少青少年是被家长逼迫来学习汉语的，尤其是青少年课程一般在周六，学生们心里非常抵触。而且他们毫不掩饰自己的情绪，表现在课堂上就是不听讲、聊天、吃东西等，两位老师非常头疼。有一位老师指出应该多了解当地青少年的心理和他们做朋友、设计一些小组合作的活动，最好是逻辑性强的能自己动手做的参与性高的活动。这位老师表示当学生慢慢接受她和她成为朋友之后，教学才顺利了许多。当地一名非常有经验的老师 LQF 常说：教孩子学汉语，得先赢得他们的心，才能让他们乖乖跟着你学。

3. 教材

有 4 名教师反映，使用《新实用汉语课本》，尤其是到中高级班时，有的词汇和话题显得过时，学生学习兴趣不高。教师讲得也没有激情。目前，巴塞孔院教学部正在考察《HSK 标准教程》这套教材，未来也许会试用此教材。

对于现用教材，教师也能够利用身边的资源做出补充。在教材部分已做陈述，不再赘述。

（二）针对学生的问卷调查结果分析

在给学生的问卷（西班牙语版）中也请学生列出了课堂上的三个难题并提供老师的解决方法以及自己对这种方法是否有效的评价。

根据 82 份问卷反馈结果来看，学生认为课堂上最难的部分是汉字和声调。不管是对于初级班的学生还是高级班的学生，写汉字、记汉字都是一个难题。学生表示更愿意认汉字而不是写汉字。虽然他们同时已经意识到写汉字的重要性。

他们认为老师的一些有用的方法有：（1）布置田字格的作业练习，反复写；（2）拆分汉字，在黑板上慢慢地书写展示汉字，告诉学生偏旁部首的意思；（3）做一些拼汉字的游戏。

发音方面，65 位学生提到了声调和发音的问题。这其中可以细分为声调、听力和语速。声调方面，老师们最常用的方法是不停地纠正发音。直到学生能够自己发正确的音或者自己能够纠正自己的发音为止。听力和语速方面，学生的困惑是教师在课堂上说的汉语和他们在日常生活中听到的汉语不一样。中高级班的学生认为，在课堂上应该增加一些真实语境的听力材料。多多练习。

学生认为，在课堂上尽量只使用汉语有助于课堂教学和提高听力理解水平。在课堂上教师不应该过多地使用他们的母语或者媒介语。他们更喜欢用中文解释中文。

三、非预设性教学个案分析

在《对外汉语教学法》中，吴勇毅对非预设性事件做了解释。他认为非预设事件是在教学过程中产生的不在教师预料范围内的事件，其发生包含一定的偶发性因素，会促使教师调整教学计划，并对教师知识和技能的进一步发展有一定影响。[①]

笔者在实习之前，对海外汉语教学的认识是基于课本中描述的一种理想状态，在一年的实习过程中，走上讲台接触到了各具个性的学生，也在这个过程中和他们"斗智斗勇"。以下是笔者在教学过程中遇到的四个典型的非预设性教学事件。这些事件确实对我备课以及调整教学计划甚至是自我价值的实现与否都有影响。

在此分享，以求大家对西班牙巴塞罗那孔子学院教学情况有更清晰的了解，同时也能够为像我一样的新手教师提供一些参考思路。

---

① 吴勇毅：《对外汉语教学法》，商务印书馆，2012 年。

案例1：成年班需要课堂游戏吗？

背景介绍：10月26日是B2.1到B2.2的晚课，从19：30到21：30一共两小时。使用的教材是《新实用汉语课本》第三册，第27课的第9和第10个课时。复习课。成人混合班。巴塞罗那孔子学院。

这是第27课"入乡随俗"的最后一课。我准备做一个总复习。

想到大家做了很多次"把"字句的复习以及上节课大家听我讲得比较困倦的情况，我设计了一个"我说你做"的课堂活动。活动的灵感来自快乐大本营的一个游戏。我进行了改编。

游戏规则：把12个学生分成两组，一共做三轮游戏。一共有12张A4纸，写好数字1~12，在地上放好。每组派出一个人做动作，其他人每人每次可以说一个"把"字句让对方队员做动作。比如：请把你的头放在数字2，把你的手放在数字8。若对方队员无法做到指定动作时，输掉游戏。三轮下来得分多的队获胜。

在游戏过程中，让对方队员做什么动作，可以全组人员用汉语讨论。但是不能说西语。每次给出指令的必须是不同的人。这样可以避免程度高的学生不停地说，也给程度差的学生一次机会。

大家都很配合。除了有一位女士，听完游戏规则之后起身离去。我叫住她，问她做什么，她说要回家。我说家里有什么急事吗，她说因为觉得游戏纯属浪费时间，她要回家。说完就离开了。我当时很震惊，忘了制止她，只说了一句，我会给你发课后作业。然后其他学生继续做这个活动。

下课之后，我给该学生发邮件说明了我做活动的目的：更有趣味地练习使用"把"字句。而且考虑到班里其他几个爱活动的学生的需求。活动也是需要的。我询问了她的想法。在回信中她写道：她平时没有时间学习，学习跟不上，比较吃力。她很珍惜课堂的每一分钟。希望能够多做一些语法练习。不喜欢活动和游戏。她说成年人需要压力，压力会让她进步更快。

我明白像这种兴趣班的课，学习时间本来就少，确实不宜过多地设计活动。我的想法是在一个单元结束的时候需要一些活动来复习所有的词语和语言点。当然，如果他们能够达到做单元测试的水平是最好的。如果不能，我认为通过活动能让大家更加深刻地记忆和练习当课的知识点。

对于作为新手教师的我来说，这样的"课堂事故"还是影响深远的。以后的课上，在这个班我再没做过活动。

在本次调查中，我调查了该班学生对课堂活动的看法。根据反馈，80%的学生喜欢有一些活动。每次汉语课设在晚上，如果从来不设计任何活动，在身体劳累的情况下注意力很容易不集中。

上述提到的"把"字句的游戏只是课堂活动的一类。根据丁安琪的调查，控制性的活动，如语法练习、操练句型、改写课文等的效果最好。① 在以后的教学中，我更正了自己对于活动的认识。并不只是游戏才是活动，平常的操练和会话练习等都属于课堂活动的范畴。应该以学生为中心，让他们多练习。

案例 2：学生太活跃怎么办

B 班的一个学生，非常有表现欲望。无论我说什么他都积极响应。起初我非常开心，并且也常常把问题抛向他。久而久之，他变得更加活跃了。有时候我叫别的同学回答问题，他也要回答，并用西班牙语悄悄告诉别人我在问什么他们要怎么答。这让我很被动。而且由于我的西班牙语不好，他的解释我也不知道对不对，有时候我感觉他并没有完全理解我的意思，就着急地向大家解释。所以，有可能他翻译的是错误的，而我却无法更正。

后来，当他再抢着给同学解释的时候，我会做一个"嘘"的手势。慢慢地，他有一些改变。但是急性子和急于表现的欲望还是非常明显。其实，很多时候，我很感激他能够积极主动地回答课堂问题，带动课堂气氛。

有这么"热情"的学生，我真是又忧又喜。

慢慢地我发现这个学生的汉语实际上并不像表现出来的那么好。他常常急着表达，而不能说完整的句子。在后来的练习中，我常常鼓励他慢慢来，慢慢说，不着急。同时，也偶尔给他一些比较难的问题。另外，还会给他一些"领导型"的任务，让他能够在小组活动中展示自己。

案例 3："学生的"追问"停不下来

背景介绍：西班牙巴塞罗那、B2.1 到 B2.2《新实用汉语课本 3》第 27 课"入乡随俗"，成人混合班。

这是一个寻常的周一晚上，在 B2.1 的班级有晚课。听说今天新来了一个学生叫乔治，还有点儿期待。没想到这节课的尴尬也伴随着这个学生而来。

课程开始前，我照例给学生放了中国歌曲。为了欢迎新同学，我邀请他做自我介绍。为了练习大家的口语，我让其他同学问他问题。比如他叫什么名字，他喜欢做什么，他在哪儿学的汉语，他是哪儿的人，他多大……这些都是第一节课自我介绍的内容，我很高兴学生们都记住了。但是乔治在回答有的问题的时候并不高兴。比如，他不愿意说自己的年龄，不愿意说自己喜欢做什么。当时的情况有点儿尴尬。后来一个同学帮我解围，说在西班牙人不喜欢被问年龄。我又说，这是为了练习数字，比如 29 岁怎么说。我把 29 写在黑板上让他说，乔治说"我今年 29 岁"。后来我又问他有没有去过中国之类的问题，他都回答了。

---

① 丁安琪：《欧美留学生对课堂活动有效性评价的分析——对外汉语课堂活动系列调查之三》，《汉语学习》，2006 年第 5 期。

两节课的主要内容是讲练词汇，"把"字句的前两种用法（我把衣服洗干净了。他把信送来了。我把门打开了。我把"入乡随俗"翻译成英语）学习"把"字句的新用法（把蛋糕切成块儿。把蛋糕放在桌子上。把蛋糕分到每个人手里）。

在练习词汇的时候，由于乔治是插班生，每次讲到哪个生词他都会问一下。我停下来给他解释的时候其他同学都在等待，这让我觉得不太好。但是不理会他也不太好。我就用英语直接翻译给他。因为他是大学教授，英语说得很好。比如，"看法"这个词，我跟他说是"opinion"，他说不是"point of view"吗？我说这两个是差不多的。他当时面露不满。后来，又讲到"点心"，他问我"点心是什么"，我说是"pastel（西语）""deserts"，他又问"点心都是甜点吗"我说："不一定，在中国的南北方的各种点心中，甜的酸的辣的都有。"他又有点儿不满。上课的时候他一直在用手机，我不知道他在查单词还是做什么。我走近他，他把手机收起来，不给我看他写的笔记。也许他是刚来上课，跟不上不太好意思。

后来讲"把"字句，乔治问我"把书打开"和"打开书"有什么区别，为什么用"把"字句。我跟他说用"把"字句常常是因为这个人对这个东西做了一件事情，有一个结果。我用英语解释了一下。又举了一个例子"打开门"和"把门打开"来说明。但是明显感觉到他不太信服。从这一刻开始，我心中更加忐忑了，英语也说得不流利，讲课也紧张起来，磕磕巴巴。

后来又在讲课的过程中，他不断提问。别的同学刚开始热心解答，后来也有点儿无奈了。

这是他的第一堂课，也许是因为跟不上他的问题比较多。但是我真的很担心，整堂课下来，他的"追问"完全打乱了我的课堂节奏。这一堂课在我的担心中过去了。

在孔院上课，面对成人班的学生，很可能遇到在其他方面比老师强很多的人，也许是大学教授、校长或者政府官员、画家……他们有成熟的认知能力、突出的学习能力和系统的学习方法。面对这样的学生，新手教师的权威非常容易被挑战。面对学生的追问，自我反思，我不能被学生引导。首先应该有丰厚的专业知识储备，其次要坚信自己的知识储备都是正确的足够的。在课后，我也和熟手教师前辈交流，向他们请教"把"字句的教学以及课堂管理的问题，另外，我也可以通过邮件与学生联系，回答他在课堂上的疑惑。

案例4：学生缺勤/迟到严重怎么处理

兴趣班的学生有一个比较严重的问题就是缺勤或者迟到。

缺勤的原因很多，比如工作出差，学校要考试，假期要去旅游……常常一节课并不是所有的学生都能按时到达并开始上课。一般来说，在课前30分钟内，总是断断续续有人来。如果此时讲新课，势必不停地被打断，影响老师的思路，也分散了学生的注意力。

从上一届志愿者的分享会中，我已经了解到这个问题。并向学姐寻求了一些经验和解决方法。来到孔院之后，我也感受到学姐所说的情况确实存在。

针对此情况，有一个沿用下来的比较好的复习活动，在此想与大家分享。这个活动叫作"词语汤"或者"汉字汤"（举例请参见表8）。教师可以自行设计不同的表格，每个表格放入汉字或者词语。让学生找相近的汉字或词语，连成有意义的词或短语。找得越多越好。如果时间充裕，还可以让学生把找到的词或者短语写下来。找词的规则，可以是横、竖，也可以是对角线。

表8　《新实用汉语课本》第31课课文二生词汉字汤

一	酒	通	个	自	参	人	加
朵	店	游	泳	篮	然	文	地
白	乌	旅	行	感	睡	景	理
云	海	客	摇	历	觉	色	化
河	黄	山	是	名	胜	古	迹
江	长	峰	亲	奇	怪	世	界
树	松	客	迎	棵	一	认	识
中	国	母	要	只	史	知	道

从表8中，学生可以找出很多学过的生词，比如，旅行、人文景色、地理、名胜古迹、黄河、长江、黄山、母亲、中国、知识、云海、山峰、奇怪、世界、松树、只要……以及短语：一朵白云、一棵迎客松，还有句子：黄山是名胜古迹。

究竟要学生找出怎样的词或短语/句子，全在于老师的设计。一般来说，这个活动要求学生能够辨认汉字、理解意义。找出来之后，可以让学生上台展示自己的成果，并领读所找词语，也要告诉他的同学是什么意思。这个小活动从辨认、词义及发音多方面考察了学生的学习成果。如果还想延伸，也可以让学生用找出来的词或短语造句。

这个活动，从找出词语到展示完词语，最后老师还可以领读两次。视词语难度及学生复习情况而定，活动需要20~30分钟。等这个活动做完的时候，迟到的学生一般也都到齐了。经过这个热身，学生已经进入状态，再开始讲新课也会更加顺利。

四、反思和启示

（一）对西班牙地区孔子学院的启发

1. 落实考核重修机制或奖励机制

兴趣班的学生缺勤或者迟到的问题一方面是由于工作等各种客观因素，另一方面，我认为更重要的是他们没有很大的压力。没有学分的压力，没有找工作的压力，也没有挂科的压力。所以上课会相对比较懒散，而且课后作业完成情况也不佳。

我建议孔子学院可以实行重修机制。制定好规则，并告知学生。如果不能通过期末考试，只能选择重修或者降一个级别再学习。或者奖励每个班学习好的学生，给他们下一学年的学费一些优惠政策。

这样做也许会流失一部分生源，但是对于成年人学生来说，他们经历过大学里的考试，就连考驾照也会面临重考，他们肯定能够理解孔院这种制度的良苦用心。

而且，这样一来，学生多了一重紧迫感，如果重修，不仅会损失一部分金钱，也会失去一群同学。如果不是所有人都能通过考试，那么通过考试的同学肯定会获得更大的成就感和更强的自信心。

2. 严控水平分班测试

学生水平差异大，可以在源头加以控制。在分班水平测试时，严格让学生完成试题，并进行访谈，初步了解其汉语水平、学习背景、学习能力、学习动机、学习风格等信息。严格细致地划分班级。

3. 培养本土教师

汉语教师志愿者的流动性大。每年志愿者教师所在班级的学生就要面临一轮教师更替。每个教师都有自己的风格和教学方法。而且，一个教师与该班学生的接触与融合也需要时间。

其次，志愿者教师除了教学也要面临生存和跨文化交际的压力，同时还有语言的压力。这些压力或多或少会影响他们的教学工作。如果更多地培养本土教师，不仅可以让师资稳定，而且在文化和语言上也和学生更容易交流。

4. 研发适合当地学生的教材

研究和从事国际汉语教学的学者、教师从未放弃对更合适的教材的追求。吴应辉曾指出，通过对"本土化汉语教材"和"普适性"汉语教材的相对性和互补性的研究、讨论，得出真正的"普适性的汉语教材"是一个难以实现的梦想。"本土化的教材"才是一个看得见摸得着的目标。国际汉语教材的本土化问题越来越重要。① 目前，虽然国内经典的教材，如《新实用汉语课本》《快乐汉语》《当代中文》《体验汉语》等已经有了不同语言的版本。但是翻译并不能解决教材内容上不够"本土"的问题。

孔子学院作为海外汉语教学的官方机构，除了日常的文化推广工作，也可以根据自身的精力或者联合同国家各地区的孔院，利用孔院的教师资源一起研发更加合适当地学生的本土教材。虽然任重道远，但是对学生、教师、孔院乃至整个汉语国际教学界都意义重大。

5. 加强汉字教学

即使不在中国，也不是汉文化圈的学生，汉字同样重要，应该得到足够的重视，同时也要注意方法。江新曾采用实验的方法比较了"认写分流、多认少写""认写同步要求"两种汉字教学方法的效果，结果显示，"认写分流、多认少写"组的识字、写字效果均好于"认写同步要求"组。② 在海外的汉语教学中，特别是初级阶段，采用"认写分流"的方法，会减轻学生的心理负担，获得更好的学习效果。

（二）对志愿者教师的反思

1. 提高应对课堂非预设性事件的能力

被派出之前，志愿者教师大多是汉语国际教育专业的学生，已经学习了很多理论知识，并且有较为扎实的汉语基础知识和中国文化百科知识。但是，实际的课堂和理想的环境差距甚远，而且国内的汉语教学和海外的汉语教学也存在很大差异。在派出之前，志愿者教师最好能够利用所在学校，多去听有经验的老师上课。如果有机会，要找相关的实习来多实践所学的理论知识。了解真实的汉语教学课堂，加强自身应对非预设性课堂教学事件的能力。

2. 提高语言能力和跨文化适应能力

汉语志愿者教师的任期只有短暂的一年，面对崭新的工作环境和巨大的文化差异，一方面志愿者教师需要迅速融入当地文化环境，适应当地的生活。另一方面，作为新手教师，初次走上讲台面临着巨大的压力。

在赴任之前，积极学习想去的国家的语言和文化，才能够更快地融入当地的环境，快速完成从学生到教师的角色转变，顺利开展教学。

---

① 吴应辉：《关于国际汉语教学"本土化"与"普适性"教材的理论探索》，《语言文字应用》，2013 年第 8 期。

② 江新：《"认写分流、多认少写"汉字教学方法的实验研究》，《世界汉语教学》，2007 年第 2 期。

3. 做好心理建设，提高教学技能

心理建设是指在赴任之前，应该对赴任国家的汉语教学情况有初步的了解。对于当地学生的特点、学习风格有初步了解。不能按照国内的标准衡量学习者的学习效果。适当降低自身的心理预期。

在国内，志愿者教师在学校学习各种理论知识，在被派出之前，也有为期一个月的岗前培训。目前，实习的经验让我更加清晰：出发之前的理论学习固然重要，但真正的实习实践更加重要。

由于志愿者教师中一部分是汉语国际教育专业的，另一部分是其他小语种专业。基于两种专业的差异，不同专业的志愿者应该明白自己的短板。抓紧在国内的时间，赶紧查漏补缺，加强自己的专业素养或者语言水平。

韩国本土汉语教学调研报告

付晔娴

（北京第二外国语学院文学院）

2015 年 10 月，笔者在位于韩国首尔江南区的 PAGODA 语言学院进行了为期一个月的调研和实习工作，对韩国本土的汉语教学有了一定程度的认识和了解。现拟从宏观、中观和微观三个层面对调研期间获得的信息和实习工作的主要内容进行梳理和整合。

一、宏观层面

（一）所在国家语言政策

由문화체육관광부（국어정책과）（韩国文化体育观光部国语政策科）颁布并修订的《韩国语言政策大纲》（*Framework Act On Korean Language*）上详细说明了韩国的语言政策规定，详细各条大纲请见附件文件，现只做简要说明。

该项法律文件的宗旨是通过鼓励韩国民众使用韩语从而促进韩国民族文化的发展。"韩国语言"是指韩语作为大韩民国的官方语言，"韩文"（Hangul）是指用作韩语书写的文字符号。文件规定报纸、广播、杂志、网络等大众媒体应当致力于协助规范国人对韩国语的使用。政府应该保证国人在使用网络等通信设施进行交流时能方便使用韩国语，韩国语能通过基础教育、高等教育等渠道进行传播和普及，外国人和韩侨能够有渠道学习到韩语。像中国的孔子学院一样，韩国也有海外语言文化传播机构"世宗学堂"，对"世宗学堂"的建设，大纲也做了详细规定。为了推广"韩文"，提高国民对其的重视，大纲规定国家需将每年的 10 月 9 日定为"韩文"宣传日，并举行文化纪念活动。

但是在大纲中，很少提及关于外语、第二语言等相关内容，大纲经过了四次修订，只在"Preparation of Official Documents"这一条中找到规定，要求官方公文须用"韩文"书写，如果是撰写总统令，汉字或其他外文文字可以在括号内作为插入语使用。

（二）所在地区的语言政策

未找到首尔地区的单独语言政策规定，统一以韩国语言政策大纲为总旨。

但据对公共场所的语言使用观察，首尔的公共告示普遍使用三语或四语：韩语、英语、中文、日语。这应该是受到了国家外交政策、旅游业发展、文化圈范围等多方面因素的影响。

（三）教师资格证和当地教师入职情况

韩国的교원 자격증就是我们通常提到的"教员资格证"，主要是针对本土韩国人制定的资格考试（详见图1）。想要进入正规学校授课的人必须通过这项考试，拿到资格证，才有可能任职教师。满20岁以上的人才有资格参加考试，根据教学内容和等级不同，所考取的资格证种类不一样。

对于原语民（母语非韩语的人）来说，因为一般只能在语言补习学校任职，所以并不需要교원 자격증。中国人想要进入正规学校授课，需要通过国家汉办分配，所以一般也都只是进入语言补习学校任职，担任中文讲师。中文讲师的工作通常只需要大学毕业证、学士学位证，与工作单位签订合同，便可入职。一些语言补习学校也会对中文讲师的学历有所要求，但入职的关键还是要解决工作签证的问题。

图1 "教员资格证"相关信息

二、中观层面

(一) 所在学院的基本情况

韩国 PAGODA 语言学院在韩国外语教学领域具有多年积累的专业经验，提供全面、系统、方法严谨的外语教育项目。学院利用先进的设备进行语言教育服务，大量产出优质领先的学习项目和杰出的语言教师。大多数的学习项目都是面向成年学习者并进行班级教学。在韩国全国有 8 个语言中心分布在各地，教授的语言种类主要有英语、中文、日语、西语、俄语、法语，其中英语教学也包含托业、托福、雅思、OPIc 英语综合能力测试等多项考试项目。

PAGODA 学院自会长 Kyung Sil Park 女士以下，设有秘书室、连接战略室、资产管理办公室、英韩杂志社和中国语事业部五大部门，再下一层设有学院事业本部（分为 PAGODA 语言学院、R&D 中心、培训项目中心、讲师志愿组和国际咖啡馆 HUH）、智能学习事业本部（分为 PAGODA ONE 事业部、网络事业部）、外语内容事业本部（分为出版事业、企业教育和大学教育）、青少年事业部（分为青少年语言学校、PAGODA 青少年语言社区）以及全球事业部。

PAGODA 语言学院被认为是全韩国最负盛名的英语教育机构，从 1983 年建社开始就致力于从事英语教育，是韩国最早运用 WESL 英语教育课程的学院，和多所美国大学有合作，并于 1995 年开始自主研发、出版 TOEIC 教材，英语教育始终是学院的主体。

2007 年，汉语专业学院 PAGODAchai 于江南成立。PAGODA 教育机构引领着韩国的汉语教育，通过具备专业性的中国语事业部不仅主导有关中国的所有事业，而且开发既系统又顶尖的汉语学习项目。除了线上和线下的学习以外，还具备了多种多样的学习途径。此外，将把事业领域和对象从成人教育扩大到青少年领域乃至全球市场。不仅在国内，还将通过与中国大学和企业之间的紧密合作，积极推进新市场的扩张。事业部所涉及的领域有汉语培训学校（拥有国内最多分院、最多学生、最多讲师，设置了从基础到高级的汉语口语和 HSK 等各项课程）、汉语智能学习（在 PAGODA 的专业讲师和教程结合的基础上开发的移动网络口语课程，通过电脑、智能手机和平板电脑，能够享受矫正发音、口语表达和视频汉语的服务）、汉语教育项目研究开发（开发及提供既系统又科学的学习项目，能够满足从青少年到成年人等所有阶段学员）以及中国留学学校（为培养出未来中国专家乃至全球性人才而设立的中国名牌大学招生班）。

(二) 汉语课程的教学地位

PAGODA 以英语教学起家，一直以英语教学为主，汉语教学起步较晚，所以课程类型和数量相比英语课程都较少，但比日语及其他语种课程要多。总体来看，PAGODA 语言学院的汉语教学在逐步扩大规模，呈整体上升趋势。

从 PAGODA 学院 11 月的课程时间表来看，课程开设分为四大种类：一般英语、英语考试科目、中国语和日本语（属于学院第二外语的一部分，其余课程也包含法、西、俄）以及周末集中班。

据不完全统计，英语教学约占全部教学内容的 60%。一般英语中包含商务英语、PAGODA ONE、基础英语对话、综合英语、听力、活用对话、商务面谈、集体商务面谈、英文文法 & 写作、SLE&PBA&PIP10 个分类。英语考试科目包含 TOEIC、TOIEC Speaking、OPIc、IELTS、TOEFL、GRE、LSAT、TEPS8 个分类。

中文教学约占全部教学内容的 20%。分为中国语基础、听力专项、口语会话专项、HSK 考级、中国语讲师培训 5 类。

其他第二外语教学约占全部教学内容的 20%。

（三）学习汉语的学生情况

PAGODA 学院的授课对象以成年人为主。

就 PAGODA 江南总部的汉语学员情况来看，学生年龄分布于 18 岁以上各个年龄层，有大学在读生、大学毕业生、硕士及博士研修生、公司职员、退休人员、家庭主妇等多种社会身份，既有本土韩国人，也有在韩外国人。

他们的学习目的各有不同。学生群体一般是为了找到理想的工作而多学一种第二外语，这其中也有大学毕业之后找不到工作的待业人员；公司职员一般是为了公司业务需要而学习中文，有利于他们处理商务事宜；退休人员及家庭主妇等一般是为了兴趣及家庭教育，多了解一门外语也有利于为自己的孩子选择学习方向。

（四）课在课程计划中的安排

从 PAGODA 学院 11 月的课程宣传册（如图 2）来看，汉语教学的总体分为初、中、高三个级别，不同级别下有不同课程设置。

"基础中国语"课程对学习者职业能力有开发性训练，既有网络音频讲义课程，也有网络视频课程。一共分为四个级别：1 级阶段讲解发音、声调、基本语序，2 级阶段讲解基本文法和简单对话，3 级阶段在 2 级基础上加入写作教学，4 级阶段将会学习成段对话。从 6：40 到 21：40 共 10 节课设置，学员可选择自己合适的时间，每节课时长 1 小时 40 分钟。属于初级水平。

"基础短期 program"分为两种。一种是将"基础中国语"课程合并成两个级别，主要是网上音频讲义课程。一种是韩、中双语同时教学，以课堂授课为主。属于初级水平。

"就这样 中国语"课程主要是针对文法基础薄弱或者口语不好的学员，进行基础扩展，帮助理解文法，进行反复练习，最后达到流畅会话。属于初级水平。

"午饭特别班"课程享受午饭待遇。属于初级水平。

"中国语会话"课程分为入门、初级1~2、中级1~2、高级1~2四个类别。接受入门级别课程之前，学生需要具备完成"基础中国语"课程后的初级水平。初级口语的内容包含生活必用语（天气、购物、旅行等）；中级则包含生活礼仪主题（学校、公司、家庭等）；高级包含的主题种类更多。课程整体属于中级和高级水平。

"Premier 中国语"课程包含入门和初级两个级别，是实用性质的语言课程。包含汉语读写、会话、听说和课外活动。属于初级水平和中级水平的衔接阶段。

"中国语视听"课程分为两个部分。第一部分是初级1~2，主要从2015年的中国电视剧《虎妈猫爸》入手，学习中文日常会话；第二部分是中级1到高级2，同步观看每日更新的中国电视剧，掌握像中国人一样的对话能力。属于中级和高级水平。

图2　PAGODA 学院2015年11月课程宣传册

所有的 HSK 考试课程都属于中级及高级水平，学生需要具备完成"基础中国语"课程后的初级水平。

"HSK 一个月完成班"是要在一个月之内完成三级、四级或五级的学习。课程将进行考试趋势分析，讲练真题，培养考试技能。

"HSK 正规班"的设置是从三级到六级，其中五级和六级分为入门和模拟考实战，实战保证学员获得高分。从6：40到21：40共10节课，学员可选择自己合适的时间，每节课时长 1 小时 40 分钟。

"HSK 合格保证班"的设置是从三级到六级，在 20 日内完成，如果学员不能通过，将 100% 退款。

针对 11 月 14 日的 HSK 考试，学院也开设了"考前对比班"，在两周之内完成，分析考试趋势，进行模拟考试训练。

针对汉语口语考试，学院设置了"speaking test 特别班"，考试种类分为 OPIc+TSC、OPIc、新 BCT、TSC 四种。其中新 BCT 可以免费为学生报名考试。

汉语养成计划是 PAGODA 学院开设的一项特殊汉语课程，根本宗旨是系统培养合格中文讲师。招收 HSK 五级以上水平的大学毕业生及应届生和在职中文讲师。课程为期 15 天，课程合格且获得高分的大学在校生，学院将向其大学推荐奖学金获得资格，并考虑职位优先录取。

（五）选用的汉语教材

PAGODA 学院选用的汉语教材，详见表 1。

表 1　PAGODA 学院所选教材

教材名称	教材图示	出版社	版次	配套教材
天天中国语（基础综合）1、2		PAGODA Books		
天天中国语（初级口语）1、2		PAGODA Books		

(续表)

教材名称	教材图示	出版社	版次	配套教材
天天中国语（中级口语）1、2		PAGODA Books		
新攻略中国语		韩国多乐园出版社		
发展汉语（初级口语）1、2		中国语言大学出版社	第二版	
发展汉语（初级听力）1、2		中国语言大学出版社	第二版	

（续表）

教材名称	教材图示	出版社	版次	配套教材
就这样中国语 STEP01		PAGODA Books		
HSK3 级　韩国大使馆公示既出习题集		韩国大使馆独家出版		
HSK5 级　韩国大使馆公示既出习题集		韩国大使馆大家出版		
HSK6 级　韩国大使馆公示既出习题集		韩国大使馆独家出版		
新 HSK Clinic 4 级模拟练习题册		PAGODA Books		

（续表）

教材名称	教材图示	出版社	版次	配套教材
新 HSK Clinic 5 级模拟练习题册		PAGODA Books		

　　＊注：以上列出的教材是 2015 年 11 月学院官网和课程宣传册中提到的汉语教材，但不为学院使用的全部教材。随着学院课程设置的需要，所选教材会有不断更新及变动，最新情况应以当前官网和当月课程宣传册中的教材为准。

三、微观层面

（一）教材分析

　　所选教材是 PAGODA 学院中文事业部刚刚编写完成（2015 年）的一套初级口语教材，拿到的文件副本是从第 21 课到第 45 课，并不是全部教材内容。因为此次实习主要是进行学院自编教材的整理、审查和中级口语教材的编写工作，接触实际课堂和实际使用教材的机会太少，手中只留下了还在校对和修改中的课本素材。

　　1. 课文结构

　　每课共分为以下几个部分。

　　（1）本课学习点：一般是包含最重要语法点的句子

　　（2）本课对话内容：两人对话，共 4 句，以问答形式出现

　　（3）对话分解 1：分析前两句对话的语法点和词汇

　　（4）对话分解 2：分析后两句对话的语法点和词汇

　　（5）活用 1：针对重点语法点和句型进行替换练习，3~4 个练习

　　（6）活用 2：针对重点语法点和句型进行替换练习，3~4 个练习

　　（7）活用练习：针对本课学习的语法点和词汇进行练习。主要有连词成句、听录音回答问题、看图回答问题等题目

　　（8）核心表达：重现语言点

　　2. 包含的重点语言点

　　第 21 课：你周末过得怎么样？

　　第 22 课：你做菜做得真好！

第 23 课：你<u>会/不会</u>打高尔夫球？

第 24 课：<u>会是会，不过</u>滑得不太好。

第 25 课：你<u>能/不能</u>走路吗？

第 26 课：你今天<u>可以</u>出院了。

第 27 课：你吃<u>过</u>中国菜吗？

第 28 课：今天喝了三<u>次</u>。

第 29 课：我看<u>过一次</u>这部电影。

第 30 课：春节你<u>要</u>做什么？

第 31 课：我<u>是</u>在网上买<u>的</u>。

第 32 课：门开<u>着</u>，窗户也开<u>着</u>。

第 33 课：眼睛<u>大大的</u>，鼻子<u>高高的</u>，皮肤<u>白白的</u>。

第 34 课：我们<u>痛痛快快地</u>喝一杯吧！

第 35 课：我睡了<u>十二个小时</u>。

第 36 课：我看了<u>两个小时的球赛</u>。

第 37 课：<u>怪不得</u>你的汉语这么流利！

第 38 课：他<u>对</u>你好吗？

第 39 课：这本书我看<u>完了</u>。

第 40 课：我学长<u>让</u>我买点心。

第 41 课：连衣裙<u>比</u>裤子更好看。

第 42 课：<u>没有</u>上次考得好。

第 43 课：北京<u>跟</u>首尔<u>差不多</u>。

第 44 课：我嗓子疼，<u>而且</u>有点儿发烧。

第 45 课：为我们美好的未来<u>干杯</u>！

3. **教材评价**

　　该教材一直遵循词汇教学与语法教学相结合的模式。从整体来看，每一课的课文内容之间是有联系的，但是联系并不紧密。语言点之间也存在联系，但稍显混乱，也有错误。比如第 27、28 课是想把表示动作完成的动态助词"过"和动量词"一次"做补语这两个点都讲到，然后在第 29 课放在一起使用，表示一段经历发生的次数。但是这样的讲解会出现错误，"了""过"做动态助词的用法不是完全相同，第 27~29 课的语法实际上是出现了内容的跳跃的。而且个人认为，第 30 课可以紧跟第 23 到 26 课一起讲解，初级阶段"可以""要""能"等能愿动词的用法都不是十分复杂。

　　课后练习数量较少，主要是替换类练习和连词成句。因为是口语教材，所以重在学会表达，对语法学习强调不多。就"对话分解"中对语法和词汇运用的讲解来看，课后练习应该再增加一些题型和数量，哪怕不用动笔，只是增加对学生口头表达的练习也可以。

因为本套教材还没有投入使用，所掌握的材料也并不完整，所以还不能看出课时安排是否合理，也无法看出反馈信息。

(二) 课堂试讲记录

试讲内容："却"的用法

（录音转写）

老师：好了同学们，快一点，我们上课了。张忱，昨天晚上吃了什么？

学生：炒鸡排（韩语）。

老师：要说中文，课上不要说韩语。

学生：炒鸡排。

老师：好，吃得不错啊，萌萌，昨天晚上吃了什么？

学生：小章鱼。

老师：也这么好，那我们再看看，刘佳，昨天晚上吃什么了？

学生：我就吃了面条。

老师：噢，比他们差一点。老师啊，这几天觉得自己太胖了，为了减肥呢，晚上吃得很少，你们觉得我瘦了吗？

学生：没有。

老师：没有啊，你们都不爱我，有没有人觉得我瘦了？很好，还是有的。
那刚才，我说什么了？我说：吃得少（开始写板书），有人说我瘦了，刚才谁说我瘦了？啊，说我瘦了的人，老师很爱你，说我没瘦的人，不爱我，老师不喜欢。（学生笑）
咱们之前学过什么？学没学过"因为……所以……"？谁来用"因为……所以……"说句子？

学生：因为老师吃得少，所以瘦了。

老师：好，因为我吃得少，所以瘦了。那我们还学过什么？学没学过"虽然……但是……"？来，说句子。

学生：虽然老师吃得少，但是没瘦。

老师：虽然，前面不写了，大家都知道，虽然我吃得少，但是我没瘦。今天我们在学一个语法点，和"但是"的意思一样，用法不一样。怎么说呢？虽然我吃得少，我却没瘦。
好，现在，都明白吧，句子明白吧？
好，现在，仔细看。告诉我，"但是"在哪？

学生："我"的前面。

老师："却"在哪？

学生："我"的后面。

老师：好，它们的位置一样吗？

学生：不一样。

老师：对，不一样，记住，不一样，那我问大家，"却"写在这里（板书），位置对吗？

学生：不对。

老师：不对，不可以写在这里，好。"但是"写在这里（板书），位置对吗？不对的，不可以这么说。

好，现在，虽然我不喜欢这句话，但是我们还要再说一遍。虽然我吃得少，我却没瘦。

学生：我却没瘦。

老师：好，大家看练习纸。我们再练三个句子。看第一个，什么词，一起说。

学生：学习、努力。

老师：看第一张图，怎么样？学习很努力吧，那成绩呢？

学生：不好。

老师：那这个句子怎么说，说完整怎么说？

学生：虽然他学习很努力，成绩却不好。

老师：好，第二个句子？第一个图片，工作怎么样？时间很长，很累，对吧。那任务怎么样？

学生：没有完成。

老师：那完整的句子怎么说？大家都要说话啊，我听到有的人没有说话，再说一遍。

学生：虽然工作了很长时间，任务却没有完成。

老师：最后一个有一点难，我们看看怎么说。

第一个图片怎么样？

学生：下雪了。

老师：下雪了很冷，对不对。再看右边的图，这是一个女孩，女孩身上有几件衣服。

学生：一件衣服。

老师：对，她只穿了一条裙子，注意，是一条裙子（板书），有的同学不会用这个量词。要注意一下。

好，今天下雪了，天气很冷，她……怎么说后面？

学生：她却只穿了一条裙子。

老师：好，还有什么问题吗？有没有不懂的地方？

没有的话，那我们今天的课就上到这里，谢谢大家。

板书设计：

吃得少 → 瘦了 （因为……所以）

吃得少 → 没瘦 （虽然……但是）

（却）╳

虽然我吃得少，但是我没瘦。

（但是）╳

虽然我吃得少，我却没瘦

一条裙子

（三） 实习过程中遇到的难题与解决方法

实习过程中遇到的问题大多都是在审查教材中发现有语病的句子。因教材是母语为韩语、第二语言为汉语的韩国教师编写的，所以还是会出现偏误情况。这些句子从语感上立刻能判断出有语病，但是解释错误的原因却比较难。解决这些病句的方式是在每天实习结束之后，自己查阅论文和书目，并和带队老师宋老师一同探讨、思考，但也还有没能完全解决的问题。

另外一些问题是在听课和做访谈的过程中遇到的，采取的解决方式还是与带队老师进行探讨，或者是自己查阅论文和书目。

1. 我看过一次这部电影。

在向宋老师提问之后，老师做出如下解答。一是动宾补结构优于动补宾结构。二是在语用范围中，句子的表达是从旧信息过渡到新信息，新旧信息的分水岭是谓词，谓词后面是新信息，新信息是焦点所在。单焦点结构更容易使用，所以单纯的动补和动宾都可以使用。动补宾和动宾补会造成焦点分散，所以表达容易出问题。三是从语篇角度上讲，前后衔接需要配合，问句是"你看过这部电影吗?"，后面的答句肯定是要将焦点信息"这部电影"放在句首，形成前后的衔接。

2. 公司里等着很多人。

这是课文中替换练习的一个句子。其他两个替换分别是"房间里坐着许多人""广场上站着许多人"，这两个句子都成立，但是"公司里等着很多人"就出现了问题。宋老师解释，这实际上是一个较为复杂的问题，需要深入研究和讨论，初步可以认为"等""站""躺"不是一类动词，是要分出动词的类别的。"站""躺"等多和处所类宾语搭配在一起，"等"多和时间类宾语搭配在一起。但具体原因，还需要查阅更多资料学习、探讨。

3. 我已经洗衣服了。

原句是"我已经洗衣服了，你真啰唆"。宋老师解释，这是将"了1"和"了2"混淆的问题。"了1"是表示动作完成的动态助词，"了2"是表示新情况出现的语气助词。这句话正确的说法应该是"我已经洗了衣服了",用的应该是表示动作完成的动态助词。

4. 她愉快地跳舞了。

我们可以说"她开心地笑了""他飞快地跑了",但是不能说"她愉快地跳舞了",这是为什么?宋老师认为这个问题的答案也许可以从音节韵律的角度去思考,"笑了""跑了"都是以单音节加单音节的双音节为结尾,听上去较为和谐,但"跳舞了"是以单音节为结尾,听上去不和谐。但这只是一种推断,具体是否可以这样解释,还需要进一步证明。

5. 最近很多人都去滑雪,是吧?

这个句子乍一看可能没有错,但如果结合前后文内容就可能出现争议。用"吧"还是用"吗"是有不同的,在查阅完一些关于语气助词的论文之后,我了解到汉语语气助词对于韩国学生来讲一直是学习汉语时的难点,许多论文也就韩国汉语口语教材中的语气助词问题进行了讨论。"吧"代表疑中有信,是一种揣度,提供一个让对方进行判断或决定的信息。"吗"多表示单纯的询问。这个句子较好的改正方法是"最近很多人都去滑雪吗?"。

6. 我有很多钱了。

这个句子独立看是有争议的。宋老师认为,在补充语篇之后,这句话是可以成立且没有语法错误的。

7. 班级教学"单一班级制"更有利?还是"混合班级制"更有利?

关于这个问题,宋老师提出应该从两方面来思考,两种班级制度都是各有利弊的。"单一班级制"可能便于管理、沟通,"混合班级制"可能更能促进学生利用汉语交流。这样的原因还有很多,但需要我自己去思考和寻找。

8. 在一个韩国的汉语口语课上,有一个不会说韩语的意大利人和一个韩语很好但中文不好的乌兹别克斯坦人,剩下的三个学生都是学习中文且中文水平相对较高一点的韩国人,这样的情况下,课堂语言究竟使用什么?

在我汇报采访内容时,宋老师提醒我要注意这个问题。不同国家有不同的教学环境,需要考虑的其他影响因素也很多。中国的语言文字法要求在课堂教学时必须使用中文,中国向外国人提供的学习环境也是浸入式的,学生的母语都是非中文的其他语言,学习的目的语都是中文,所以在中国的对外汉语课堂上,课堂语言一定是中文。但是在韩国却出现了如题这样的特例。韩国的语言政策法对课堂语言的要求暂时还不得知,整体的学习环境是韩语环境,学生的母语有的是韩语,有的是意大利语或俄语,而学习的目的语是中文。在这样的情况下,到底是用哪一种语言作为课堂用语呢?宋老师认为这也属于一个看似简单但实际想要弄清楚却需要大量调查、研究的问题。

9. 一个韩语说得很好的乌兹别克斯坦人学习中文，出现的偏误到底是受到母语的影响还是第二外语的影响？

宋老师认为，这既会受到母语的影响也会受到第二外语的影响，但是具体受哪一种语言的影响比较大，还需要针对学生的情况进行深入调查。

10. "但是""却"的教学衔接问题。

宋老师建议不要从语义角度出发，这样在讲解时涉及的专业名词较多，不利于学生理解。要从例子出发，从学过的"因为……所以……"和"虽然……但是……"进行导入，进行相关练习，再导向"却"的说明和使用。

（四）独立课程设计

以中文事业部最新编写的一套初级口语教材为例，选取其中的 Unit 29 进行改写。

1. 本课核心表达

zhè bù diàn yǐng wǒ kàn guo yí cì。

这 部 电 影 我 看 过 一 次。

（原教材中，这句表达有语病，更改。）

2. 课文

（한바탕 정신없이 기말고사를 치르고 난 민희.

오랜만에 여유롭게 리리와 수다를 떨기 위해 전화를 걸었습니다.

마침 한가로이 책을 읽고 있던 리리, 어떤 책을 보고 있는

걸까요？）

　　　　Lì li， nǐ zài gàn shén me?

敏希：丽丽，你在干什么？

　　　　Wǒ zài kàn《Zhǐ huán wáng》。nǐ kàn guo zhè běn shū ma?

丽丽：我在看《指环王》。你看过这本书吗？

　　　　Méi yǒu， dàn shì zhè bù diàn yǐng wǒ kàn guo yí cì。

敏希：没有，但是这部电影我看过一次。

　　　　Shì ma? Wǒ yě xiǎng kàn kan。

丽丽：是吗？我也想看看。

（与原教材相同，保留拼音有助于初级水平的学生纠正发音，保留情景设置有助于学生理解对话。）

3. 生词

部［bù］［양］영화를 세는 양사

指环王［Zhǐhuánwáng］［고유］반지의 제왕

（与原教材不同，原教材区分了两段对话分解，把生词放在其中，但这一课生词较少，也没有重点词汇，可以直接将生词提前放置。）

4. 知识点

（1）这部电影我看过一次。

（횟수를 나타내는 次[cì]뒤에 목적어가 오면 '~을 ~번 한 적이 있다'의 의미가 됩니다. 이때 구체적이거나 특정한 목적어는 주어 앞에 놓여 강조를 나타낼 수 있습니다.）

V. +过+ 一次

意大利我去过一次。

北京烤鸭我吃过一次。

V. +过+（数）次

这部电影我看过两次。

那个游戏我玩过三次。

V. +过+（数）次/遍/回

这部电影我看过两遍。

那座山我爬过两回。

（与原教材不同。将知识点放在一起讲解，将原来的活用部分删除。因为活用部分并没有强调出"V+过+补语"结构的各部分，这样的活用替换并不能让学生完全理解该结构的意义和用法。）

（2）我也想看看（这部电影）。

이런 말하면 또 돼요（我们还可以说）：

我也想听听（这首歌）。

我也想尝尝（这道菜）。

我也想试试（这件衣服）。

（与原教材不同。需要让学生知道看看、听听、尝尝、试试的后面是有内容的，根据前后语境的需要，内容可以有，可以没有，但是作为知识点展示，为了句子的完整，还是要将内容补充出来。）

5. 练习

（1）看图完成句子

응용 1	응용 2	응용 3
吃 / 香菜	坐 / 中国的火车	去 / 意大利
chī / xiāngcài	zuò /Zhōngguó de huǒchē	qù / Yìdàlì
저는 샹차이를 한 번 먹어본 적이 있습니다.	저는 중국 기차를 한 번 타본 적이 있습니다.	저는 이탈리아에 한 번 가본 적이 있습니다.

（2）看图，听录音，填写句子

录音1

我_____过_____

录音2

她_____过_____

（3）连词成句

这　书　本　几　看过　次　你

_____

你　什么　在　干

_____

（与原教材不同。比原教材多加了一个看图听录音的练习，实际使用还可以增加每一种练习中的题目数量。）

（五）当地汉语教师访谈记录

采访对象：PAGODA 学院江南总部中文教师　张老师

性别：女

负责课程：中国语会话中级 1

教龄：8 年（国内 1 年，韩国 7 年）

毕业院校：山东理工大学中文系/韩国 全南大学

采访时间：36 分钟

采访地点：PAGODA 学院江南总部 9 层

（录音整理、转写）

付：首先想请您谈一谈，在您有过的课程经验中，您觉得难点都有哪些？首先想请您说说学生学习的难点。

张老师：教授 HSK 课程时，学生一般觉得语法或写作会比较难。因为有很多汉语语法和韩文语法不同，学生对文章成分搞不清，不能完全理解。语法其实在 HSK 中所占比例不大，只在书写第一部分出现比较多，如果给他们一些公式的话差不多都可以得到正确答案。四级以前没有写作的话，学生问题不大，五级六级开始写作文，对于学生来说是最难的。有时间限制上的问题，还有很多词虽然会说但写不出来，所以很难。所以对于学生来说，写作永远是最难的。

付：我最近在帮事业部的老师做模拟题编写的时候，看到五级写作第一题是给五个词做串联写文章，像这种题的话，学生觉得最难的是词汇的运用还是整个逻辑的组织？

张老师：都会有。第一，如果这五个词中出现了一个学生不知道不理解的词的时候，学生就会开始慌张，因为他不知道该怎么用；第二，就算词全部认识，但是他们的脑子里没有故事，不知道如何联系起来；第三，学生也许能够联系起五个词，但因为字数的限制，时间也不充分，所以对学生来说是非常难的。反而看图说话题对学生来说相对简单。

付：HSK 的课程中有关语法点学生普遍会出现的问题都有哪些，您能详细举几个例子吗？

张老师：介词和介词的位置对于韩国学生来说是个难题。比如"我打算明天跟朋友去喝咖啡"这个句子，学生容易说成"我打算明天去喝咖啡跟朋友"。还有"把"字句和"被"字句，它们有固定公式，学生会运用公式完成书写第一部分的题，这没有问题，但是让他们运用"把"字句和"被"字句在口语或者写作中造句就很难。他们很努力想用好，但是每次都会出错。

付：这一周我听过了您和其他几位老师的口语课，那口语课比较难的点您觉得是什么？

张老师：最难的是学生不说话，因为学生没有自信。口语课最重要的并不是老师按照学校安排的进度，今天一定要完成多少，像完成作业一样，把要讲的讲完就好了，老师更需要与学生有所沟通，让学生有自信，然后就可能达到事半功倍。

付：除了口语课堂，学生课下练习时间多吗？

张老师：没有时间，大部分是完全没有时间。

付：那这些学生来学习是单独只学口语课吗？

张老师：其实在韩国，来上汉语口语课的学生远远没有来上基础课的多。因为韩国就业需要很多资格证，汉语资格证是其中之一，大部分来学汉语的学生是为了资格证来的，所以很多学生学完入门阶段直接进入资格证的班，他们的应试心理比较强。不过我们学院的口语课程相对比较有趣，上课气氛也比较好，学生还是比较愿意来上课与老师聊天的，因为只有上课时间学生们才能用汉语聊天。

付：学生基本都是成年人吗？有小孩吗？

张老师：基本没有小孩。在韩国小孩与成人班都是分开上的，因为他们接受能力不一样，知识面和社会背景也不一样，教学方法也就不一样，所以在这个学院基本上以成人为教育对象，我之前工作过的学院有开设专门的小学和幼儿教育。

付：学生对自己学院的教材感觉如何？学生对教材选用的话题感兴趣吗？比如，初级口语二班用的教材中有像"理财高手教教我吧"这类的话题，学生们感兴趣吗？

张老师：因为不可能满足所有的人对课程主题的要求，就我们学院来说，基本上面向成人。成人来自不同社会的阶层，比如有大学生对于爱情、化妆品、韩流更感兴趣，但是学院还有许多公司职员，他们的年龄段在四五十岁，他们对于经济、社会生活、大众交通更感兴趣。当然还有六七十岁的爷爷奶奶们，他们对于养老的问题、社会的问题、儿女买房结婚的问题更感兴趣。我们学院的教材从初级到中级包括了所有的问题，相对来讲做教材的时候考虑了这些。

付：是的，我昨天帮部门（指中国语事业部）的老师修改教材的时候，我们检查了将近 20 个话题的内容。比如就"交通"这个话题来讲，我发现开始的小话题是从你想去哪儿、怎么去等几个选项里选一个，然后慢慢更趋向于不常见的情景的发生，比如坐错车怎么办之类的，我觉得这样的编写还是很真实的。

张老师：对。有的时候我们所学习的，在现实生活中是用不到的。有的时候教材上的内容只是教材上的内容，所以我们现在编的教材尽可能更贴近生活，在学院学到的表达方式，出去遇到中国人可以随便就说出来，那样才是真正的口语。

付：那么就像您刚才提到的那样，口语课现在相比 HSK 考级课以及基础课来说，参与的人数相对少一些吗？

张老师：对，因为口语课更会受到学生时间分配的影响。学院毕竟不是学校，每天都要来多少人，定期来多少人，学校有规定，但是学院没有。这一点对于口语课或 HSK 课来说是一样的。当然 HSK 课因为存在考证书的需要，学生都会来。而对于口语课，学生觉得我并不着急练口语，比如我这个月有期中考试，我就不想来，我想集中时间准备考试，我想休息一个月，那学生就不来。

付：所以还是兴趣的问题。

张老师：对，学生觉得我并不是必须的，如果这个月的休假比较多，我要出去玩去旅行，那就有可能放弃这课程。参加口语课的每个学生都有自己的生活，得根据他们自己的生活计划看是不是要来上课，所以我们无法确定每个月能有多少学生。当然相对来讲假期的时候学生会比较多，因为假期时他们的空闲时间会很多。

付：那么除了学生学习的难点，在课堂教学中，您觉得对于老师来讲最难处理的是什么？

张老师：对于老师首先最难的是没有学生或者学生没有反应。在教学中学生和老师需要有所互动，只有形成互动才能形成好的氛围，那样老师再累也没关系。如果只有一个学生或者学生都不说话，老师是最难的。

付：还有其他方面吗？

张老师：再比如说我们班有乌兹别克斯坦人、意大利人，但是他们不会说韩国语，我不可能在这里用英语上课，他们汉语也说不明白。如果我要用汉语解释一个生词、一句话、一个语法，那个时候是最难的，因为实在是语言不通。有的时候，对于韩国人来说，教材上有韩文的说明，在某种程度上他们可以自己理解，加上我来韩国的时间很长，我能用韩语告诉他们准确的用法。如果在课堂上还有别的国家的人，他们不明白韩国语，汉语也不太好，说不明白，这样的时候虽然用英语或者举例说明可以给他们讲明白一些语法，但是一个班里不是只有他自己上课，在别的学生都明白的基础上，如果我花大量时间给他讲课，对于其他学生是不公平的，但是又不能一点不管他，因为对他也要公平，这个时候是最难的。

付：现在中国大学的汉语学院，一般上课也是混班制的，但是一般不会用媒介语去转换着解释一个汉语知识上的问题，这一点确实是跟咱们这边的情况不一样。那么咱们没有想过改变一下形式吗？比如让韩国人单上。

张老师：因为我们是学院不是学校，学院的话这样是不太可能的。

付：但是学院分开上课不是更好操作吗？学校反而是不好操作的，因为学生的种类和数量太多。

张老师：学院当然也不行，因为一个学生在选课的时候，是有他的时间和水平，还有他倾向的老师这样的限制的。我在这个时间、在这个水平、想听这个老师的课，所以我来学院上课。

付：所以是比较认老师包括自己的水平。

张老师：对。就像我们班的学生，虽然前台和他说了，如果你现在上中级的水平，或许对你比较难，所以你现在降一个级上初级吧，但是他说我就喜欢现在的老师，就算是难我也要上课。学院和学校的性质从这方面讲是不一样的。

付：有个人倾向和自主性的问题。

张老师：对，学院比较尊重学生自己的个人意见。

付：您对韩国对外汉语教学的宏观情况有什么看法或感受呢？

张老师：我在国内也是中文系毕业，在中国实习一年，在韩国有七年。我一开始不在首尔，在地方，所以我觉得韩国的汉语教学在地方和首尔有很大的区别。即使同样是在首尔，我以前在新村大学工作，以大学生为对象也教过。每一个区，比如这里是江南，那里是新村，由于每一个地方的特色不一样，学生的能力也不一样，每个学院的师资力量也不一样。现在来讲，韩国人学汉语的人越来越多，因为来韩国的中国人越来越多。但存在的问题是：在地方，汉语老师的专业性很差。对地方来讲，最重要的不是你是对口专业出身，你有教师资格证，而是你只要是中国人就可以。所以有的时候，这个当老师的人可能并没有教学经验，也并不是正统的汉语教育专业出身，只是随便一个来自中国的留学生，只要他的交流能力、社交能力比较强，他都可以当汉语老师，我觉得这个是比较大的问题。因为有些语法，有些东西他自己都不明白，他就教导学生，那这样学生学出来的问题也有很多。还有一个问题是老师本身的发音都不准。其实我们并不能完全严格要求每一个人，就算我是汉语中文系毕业的人，我也不能说我的发音是百分之百正确的，就算是中央电视台的播音员在说话的时候有的个别的发音也会跑音。但是有的时候我觉得很过分，他并不是说因为说话因为聊天因为很兴奋，发音失误了，他是本身发音就有问题，有的人发音还可以但是带着很浓重的方言的味道，这也不行。再就是老师上课时说话有很多不好的习惯。比如说这个那个等，上课不注意就把自己的习惯教给了学生，因为学生学习坏习惯学得最快。在国外教汉语，学生觉得自己的老师是最好的，老师说的所有的都是我要学习的、模仿的。所以在韩国教学，在一个学院里，听学生说话就可以知道他的老师是谁。比如说我在这里有一对一的课，学生来了之后我们会先聊天，我说你做一下自我介绍，你现在读什么阶段，到三分钟之后，我就能说出他的老师是谁了，学生很惊讶就觉得我怎么会知道。因为很多老师说话的习惯，学生原封不动地带在身上。当然我可能也有这种问题，只是我不知道而已。

付：那您觉得韩国的对外汉语教学和中国本土的对外汉语教学，差异在哪里？我们可以把这个当作给对外汉语专业学生的建议。学生在学校里学习教法，可能出来之后到了另外一个国家，发现和在课堂里学习的教法不一样。就从这个角度，请您对比一下，区别在哪里？

张老师：我觉得最应该明白的是，在韩国学院的汉语教育和在学校的汉语教育是两种性质的。在学校里，可能有教育的体制，顺着这种体制以及它的发展方向，可能更趋于理想化，因为老师可以更自由地来配置自己的课程。但是对于学院来说，学生是掏自己的腰包来的，进行兴趣培养学习，所以必须在限定的时间之内让他得到满足感。所以学院的汉语教学可能不能像我们在对外汉语教育时期学到的那样，比如说上课的时候拿着卡片做个游戏。我们上学的时候学习的那种教学方法都是很理想化的，但是在实际的教学中，我们没有足够的时间来实现这种教学方法。所以我们在学校里上实习课或者实践课的时候，用卡片、PPT、动画、电视剧，然后我们一起做游戏，很有意思，很好，但那是理想化的。谁会来学院投资那么多的时间来一起玩这个呢？实际上的教学是不太可能那么理想化的。所以在实际教学中，我们要最大限度地利用我们学过的教学方法，然后在最节省时间的情况下，给学生最有意思地上课，所以要比在学校中的更难。

付：那您觉得在这样的情况下，在学院教学的环境下，最有效吸引学生、最有效让他学会这种语言的方法是什么？

张老师：因为韩国和中国的教育背景不一样，生活的方式也不一样，所以中国的学院教育发展得还不是很先进，但是韩国人从小就一直在学院上课，所以每天放学之后，他没什么玩的时间，每天都是奔跑在各个学院之间，有的小学生都是在四五个学院之间跑，然后一直到大学。所以对他们来讲，上学院是一个习惯，是必须做的，像到学校上课是一样的。所以他们希望的是什么？给我很多 A4 纸，给我很多资料，说明老师很努力。老师让我做很多题，给我很多作业，说明老师很努力。他们喜欢这一种。对于中国人来说，可能哪一个老师更有意思，上课的时候怎么开心地玩，这样我不觉得时间都已经过去了，真快，可能中国人更喜欢的是这种比较有意思的老师。而韩国人还是喜欢不但要有意思，而且要给我东西，要让我感觉我学到了东西。有些时候你可能给他很多资料他看也不看，但是他觉得很满足，感觉老师你很努力。所以因为国家的性质不一样，想法也是不一样的。

付：那您对像我们这样刚刚开始接触国外汉语教学的对外汉语专业的学生，有什么教学上的意见和个人能力培养上的意见呢？

张老师：我觉得刚毕业的大学生在进行对外汉语教学的时候都有很大的热情，虽然没有很多经验，但是热情很充足。有热情很好，但是我希望这不要变成三分钟的热情。因为特别是刚一开始很好，但是做着做着，人很容易疲惫，而且同样的内容，都是这样教，我用同样的 PPT 和方法就可以了嘛。一定不要这么想，因为每一个学生都是不一样的。我每次遇到的每一个班的学生都是不一样的，不要想对着不同的学生讲同样的内容。所以每次在讲一节课的时候，虽然已经讲过很多遍，但我还是希望你们能把它当作第一次来努力地准备。

付：那对期待来韩国进行对外汉语教学的老师们，您有什么建议吗？

张老师：没什么特别要注意的。韩国的学生们很善良，很听话，所以没有什么问题，不像欧美的学生们，提问会比较多。

付：就是跟老师之间的协调、进度的配合还是比较好。

张老师：对。在韩国学生的眼睛里，老师就是我一辈子的老师，老师说什么就是什么，所以这样的环境很好，所以没有什么要注意的问题。

付：最后一个问题是，您有没有遇到有瓶颈的阶段？比如在教学方法上，您可能觉得有某一个点长期会存在问题，得不到改善的方面。

张老师：以前有，在我教到第 5 年的时候，那时候我教的是 HSK，主要是写作，还有听力，这两个地方我遇到了难点。特别是听力，因为不管我怎么努力，学生不听，自己不练习的话，他的分数还是不会提高。因为 HSK 最重要的还是分数，我必须在短时间内让他得到最高的分数，所以这方面的压力非常大。

付：那您有什么好的方法能促进他们练习吗？比如给他们一些学习方法上的建议这样的？

张老师：当时有的学生对我说："老师，我喜欢听您说话的声音，我觉得很好听。"然后我就想能不能从这方面帮他们学习。我开始把各种课文，包括我的谈话，都给他们录音。用我的声音，不用 CD。教材上有 CD，但是我不用。然后每天有听力的资料，比如说有很多很精彩的汉语美文，有很多小说，有意思的小说，我会今天给他录到一个地方停下，他听了以后，会很想知道明天发生了什么事，所以就会天天听，天天听。早上很早起来，跟我说："老师您怎么还不发给我录音？"所以到最后，我的学生一天 24 小时，差不多有 16 小时都在听我说话，愿意去听很多东西，练习程度就提了上去。

付：那写作教学方面，您觉得有什么瓶颈，开始没有克服，后来怎么克服了的呢？

张老师：写作方面没有什么特别的问题，因为实际上我不大注重语法，写作我常常是从综合的角度去帮他们提高，因为写作和口语和阅读都分不开。现在的会话课，我在教初级班的时候，可能别的老师教的时候会问你的爱好是什么，学生一句话就结束了。但是你来听我们班的学生，我对初级班的学生最强调的一点就是我问你一句话，你至少要答三句话以上。你喜欢什么，为什么喜欢，多长时间去进行一次，这是对一个话题的散发性。所以我经常培训他们这么说话，我觉得说话好的人，作文不会差。而且阅读量一定要增加，不一定逐字逐句都看懂，但一定要有读书的习惯。我也会让学生进行故事复述的练习，读了之后知道大体是一个什么故事，然后再告诉我。

付：好，我的问题就是这些，非常感谢您能抽出宝贵的时间，和我谈了这么多有关教学的内容！

张老师：没关系，我也很高兴能有这个机会！

日本爱知大学汉语教学状况及相关问题

马宝民

（北京第二外国语学院文学院）

爱知大学是日本中部爱知县的一所著名大学，它始建于 1946 年，目前有三个校区，分别是丰桥校区、车道校区和名古屋校区。该校有 7 个学部、短期大学和 8 个研究院，以"培养具有国际素养和视野的人才"为建校精神，国际交流十分广泛。其中"现代中国学部"是较为著名的学部，该学部的教学理念是"以国际性眼光考察未来的中国和东亚"，通过对现代中国以及东亚的经济、政治、文化、语言等知识的教学，研究中日关系以及世界发展的趋势。笔者于 2015 年至 2016 年间在爱知大学"现代中国学部"进行汉语教学，亲身感受了这里汉语教学的基本状况，下面对日本的汉语教学状况及爱知大学汉语教学情况进行简单介绍，对其教学存在的问题进行反思。

一、日本的语言政策及汉语教学状况

1.1 日本的语言政策

日本是中国一衣带水的邻邦，与中国的文化交流历史悠久。大约在公元五六世纪汉语传入日本，当时的日本还没有文字，只有口头的语言形式，到了 9 世纪才结合汉字创造了片假名，后来又创制出平假名，但是那时平假名只有女性才使用。精英阶层基本上还是使用汉字训读。汉字的地位高于片假名和平假名。直到 19 世纪后半期日本才出现了统一的国语，这时日本受西方文化的影响非常大，认为汉字是封建、落后的文字形式，提出废止使用汉字的观点。1866 年前岛密曾向德川庆喜提出"汉字御废止之议"，提出为了国家的发展，应该废除汉字，推广假名文字。甲午战争以后，反汉字的意识进一步出现，废除汉字的意见得到了很多人的支持，1900 年（明治三十三年）修订了《小学校令施行规则》，涉及假名字体的统一、汉字缩减至 1200 个、字音假名的表音化等内容，并在小学的课本中表现出来。此后限制和废止汉字的提议不断有人提出。1945 年 11 月《读卖新闻》发表了《废除汉字》的社论，1946 年美国驻日教育使团向盟军司令部提交了一份报告书，在国语改革的部分提出了废除汉字、采用表音化的罗马字的建议，可见战后的日本朝野上下都持有废除汉字的主张，日本政府采取的是与战前同样的限制汉字的措施。1946 年 11 月推出了《当用汉字》表，共计 1850 个汉字，1981 年颁布《常用汉字表》，共计汉字 1945 个，替代《当用汉字表》。2010 年修订了《常用汉字表》，共计使用汉字 2136 个。①从日语里汉字使用状况的不断增减可以看出日本对汉字及汉语的态度。

为了适应国家发展的需要，文部省确定了外语教育多样化的政策，1991 年再次强调了发展英语之外的语言的重要性，尤其是亚洲国家语言。1997 年汉语被文部省列为大学入学考试五种外语科目之一，目前汉语在日本成为仅次于英语的第二种语言。1999 年 6 月，日本全国高等学校中国语教育研究会出台了日本高中第一部汉语教学大纲——《高中汉语教学指南》（《高校中国語教育のめやす》）。这部大纲参考了 1996 年国家汉办的《汉语水平等级标准和等级大纲》，由语法和词汇两部分体系组成。2007 年，文化财团在 1999 年"高中研"大纲的基础上制定了《高中汉语和韩语学习指南（试行版）》[《高等学校の中国語と韓国朝鮮語：学習のめやす（試行版）》，以下简称《指南（试行版）》]。《指南（试行版）》借鉴了国际上的外语学习标准并有所发明，侧重培养语言交际和跨文化理解能力，对"高中研"大纲进行了创新。《指南（试行版）》经过两年的试行和修订，2012 年 3 月改为正式版在全国发行。2013 年高中汉语推广组——文化财团发行了《高中汉语和汉语学习指南》，"确立了汉语教学的总体目标是：通过学习邻国语言和文化，加深对人类社会的认知，培养 21 世纪的生存能力；具体目标是'3 领域×3 能力+3 联系'，即在语言、文化和全球化社会三个领域培养语言知识、语言技能、语言运用三种能力，并使汉语课和学习兴趣、其他学科、课堂内外的学习三方面建立起联系"②。

1.2 日本前期的汉语教学状况

最早的汉语教学可以追溯到日本的飞鸟、奈良时代，那时的日本还处于只有语言没有文字的阶段，他们发明了独特的训读方法来读汉字的典籍。直到 9 世纪日本才在吸收汉字的基础上创造了片假名。这一时期的汉语教育与中国文化的学习和接受紧密相连的。江户时代，为了与中国进行贸易，在长崎设立专门培养"唐通事"的学院，培养翻译人才。与以前不同的是，这一时期的汉语教育主要是为商业贸易服务的，因而非常注重实践性。明治时期，日本与清政府建立了外交关系，汉语人才急剧缺乏，1873 年外务省设立"汉语学所"，

---

① 徐清：《日本国语政策中的"废除和限制汉字"现象》，《浙江理工大学学报》，2014 年第 10 期。

② 侯红玉：《日本高中汉语教学研究》，《海外华文教育》，2016 年第 5 期。

1873 年建立了东京外国语学校。1889 年东京商业学校设置了汉语选修课，这种方式也被很多商科学校所借鉴。甲午战争之后，出现了很多民办的汉语学校，这些汉语学校以实用性为教学目的，重视交际语言的培训，当时采用的教材以《官话急就篇》为代表。很多私立大学，如拓殖大学、早稻田大学也都纷纷设立了汉语学科。侵华战争开始之后，汉语成为战争中重要的语言，日本人学习汉语的热情也空前高涨。文部省为了满足国家的需要，1938 年在师范学校和中学的汉语课堂中进行"时文"教育，其根本目的是为侵略战争服务。当时军部还出版了《日支会话》《速成满语教材》等汉语学习的书籍。"二战"之后，很长一段时间中日没有建立邦交，日本国内的汉语教育陷入低潮，学习汉语的人寥若晨星。但是依然有一些人坚持汉语教育和研究。1946 年 10 月东京大学教授苍石武四郎主持成立了中国语学研究会，1949 年 10 月，日本中国学会在上野学士院成立，该学会讨论研究的领域包括文学、语言学、哲学三大部分。1951 年苍石武四郎在东京成立了中国语讲习会，后更名为中日学院，主要进行汉语的汉语教学的实践及教学研究，并创立了杂志，1954 年杂志定名为《中国语》。同时，战后初期很多日本的汉语教师和研究者都处于迷茫的状态，对汉语教学的道路和方法进行了不断的探讨。这一时期，出现了很多著名的汉语研究者，仓石武四郎、藤堂明保、六角恒广等人在汉语研究领域取得了杰出的成就。1972 年中日邦交正常化之后，汉语教育发展了，设置汉语专业的大学逐年增加，学习汉语的人数也不断提升，汉语成为与欧美语言同等的第二外语学习语言。并且随着中日交流的日益密切，在日本汉语成为仅次于英语的一门外语。汉语研究机构发展很快，日本中国语学会、日本中国语教育学会等学会不断发展壮大。日本的大学汉语教育也迅速发展，主要有三大系统：外国语大学中的汉语系、综合性大学的中文系、综合性大学公共外语的汉语课。这三个系统互相补充，满足不同层次汉语学习者的需求。此外在中学和小学中也有不同程度的汉语教学课程。

1.3 日本的汉语考试制度

日本的汉语考试开始于 1981 年，中日建交之后，日本的汉语学习者不断增加，日本的汉语考试也发展起来了。日本的汉语水平考试主要有三种：中国语检定、商贸中国语检定、中国语交际能力测试（TECC）。中国语检定测试开始于 1981 年是由中国语检定协会主办的，是日本最具权威性、参加人数最多的汉语水平考试，许多与中国有关的大公司、企业招聘人员要有相应级别的中国语检定证书。该考试共有 6 个等级，每年举办三次。商贸汉语检定考试开始于 1990 年，由日本商贸汉语协会主办，主要考查日本商贸公司职员的汉语水平，该考试分为 4 个等级，每年 1 次。中国语交际能力测试开始于 1998 年，由中国语交际协会主办，由汉语专家和与中国进行商贸来往的大公司共同开发，主要测试被试者的汉语交际能力。该考试共分 6 个等级，每年举行 2 次。

除了这三种基本的考试以外，还有实用汉语鉴定考试、汉语导游考试、中日口译能力测试、汉语笔译基础能力测试等。中国的汉语水平考试（HSK）在日本推广也很快，成为仅次于中国语检定考试的一种考试形式。

二、日本的汉语教学基本状况

相比于欧美国家，日本的汉语教育比较成熟，已经形成了中学、大学以及社会教学等多层次、多方位的教学和研究体系。这一体系中教师占有重要的因素，日本的汉语教师体系比较成熟，而且在教学中他们比较注重教材的编选和使用。

2.1 日本的汉语教育体系

简而言之，日本的汉语教育有如下几方面。

1. 日本大学的专业汉语教育

日本的大学包括公立和私立大学，这其中既有外国语大学，也有综合性大学。外国语大学中基本都设立了汉语系，比如东京外国语大学、神户市里外国语大学、京都外国语大学、关西外国语大学、九州外国语大学、长崎外国语大学、名古屋外国语大学等。综合性大学里有的设立中国语系或者中国学部，比如爱知大学的现代中国学部。还有的是在文学部下面开展中国文化的研究，比如东京大学文学部、京都大学文学部。

2. 日本大学的公共汉语课程

日本的大学一般在学习英语之外，还必须选修第二外语课，在日本第二外语课程有汉语、韩语、法语、德语、西班牙语等。在校的大学生中，很多学生选修汉语作为第二外语。

3. 日本的孔子学院

2005 年 10 月立命馆大学建立了第一所孔子学院以后，日本的孔子学院发展很快，樱美林大学、北路大学、札幌大学、早稻田大学等纷纷建立了孔子学院，截至 2015 年 12 月已经建立了 14 所孔子学院、8 个孔子课堂。这些孔子学院和孔子课堂遍及于日本各地，以灵活的方式，进行多种多样的汉语教学和文化传播。其中爱知大学与南开大学合作建立了爱知大学孔子学院。

4. 日本高中汉语教学

日本高中汉语教育从 20 世纪 90 年代开始不断发展，1986 年开设汉语课的高中有 46 所，2011 年为 542 所。虽然还存在着学生选课人数偏低，各地区教学发展不平衡等问题，但是在高中生中开展汉语教学极大地促进了汉语教学的发展和传播是毋庸置疑的。

5. 其他形式的汉语教学

除了正规的汉语教学以外，在民间也有很多自发地汉语教学的机构，它们有的在社区开展汉语教育，有的受财团资助，有的在一些中日友好机构支持下开展教学活动，他们聘请中国老师，采用多种多样的形式进行汉语教学。此外汉语教学还通过电视教学、互联网教学等多种方式开展，日本的 NHK 电视台常年举办电视汉语讲座，电台也每天有汉语讲座。这些汉语的教学形式满足了不同层次学生学习汉语的要求，成为课堂正规教学的补充。

2.2　日本的汉语教材的使用情况

相比于其他国家，日本的汉语教材非常丰富，不仅有从中国引进的教材，也有大量的本土教材，而且很多学校以本土教材为主，根据自己学生的实际情况编写合适的教材进行教学。

一般而言，日本的孔子学院中使用中国引进的教材比较多，比如，樱美林大学孔子学院使用了《汉语教程》《实用商务汉语》《汉语商务训练教程》《基础商务汉语》《汉语语法 55 讲》《汉语写作》《日中·中日口译训练教程》《中国》等中国国家汉办推荐的教材。札幌孔子学院使用《汉语口语速成》《互动式汉语口语》《中文天天读》等作为教材。这些教材的优点是比较成熟，教学中各有侧重点，采用递进的教学方式，教材比较完善，有配套的音频和视频作为辅助的教学工具，而且还能够提供必要的练习册等辅助教材。当然这类教材也有自身的弱点，那就是针对性不够强，不是专门针对日本学生进行编写的，在语音、语法等方面没有突出国别化的特征。

在日本的本土教材非常多，不仅包括日本人自己编写的教材，还有一些是日本在中国帮助下编写的教材。津田量认为从 1978 年到 2008 年年底日本累计出版汉语教材 2100 种，这其中大概有一半的教材被淘汰，大概剩下 1000 种的教材被使用，可见日本本土的汉语教材出版和发行量还是很大的。其中针对高中的汉语教材《高中生汉语》《标准高中汉语》《高中汉语》《新高中版·汉语初步》等几种教材使用较广。而大学则是根据自己的不同情况选择教材，有些则自己编写教材。

2.3　日本的汉语教学的师资状况

一些研究者认为日本的汉语教师的师资水平不高，这是日本汉语水平发展的瓶颈。经过我的长期观察，我认为这个论断在今天看来有些偏颇，至少不是日本师资的现状。日本的汉语教师基本由几部分构成。其一，本土教师。这一类教师基本上有中国留学的经历，他们对中国文化比较了解，能够用汉语进行交流，有些老师汉语还非常流利，发音也很标准，当然也有些本土教师的发音不太标准。其二，中国人在日本学校担任专职教师。这些人早年留学日本，毕业后进入日本的学校从事汉语教育，他们一般学历较高，基本上有硕士以上的学历，虽然他们可能没有专门的对外汉语教学的训练，但是在长期的教学实践中，他们积累了丰富的经验，加上对日本学生的了解非常深，所以他们对汉语教学是完全适应的。其三，国内派出的交流的教师。这些人在国内长期从事对外汉语教学工作，一般都有丰富的对外汉语教学经验，在日本进行汉语教学是没有问题的，他们的不足在于由于不是专门学习日语的，在语言交流中可能会有些问题。这三类教师是日本汉语教师的基本组成，除此之外，还有一些兼职的汉语教师，由于人员的层次不同、背景各异，教学水平可能会参差不齐。

三、爱知大学汉语教学的基本状况

1901 年在中国上海设立的"东亚同文书院"是爱知大学的前身，在汉语教学和研究方面，它具有很长的历史和传统，该校至今仍继承其研究与教育的成果，专注于汉语和中国文化的教学与研究。其中现代中国学部是较为有代表性的专业。国际中国学研究中心也是现代中国学和国际中国学的重要研究基地，编纂了《中日大词典》，日本学界认为"若论中国研究或教育，非爱大莫属"。

3.1 爱知大学的汉语教学

爱知大学的汉语教学有两个部分。其一是现代中国学部，是专门的学历教育，不仅进行汉语教学，还有中国文化、中国问题研究、商务等方向的教学与研究。除了本科教学以外，还有硕士、博士等研究生层次的学历教学。其二，是孔子学院的教学。爱知大学孔子学院主要进行非学历教育，教学对象主要是业余的汉语学习者。与现代中国学部的学历教育有所差别，但在教学和教师方面互相支持。

从学校的角度来看，主要还是以学历教育为主，因而现代中国学部的学历教育依然是学校教学的关注点。

3.2 现代中国学部的课堂教学

1. 现代中国学部的学生

现代中国学部每年有八个班，每个班级学生有 25 名左右，每一年级有学生差不多 200 名，四个年级共有本科的学生 800 人左右。此外他们还与中国南开大学、台湾东吴大学合办了双学位专业。学生大多居住在爱知县不同城市，也有一些学生住在大阪、广岛等较远的地方。学校不提供统一的住宿，学生采取走读的方式，有些学生在学校附近租房居住。学生一般是应届的高中毕业生，他们中有一些比较喜欢学习语言，大多数的学生选择了爱知大学的其他专业，由于成绩的原因被调剂到本专业，因而有些学生对本专业的接纳程度不高，学习热情也打了折扣。但是依然有些学生对汉语学习非常有热情，他们的学习动力来自如下几方面。

（1）对未来工作及就业的期待

一些学生学习本专业有较为明确的目的，希望毕业后能够从事与中国贸易、外交有关的工作，他们觉得中国的市场很大，从事中日贸易大有可为，有些学生希望毕业之后到日本的大公司工作，他们认为汉语和英语是敲门砖，这成为他们学习的动力。

（2）对中国文化比较热爱

很多学生入学的时候并没有那么清晰的认识，对自己的未来也没有太多的设想，但是学生们在接触到中国文化之后产生了喜爱之情，促使他们努力学习，比如他们喜欢听中国歌，有的学生喜欢看中国电影，对中国文化的喜爱使他们意识到学习汉语非常重要，同时通过听中国歌、看中国电影等又进一步激发了他们的汉语学习热情。在这种良性的状态下，他们的汉语水平越来越高，很多学生因此进入更高层次的学习，最终以研究中国文化为职业。

（3）在学习过程中产生了热情

有些学生在开始学习的时候并没有太明确的学习目的，但是在学习的过程中，由于老师的鼓励，或者同学之间的促动，逐渐培养起了学习的兴趣，比如，爱知大学现代中国学部有汉语学习兴趣班，教师利用业余时间带领学生开展朗诵、阅读等活动，鼓励优秀的学生参加"汉语桥"等活动，并给予相应的帮助，一些学生在这种兴趣班的帮助下逐渐培养起了汉语学习兴趣。

当然，学生数量很多，不可能保证每个学生都能够有足够的热情学习汉语，而且由于爱知大学是私立学校，每年的学费高昂，很多学生要靠打工来赚学费和生活费，一些学生不能将全部精力投入学习，从而也影响到他们的学习效果。

2. 现代中国学部的课程

现代中国学部不是专门的中文系，因而培养学生的交际能力和实践能力是他们的侧重点。在课程方面，他们在第一年设置了180学时的课程，不仅有传统的听力、会话、精读、写作等语言课程，还有中国文化，中国地理、历史等相关的文化课程。在二年级的下半学期开始分专业，现代中国学部共有"商务、语言、国际关系"三个专业，学生根据自己的学习情况和兴趣选择专业，进行专业教学。

3. 现代中国学部的教材

现代中国学部采用《交际汉语》系列教材，这套教材是现代中国学部与南开大学合编的，包括听力、会话、语法、写作等几个部分。严格地说，这套教材属于自编的教材，编者比较注重语言能力和交际能力的培训。教材提供了很多练习材料，帮助学生在课后进行学习。这套教材是配套性的，彼此相互关联，通过不同课程反复练习，帮助学生掌握语言。

由于教材编写和使用的时间还不长，还存在着很多问题和不足，比如每一节课的设置目的不够清楚，因而学生学习的连续性和层递性受到很大影响；课程中词汇的选择没有考虑到难易程度，因而造成学生难以掌握，比如听力第一课出现了"警察"一词，这个词的字形较难，而且在日常生活中使用较少，因而很多学生虽然经过了一学期的学习还没有掌握这个生词。有些对话的设置没有考虑学生的学习程度，在开始阶段常常使用"你猜？"等句子回答问题，造成学生理解偏差；而且教材只简单地配了录音磁带，没有其他的音频和视频辅助教学材料，对教学的帮助有限。希望随着教材不断使用，教材的编者能够进一步完善该套教材，从而更好地为教学服务。

4. 现代中国学部的教师

现代中国学部的师资力量比较强大，学部有专职教师 23 名，其中教授 16 名、副教授 4 名、讲师 3 名，其中有 7 名教师来自中国大陆和台湾。而且每年学部会有合作院校派来的汉语教师 1 到 2 名。除了进行汉语教学之外，这些教师都有专门的研究领域。一年级由几位来自大陆或者台湾的教师承担主干课程，比如语法和会话课，他们都精通汉语和日语，并有长期的教学经验，与学生的交流比较多，对学生的影响也比较大。日本的教师都比较敬业，对教学非常认真，而且他们没有太繁重的科研压力，能够全心全意投身于教学活动中。合作院校派来的教师一般承担语音课和听力课程，爱知大学的合作院校有南开大学、北京语言大学、北京第二外国语学院、山西师大等几所院校，这几所院校每年轮流派出教师进行校际交流活动。这些老师来自大陆，一般长期从事汉语教学，因而发音比较标准，可以帮助日本学生改善发音，提升他们的听力水平。其他的日本教师主要用母语进行中国文化的教学。

我认为他们的教师组合是非常合理的，尤其是诸多来自中国的教师加入，对于学生增强汉语的认知与理解、改善语音状况起到了非常大的作用。

3.3 现代中国学部的教学模式

前文提到了，现代中国学部的教学比较侧重于实践性，关注于提升学生的交际能力。为了实现这一教学目的，他们设计了行之有效的教学模式，并且随着不断的运行，起到了非常良好的效果。

在教学模式的设计中，以学生实践为主。一年级以学习汉语为重点，设置了与汉语相关的必修课程，其中有很多课程由以汉语为母语的教师担任。二年级上半年有现地教学项目，全体学生将前往中国大陆、台湾及马来西亚等地进行四个月语言学习，学习"汉语（精读、口语、听力、翻译）""现代中国社会论"和"中国文化讲座"等课程，通过这一阶段的学习，学生的汉语水平有飞跃性的提高，基本能够达到汉语水平考试（HSK）五级水平。

二年级下半学期开始分为"商务""语言文化"和"国际关系"三个专业课程进行学习，这一时期主要进行专业的理论学习。

三年级学生除了进行专业的学习以外，还要参与一个现地调查活动。这一活动包括所有的三年级学生，他们将前往中国大陆和台湾两地进行为期两周的实地考察，多方面了解中国大陆及台湾社会的实情，写出调研报告，在当地举办的"日中学生研讨会"上发表。

四年级学生将运用自己的汉语能力，多角度地学习中国的政治、经济、文化、商业和国际关系等，并参与现地实习活动。他们在中国的日企开展为期两周的实习活动，最终要将实习结果在报告会上汇报并编辑成册。通过现地实习活动，不仅锻炼了学生的汉语能力，而且他们在实习中获得的经验，将为他们将来求职和工作提供很大的帮助。

从上面的介绍中可以看到，现代中国学部的教学活动非常注重实践性，这既是他们教学的模式，也是他们培养学生的特色。我们都知道，语言要在不断的交流和使用中才能越来越流畅，学习语言的最好方式就是不断地使用，爱知大学现代中国学部教学模式的设计正体现了这一点，我认为这是非常值得借鉴的。

四、爱知大学汉语教学存在的问题及思考

4.1 专业课程的问题

在爱知大学现代中国学部教学主要进行的是听力的教学和发音纠正的问题，在一年的教学中，我发现学生在汉语学习过程中的几个主要问题，主要集中于语音、语法和汉字等几方面，这些也是我们进行教学活动时应该注意的问题。

1. 语音

汉语的语音包括元音、辅音、声调三个部分，对于日本学生来讲，元音和声调是他们学习的难点。汉语的单元音有 8 个，日语的元音只有 5 个，而且汉语和日语的元音在开口度上有一些差异，从而造成了元音发音不够准确的问题。尤其在遇到日语中没有的音，则更为困难。比如，在教学中发现日语中没有 e 这个音，学生发该音比较困难，同样 er 音日本学生发起来也很困难。单元音是基础，单元音的发音不准确将直接影响复元音。比如学生对 ou、uo、ao 几个音比较困惑，难于掌握。对于鼻音而言，汉语和日语也有所不同，因而学生在发音中往往会遇到很大的困难，比如 in 与 ying、en 与 eng、eng 与 ong 的发

音对于他们来说都是难点。在辅音方面，由于日语中不区分送气音与不送气音，因而他们对于 b 和 p、p 和 f 等音比较难区分，虽然在教学中已经讲清楚送气与不送气的原理，但是正在具体的发音中学生还是难以掌握。最后是声调问题，日语中没有声调，因而让学生掌握声调比较难，但是在教学中发现，日本的学生在声调的学习方面比欧美的学生要好一些，他们的问题是在多音节连读时往往声调不准。

2. 语法

汉语属于孤立语，日语属于黏着语，因而汉语非常注重语序，不同的语序表达了不同的语法关系，比如"妈妈叫我吃饭"和"我叫妈妈吃饭"是不同的。相比于汉语，日语的语序没有汉语那么重要，而且日语中动词是放在后面的，这也是与汉语有很大的不同。因而学生在学习语法的过程中主要出现的问题是语序的错误，比如，"代我问好你的父母"（代我向你的父母问好），"已经冬天来了"（冬天已经来了）。

3. 汉字

虽然日语中有一些汉字的词，但是在教学的过程中我发现学生们掌握汉字还是比较困难的。这其中有一些是由于汉字已经简化了，与日本使用的繁体汉字有很大的不同，有一些是因为日本的汉字本身就与我们的汉字不同，是他们早期使用时的生造字，所以尽管字形相似，但是学生往往容易写错。还有的汉字日本已经不使用了，如果汉字的字形较难，学生写起来较为困难。

4.2 汉语学习问题产生的原因分析

在日本学生学习汉语的过程中产生的诸多问题，产生的原因是多方面的，这既有母语的影响，也与国家政策和学生的个性有关。

1. 母语的负迁移

从爱知大学学生学习汉语的过程中可以看出，母语的负迁移作用非常大，我们前文提到了日本学生的很多发音问题与日语的元音少、辅音没有清浊之分、鼻音的位置不确定有关系，最重要的是我认为与他们元音的发音部位有关系。在日本的语言教学中会发现学生在发音的过程中不张嘴，发每个元音都像是从嗓子里发出的，因而看到他们发每个音的时候口型的变化都不大，很难发音到位。由于日语中没有清辅音和浊辅音的区别，所以不仅他们发音困难，而且他们在听力的过程中也很难分清 b 和 p、d 和 t 的区别，这也是造成他们听不懂，或者听错的原因。

在语法问题上，母语的负迁移表现得更为突出，一些学生在说话或者写句子的时候，常常出现语序的问题，最突出的问题就是谓语放在句子的末尾，否定成分放在动词的后面，比如学生经常说这样的句子："今天什么吃？"（今天吃什么?)、"昨天老师词典给了"(昨天老师给了词典)、"我老师那儿去"(我去老师那儿了)。这几个句子分别体现为疑问代词的语序问题、助词的语序问题、代词的语序问题,而这几个问题的出现都跟学生的母语有直接关系,与日语的语序关系密切。

汉字的问题也是如此,日本学生学习汉字笔画并不困难,困难的是如何掌握这些汉字。日本学生写汉字时,往往会与日本的汉字混淆,尤其是一些日本汉字与中国汉字在字形接近的时候,他们常常会写错别字。这也是母语负迁移带来的问题。

2. 国家政策的影响

除了母语负迁移问题,影响日本学生汉语学习的还有国家政策的问题。汉语成为日本仅次于英语的第二外语,学习的人数也逐年增加,这与中日经济交往不断加强有关,很多日本公司与中国有贸易往来,迫切需要懂汉语的人才。而且随着这几年日本旅游的放开,中国的旅游者对日本的旅游热情也逐年增加,发展旅游业,也急需汉语人才,这些都刺激了日本汉语学习者的热情。

但是,由于历史问题的存在,中日之间摩擦不断,尤其是近几年中日关系出现波折、中国近几年环境问题等诸多原因,影响了日本学习者的学习热情。在日本出现了学习汉语的人数虽然很多,但是高层次的汉语人才很少的问题。具有初级汉语水平的汉语学习者继续学习的愿望不强烈。爱知大学现代中国学部的二年级学生参加现地教学项目,有三个地点选择,中国的南开、台湾、马来西亚。就教学环境、师资条件等诸多方面而言,南开大学明显要优于其他两个学校,尤其是马来西亚的学校是刚刚与爱知大学签订合作的学校,之前根本没有汉语教学的经验,但是学生在选择学习地点时,很多人以马来西亚为首选。显然是其他非教学因素影响到了学生对中国的看法,进而也影响到他们的选择。而爱知大学的汉语学习者在学习方面表现得不够积极、刻苦,我认为很大程度上也受到中日关系以及国家政策的影响。

3. 学生的个性问题

与很多英美的学生不同,日本的汉语学习者表现得不够积极主动与他们的个性有很大的关系。日本的学生比较倾向于被动学习,即使在学习语言的过程中,他们也表现得不太活跃。在听力和口语课上,开口率是考查学生参与水平的重要指标,日本的学生基本上被动地等待老师的提问,如果没有课堂的提问,他们不会主动张口发言,而课下也很少能够见到学生就学习的问题与老师进行交流。日本学生的个性偏于内向,不爱在公共场合表现自己,而且喜欢表现得谦恭有礼,这些性格特点在人际交往方面有其可取之处,在语言的学习方面则要大打折扣了,影响到他们的学习效率和学习效果。

4.3　爱知大学汉语教学的思考

通过在爱知大学一年的教学实践，我发现了教学中的一些问题，进而产生了一些思考。

1. 在语言教学中嵌入中日语言对比的内容

前文提到了学生受母语负迁移问题的影响，在汉语学习中出现的诸多问题。我认为解决这个问题应该将汉日语言对比引入教学中，使得他们对汉语和日语的不同点有一个清醒的认识，在学习和使用过程中注意这些问题。比如，a 在汉语和日语中都有这个音，但是汉语与日语的发音有些不同，汉语中 a 的发音开口度更大，舌位更低，日语 a 的开口小，舌位高些，通过比较和发音演示让学生明确知道汉语 a 与日语的区别，这样他们就容易找到正确的发音部位，发得更标准。再比如语法的问题也是如此，将汉语的语序与日语相比照，学生很容易了解二者之间位置不同，当然在此基础上还应辅以大量的有针对性的训练，使学生对汉语的语序有明确的认识。汉字的学习也是如此，将中日相近的汉字列出来进行比较，学生能够比较容易地发现二者之间的不同，比如"广场"，日本汉字是"広場"，"纸"对应日本汉字"紙"；"况"对应日本汉字"況"，他们在写的时候就不容易犯错误了。

2. 采用多媒体辅助教学

我们国内的汉语教学对多媒体教学依赖程度很大，而在爱知大学教汉语则不然，基本上是一个录音机、一支笔就搞定了。虽然有人认为我们国内的汉语教学有过分依赖多媒体的倾向，但是经过爱知大学一年的教学，我认为适当使用多媒体进行教学还是很有帮助的。比如，在教学中适当地使用一些视频材料，可以帮助学生理解教学内容。尤其是在听力课中，多媒体可以提供更丰富的材料，帮助学生在理解基本的教学内容之后，进行更多的语言拓展，这些都是非常有益的。

3. 多层次地开展课外语言活动

学习语言光靠课堂教学显然是不够的，因而多层次的课外汉语活动不仅可以提升学生的学习兴趣，而且能够丰富和发展他们的语言能力。前文提到了，现代中国学部的学生有汉语学习兴趣组，开展多种活动。除此之外，举办中文角、参与汉语桥、带领学生参观与中国文化相关的古迹等，对增强学生的学习兴趣、提升他们的汉语能力非常有益。

以上是我在日本爱知大学教学的些许心得，由于在日本的时间较短、考察的范围受到限制等，我对日本的汉语教学只局限于爱知大学现代中国学部，未能将视野拓展得更宽，但是希望能够窥一斑而见全豹，为日本的汉语教学提供一些资料，也希望通过自己的教学反思，对日本的汉语教学提供可资借鉴的帮助。

泰国中小学汉语教学案例分析

——以本扎玛拉查莱中学为例

叶梦佳

（北京第二外国语学院汉语学院）

随着我国经济和文化实力的提升，我国的国际地位也越来越高，这就在世界上掀起了学习汉语的热潮。泰国作为我国的友好邻邦，自古就与我国有着长期友好的交流，是汉语普及率非常高的国家之一，王室和国家教育部都很重视汉语的教学，很多中小学都已开设汉语课。截至 2013 年，泰国就已经有 1524 所院校开设汉语课程，学习汉语的人数已超 86 万。

同时，泰国也是每年接收汉语教师志愿者人数最多的国家，2016 年，国家汉办共向泰国派遣了五个批次共 1668 名汉语教师志愿者。笔者也作为其中的一员赴泰国进行了为期十个月的汉语教学工作。

在本文中，笔者将从泰国教育制度、泰国汉语教学现况及笔者的教学实例三方面对泰国的汉语教育做出简单的介绍。

一、泰国教育制度简介

《2010 年泰国国家教育条例》中规定泰国的教育组织可分为三种形式，即正规教育、非正规教育和自主学习。教育机构可以选择某种学习形式或综合运用三种形式开展教学活动。[①] 同时，教育可以分为基础教育和高等教育两个层次，基础教育阶段共 12 年，包括小学六年、初中三年、高中三年，其中小学和初中阶段为义务教育。

泰国共有五个教育委员会，分别是基础教育委员会、高等教育委员会、职业技术教育委员会、民校教育委员会和成人教育委员会。中小学教育主要由基础教育委员会（以下简称"基教委"）和民校教育委员会（以下简称"民教委"）负责，基教委负责国立中小学，民教委负责私立学校。

根据泰国教育部的规定，各中小学可以在符合《2008 年基础教育核心课程》的前提下决定学校是否开设汉语课、在哪个阶段开设汉语课以及汉语课的

---

① 潘素英：《泰国中小学汉语课程大纲研究》，中央民族大学博士学位论文，2011 年。

形式和课时。泰国中小学教育主要有三种类型的课程：基础课程、补充课程和活动课程。目前，泰国的中小学阶段的汉语教学大多属于补充课程（如汉语专业班的课程）和活动课程（如"汉语俱乐部"）。课程的设置必须为泰国中小学生的生理、心理及德、智、体各方面的综合发展服务。

二、泰国汉语教学现况简介

1. 语言政策

1975 年，中泰两国正式建交，泰国的汉语教学在被限制了五十余年后重新发展了起来，尤其是进入了 21 世纪之后，泰国汉语教学的发展速度越来越快，政府和皇室对汉语教学的支持力度也越来越大，也颁布了很多有关促进汉语教学的政策，《泰国促进汉语教学以提高国家竞争力战略规划（2006—2010 年）》就是其中非常重要的一个，战略规划中涉及到的汉语教学具体目标如下。

（1）泰国正规学校每个阶段的学生能接受良好的汉语教育，其中基础教育第四教育阶段（高中）毕业生中，至少有 20% 的学生学过汉语；职业学校的毕业生中，至少有 20% 的学生学过汉语；高等学府的毕业生中，至少有 20% 的学生学过汉语。

（2）特别有汉语天分的学生要有 4000 人，他们要能够使用汉语进行交流和学习，经过后期不断的提高，汉语达到非常熟练的程度。

（3）泰国劳动适龄人员，至少要有 10 万人学过汉语，既能在工作中使用汉语进行交流，还可以作为就业手段。[1]

2. 孔子学院及孔子课堂情况

目前，泰国共有 15 所孔子学院（分别是朱拉隆功大学孔子学院、农业大学孔子学院、孔敬大学孔子学院、皇太后大学孔子学院、清迈大学孔子学院、宋卡王子大学孔子学院、玛哈沙拉坎大学孔子学院、曼松德昭帕亚皇家师范大学孔子学院、川登喜大学素攀孔子学院、宋卡王子大学普吉孔子学院、勿洞市孔子学院、东方大学孔子学院、易三仓大学孔子学院、海上丝路孔子学院、华侨崇圣大学中医孔子学院），这些孔子学院主要负责泰国本土教师的培训、与国内高校的合作交流以及比赛和各类文化活动的组织等。

泰国还有合艾国光中学孔子课堂、吉拉达学校孔子课堂、罗勇中学子课孔堂、玫瑰园中学孔子课堂、明满学校孔子课堂、南邦嘎拉尼亚学校孔子课堂、

① 韦丽娟：《泰国汉语教育政策及其实施研究》，华东师范大学博士学位论文，2012 年。

暖武里河王孔子课堂、彭世洛醒民公立学校孔子课堂、普吉中学孔子课堂、易三仓商业学院孔子课堂、岱密中学孔子课堂等 20 个孔子课堂。[①] 孔子课堂主要集中于中学，他们主要负责中小学生的汉语比赛的组织，例如，2016 年的第九届"汉语桥"世界中学生中文大赛曼谷地区的比赛就是由玫瑰园中学孔子课堂主办的。

同时，各个府还都有一些促进汉语教学网络中心（以下简称"汉语中心"），这些汉语中心多数设立于中学，每年都会协助各个教委及同地区的孔子课堂举办一些比赛和文化活动。

3. 中小学汉语教学现况

目前泰国多数中小学都开设了汉语课。基教委下属的国立中小学一般将汉语作为补充课程或者活动课程，一周只有一到两课时。民教委下属的私立学校中既有普通的中小学，又有华人创办的中小学，一般华校对汉语课的重视程度更高，汉语课的课时安排也更多。一些学校的高中部有汉语专业班，这些班的学生在高考时要参加汉语考试（PAT 7.4），所以每个班的汉语课会增加到每周七至八课时。

4. 教师情况

泰国本土汉语教师总共有两类。一类是公务员教师，工作较稳定，可以选择在某个学校教书直到退休。他们的工资由政府发放，所以对公务员教师的要求更加严格，他们既要参加公务员相关知识的测试，也要参加相关专业知识的测试，两种测试都通过才能取得公务员资格。这一类教师的汉语专业知识比较扎实，汉语教学技能也比较强。另一类教师是与学校签约的自聘教师，这些教师一部分有教师资格证，也有一部分没有教师资格证，水平参差不齐，有些老师的汉语能达到 HSK 五级或六级的水平，但是有些老师的水平只有 HSK 三级左右。而且这一类老师的流动性也比较大，不太利于汉语教学连贯性的持续。

现在泰国汉语教学的主要师资力量仍是志愿者教师，有些学校甚至只有志愿者教师，没有泰国本土老师。虽然每一位志愿者离任的时候都需要对这一年的汉语教学情况做出说明，以便于下一任志愿者开展新一年的教学，但是由于老师不同，教学方式也不尽相同，学生每一年都需要适应新的老师，所以教学效果也并不十分理想。

---

① 国家汉办官网：http://www.hanban.edu.cn/confuciousinstitutes/node_10961.htm。

5. 教材使用情况

目前泰国的汉语教材种类非常多，最常用的是《快乐汉语》《跟我学汉语》《体验汉语》《创智汉语》《快乐中国行》和《汉语教程》这六套教材。

（1）《快乐汉语》

图1　《快乐汉语（泰语版）》

《快乐汉语（泰语版）》共八个单元24课，分别与自我介绍、家庭介绍、饮食、学校生活、时间和天气、工作、爱好、交通与旅游八方面相关，课文比较短，内容也比较简单，适用于11~16岁的学习者。

（2）《跟我学汉语》

图2　《跟我学汉语》

《跟我学汉语》这一系列教材共四册，使用对象主要是在海外接受汉语教育的15~18岁的青少年。书中不仅有课文和练习，还有一些简单的中国歌曲和童谣供学生学习，内容比《快乐汉语》丰富，趣味性也比《快乐汉语》强，笔者认为这套教材更适合泰国的中学生。但是这套教材也有一些不足，即词汇、语法和习题的翻译均为英语，所以学生在使用的过程中会遇到一些困难，需要教师进行更为细致的讲解并带领他们进行操练。

（3）《体验汉语（泰语版）》

《体验汉语（泰语版）》这一系列教材是在泰国中小学使用度非常高的一类教材，这一系列教材有小学版、初中版和高中版三套，每套六册。

图 3 　《体验汉语（泰语版）》（小学）

图 4 　《体验汉语（泰语版）》（初中）

图 5 　《体验汉语（泰语版）》（高中）

《体验汉语（泰语版）》是目前泰国中小学常用汉语教材中唯一一套分阶段编写的教材，但是两个阶段中间的连贯性不强。例如，初中版的第一课和高中版的第一个均为打招呼和自我介绍，所以初中学过这套教材的学生可能高中还要再学一次类似的内容，重复度较高。

这套教材也有着它独特的优势，它的练习和课堂活动非常丰富（例如高中系列教材共六册，共有244个课堂活动），趣味性比较强，而且课文讲述的多为真实的故事，会让学生有代入感，比较容易沉浸到学习内容中去，而且词语和重点的语法均有泰语解释，学生理解起来比较容易。

（4）《创智汉语》

图6　《创智汉语》

《创智汉语》系列教材共六册，课堂活动的数量仅次于《体验汉语》，而且每一课后面都有一段绕口令或者儿歌、短诗等，比较注重对学生语音的持续性的训练，即使已经过了语音的集中学习阶段，仍然设计了语音的训练。但是这套教材拼音学习和汉字学习的衔接性不太好，前六课的课文只有拼音没有汉字，可是从第七课开始课文中出现了大量的汉字，笔者认为这样的设计减少了循序渐进的过程，容易让学生的学习压力突然增大，所以教师在教学的过程中需要适当调整教学内容，将拼音教学与汉字教学有效地结合在一起。

（5）《快乐中国行汉语教程》

图7　《快乐中国行汉语教程》

《快乐中国行汉语教程》是"汉语桥——宝石王"杯国际汉语大赛中小学组比赛的指定教材，由天津实验中学自主编纂。教材中涉及的文化点比其他教材多，但是难度比较大，课文篇幅也比较长，所以现在使用这套教材的学校越来越少了。笔者认为，这套教材中的文化内容很重要，对即将参加汉语高考的学生非常重要，所以可以把其中的文化知识点与其他教材的内容相结合，对具体的教学内容做出调整，以便达到更好的教学效果。

（6）《汉语教程》

图 8　《汉语教程》

《汉语教程》是一套主要针对来华留学生编写的汉语教材，但是因为其中语法点的讲解较为清晰，且词汇量比较丰富，所以现在为越来越多的泰国中学汉语教师所喜爱。但是这套教材没有泰语版，所以在教学的过程中，还需要教师更为细致的讲解。而且这套教材更注重实用性，所以几乎没有课堂活动，趣味性不强，教师在教学的过程中也需要适当地增添其趣味性。

三、泰国中小学汉语教学实践

笔者于 2016 年 5 月至 2017 年 3 月在泰国曼谷的本扎玛拉查莱中学担任汉语老师。负责初中一年级的全部汉语课程和高中三个年级的部分汉语教学工作。

1. 本扎玛拉查莱中学介绍

本扎玛拉查莱中学位于曼谷市，是基教委下属的一所公立中学，也是一个促进汉语教学网络中心。建校时间已有 103 年，学校的前身是泰国的第一所女子师范学校，所以一直到现在，学校的生源也仅限于女性学生。

学校的课程一般从早上 8：20 开始，50 分钟一节课，一天 8~10 节课，没有课间，学生中午只有一节课的时间可以用来吃饭。学生需要学习的课程非常多，除了泰语、数学、英语、社会、科学等基础课程，还要学习舞蹈、美术、手工制作等生活实践类课程。

目前学校有四位汉语教师、三位泰国本土教师和一位汉语教师志愿者。三位本土教师中有两位是公务员教师，一位是学校自聘的汉语教师。汉语教师志愿者一般和泰国本土教师搭档教学。汉语课的开设情况是初中一年级的所有班，每个班一周两节课；初中二年级和三年级，每个年级一个汉语兴趣班，每个班一周两节课；高中一年级至三年级，每个年级一个汉语专业班，每班每周五节汉语综合课，两节汉语听说课，非汉语专业班不开设汉语课。初中和高中各有一个汉语俱乐部，每周上一次课，主要教学内容为中华文化的展示和学习，主要目的是激发学生对汉语的兴趣。

校长 Sukontha 女士非常重视汉语教学，对老师和学生的要求也比较严格。她要求每个汉语专业班的学生都要参加 HSK 考试，还要积极参加泰国教育部和基础教育委员会举办的各项比赛和活动，她的计划是三年之内初中的每个班都开设汉语课，提升学习汉语教学的整体水平。

2. 学生特点

很多志愿者老师对泰国学生的印象都是纪律性和学习积极性都不强，学生经常在教室里走来走去。由于笔者的学生都是女孩，所以在课堂上乱走的现象并不严重，但是她们经常会在课堂上聊天，而且声音会越来越大，教师如果不及时管理，课堂会非常混乱。

泰国学生注意力集中的时间也不太长。初中的学生上课时注意力集中的时间大为 20 分钟左右，在这之后，一些学生就会开始走神。初中生还处于活泼好动的阶段，纪律性也比较差，有时候在课堂上就会在教室里走来走去。初中生的学习自觉性也比较差，需要老师的再三督促才会完成作业。高中的学生上课时注意力集中的时间比初中学生长一些，为 30~35 分钟，偶尔会有一些不听课、走神的学生，但是总的来说比初中好很多。他们习惯于老师主导的课堂状态，多数情况下只是听老师讲，很少问问题，也较少记笔记，需要老师不断地提醒他们。和初中学生不同的是，多数高中学生的作业都会按时完成，做得也比较认真。

3. 常用教材

本扎玛拉查莱中学的汉语教材使用情况如下：初一年级使用教师自编讲义，教学内容的设计参考了《快乐汉语》《跟我学汉语》《创智汉语》这三套教材和基教委设定的汉语教学大纲；初中二年级和三年级使用《跟我学汉语》，教师选取其中的一些内容，制成讲义后发给学生；高中一年级使用《汉语教程》；高中二年级和高中三年级选用的教材就是《体验汉语泰语版》（高中）。

4. 教学实例与分析

（1）教师语言

是否使用媒介语是很多教师在教学的过程中都会考虑的问题，笔者在进行教学时也曾考虑过这个问题。面对年龄较小的零基础学习者，纯汉语教学无论是对教师还是对学生都是一个很大的挑战。所以笔者认为，在教学的过程中还是需要适当使用媒介语的。

一开始，笔者的泰语不太好，所以上课时的媒介语多为英语，但是随着教学活动的开展，笔者也发现了一些问题。首先，初中的学生英语水平不高，所以笔者说的内容她们并不能完全理解，以英语为媒介语反而加重了她们的学习负担。其次，泰国人的英语发音与中国人不太一样，有时候笔者和学生无法进行有效的沟通。所以笔者开始和泰国本土教师学习泰语中的课堂用语，在此后的教学中，笔者尽量使用简单的泰语作为辅助，教学效果得到了有效的提升。而且笔者每次说泰语的时候学生都非常高兴，甚至拍着手说："老师会说泰语了!"

但是笔者也并非在所有的课上都使用泰语。由于高中学习汉语的都是汉语专业班的学生，她们都需要参加汉语高考（PAT 7. 4），所以笔者在课堂上会尽量多地使用汉语，遇到比较难以理解的词汇或语法时再用泰语进行解释。两三节课过后，高一零基础的学生也基本掌握了基本的课堂指令语（如"打开书""看第 18 页"等），高二和高三的学生汉语听力理解测试成绩也有了明显的提升。

（2）学生成绩比例分配

泰国学生的及格分数和中国不一样，一般满分为 100 分，学生只要拿到 50 分就算及格。而且泰国的中小学比较重视学生的平时成绩，平时成绩在总成绩中所占的比例非常高。笔者对在泰国中小学进行教学的 60 位老师做了调查，其中有 91. 7% 的教师表示根据他们任教学校的规定，平时成绩要占总成绩的 50% 或以上。例如笔者所在的本扎玛拉查莱中学，学生期末总成绩中，平时成绩占 70%，期中考试和期末考试各占 15%。平时成绩主要由各项作业的分数相加而成。例如，老师设定"制作海报"这项作业的满分是 10 分，学生只要交了这份作业，就至少会有 5 分，做得越好分数越高。所以一般只要学生交了作业，期末就不会出现不及格的现象，即使她们期中和期末考试都没有及格，只要总分数超过了 50 分，她们就不需要参加补考了。

同时，泰国中小学的活动也非常多，有时候某一个活动的表现就可以占总成绩的 5%~10%。例如，2016 年 11 月，学校组织了一次全校性的出游活动，出发之前每个人都会拿到一个任务卡，学生在游览的过程中需要完成这个任务卡，它占期末总成绩的 5%。学生完成任务卡后将它交给班主任，班主任视其完成情况给分，然后再将全班的分数做出统计并发给各科老师，这张任务卡在每一科的期末总成绩中都能占 5%。一般，班主任给学生的分数都在 4 分以上，通常比她们完成作业所得的分数要高。2017 年 1 月，学校举办了"Open House

（校园开放日）"活动，规定在这项活动中，学生的表现占总成绩的 10%。初一（3）班班主任给学生的成绩都是 10 分满分，为她们的平时成绩加了很多分。

而且泰国的教育制度要求在日常教学活动中，学生要尊重老师，努力完成老师布置的任务，但是如果学生期末总成绩不及格，那么受责罚的会是老师。而且即使学生不及格，也不愿意参加补考，她们也不会有留级的风险。因此泰国学生对学习的重视程度远不及其他国家的学生。

（3）教学计划设定

笔者在第一学期时曾经为初中一年级的学生设计了一份教学内容丰富的教学计划，包括语音学习、打招呼、自我介绍、数字、颜色、爱好等内容，最后却只完成了 70%，主要原因有以下两点：第一，学生水平未达到预期，为了给学生打好基础，不得不放慢教学速度；第二，学校早上经常有活动，有时活动持续时间过长，会耽误学生上课的时间，为了保持各班进度相同，不得不放慢整体教学速度。对于无法完成教学计划这个问题，笔者也咨询过几位泰国老师，他们说无法完成教学计划是一件很常见的事情，因为学校每年举办的活动都不尽相同，所以有很多不可控因素，下一次写教学计划时适当做出调整就可以了。

第二学期，笔者参考了学校的校历，同时根据学生的学习情况对教学计划做出了调整，放慢教学速度，给学生充足的操练以及完成作业的时间，为她们下一学年的学习做好准备。这样的教学计划达到了比较好的教学效果，笔者和学生跟着这样的节奏走，也并没有感觉太累或者知识难消化。合理的教学计划设定与实施也让学生的整体成绩有了大幅度的提升。

（4）课堂活动实践

泰国的学生非常喜欢课堂活动，每次一听说有活动就会非常兴奋，但并不是所有课堂活动都受学生的欢迎。笔者通过对泰国学生的问卷调查、访谈和观察，发现他们喜欢的课堂活动多为参与度较高，即全班同学都能参与的活动。而且他们好奇心和好胜心都比较强，所以将"猜测"和"比赛"这两个元素加入活动后，会有更好的活动效果。

例如，笔者在高中二年级组织过一次"动作猜词"活动，就非常受学生欢迎。这个活动的规则如下：

> 传导游戏。几人一组，第一个同学看卡片，然后表演给第二个同学，第二个同学表演给第三个同学，以此类推。可以表演，也可以说话，但是不能说出该词语中的字。最后一个同学说出这个词，大家看看他说得对不对。

笔者在实践的过程中将学生分为了两组，让他们进行比赛，还将活动难度做了小幅度的提升：每组的最后一名学生需要将自己猜到的词写到黑板上，并读出该词语。每名学生只能参加一次活动。每次先把词语写对并读对的小组积一分，最后得分多的小组获胜。

由于笔者要求每名学生只能参加一次，每一轮结束之后，就要换四个人来参加比赛，所以绝大多数学生都在活动中得到了锻炼。为了提升活动的难度，笔者还要求他们把词语写在黑板上，写对了才能积一分，所以在这一过程中，也发现了一些学生汉字书写方面的问题，纠正了他们一些书写习惯的错误，如"鞭炮"的"炮"字，有的学生在写横折钩的时候没有把钩写出来，笔者在活动的过程中就对此进行了纠正，此后，笔者在查阅学生的听写和试卷时，发现这一类字的错误率有所降低。学生在活动进行的过程中非常专注，也非常积极地参与到活动中来。下课后，有的学生还特意来和我说，她很喜欢这个活动，她认为这是一个帮助她们记忆词汇的好方法。

适当加入课堂活动不仅可以调动学习气氛，还可以加深学生对语言知识的理解，帮助学生记忆。同时，活动也是一种操练，教师可以在这一过程中发现学生出现的偏误并及时加以纠正，引导学生准确地使用汉语。

（5）课堂管理问题

泰国中小学最常见的课堂管理方面的问题就是学生迟到的问题。学生上课迟到这一现象普遍存在于泰国各地区的各个中小学中，这与两节课之间没有课间密切相关。学生有时可能需要从一栋教学楼走到另一栋教学楼，所以经常会迟到，有时遇到上一节课的老师拖堂，学生会迟到更久，笔者在教学的过程中就遇到过很多次全班一起迟到的情况。

第二个常见的问题就是经常有学生在课堂上请假去卫生间。由于没有课间，很多学生下课后没有时间去卫生间，所以就会在上课的时候去。一般泰国老师都是默许她们这种行为的，只要和老师请了假，就可以去卫生间。

对于这两个问题，笔者也主要采取容忍的态度，但是会提出一些要求，例如，去卫生间之前必须用中文向笔者或者泰国老师请假（相关句子已经学过），如果不说汉语就不能去。在泰国中小学的课堂中，聊天、玩手机、在教室中乱跑的现象也比较严重，对于这几种现象笔者采用的态度比较坚决，如果有人在课上和同学聊与课堂无关的内容，第一次被发现先提醒一次，第二次被发现就让她起立，如果屡次提醒还不改的话让她把座位挪到远离其他人的地方；如果有人在课堂上玩手机，一经发现一律没收，笔者会将手机交给泰国老师，让学生和泰国老师商量后续事宜。

笔者在课堂管理方面也遇到了一些问题，因为第一学期开始时，笔者希望营造一个轻松有趣的汉语学习氛围，所以对学生的管理并不是很严格。但是渐渐地，笔者发现学生的管理越来越难，因为她们认定了笔者脾气好，不会惩罚她们，所以行为也越来越过分，这时笔者才意识到立威的重要性。但是这一过程比一开始就立威艰难了很多。

（6）偏误纠正

初中一年级的课程由笔者和一位学校自聘教师郑老师共同负责，郑老师比较注重学生发音的准确性，所以在遇到学生发音出现偏误时，她会不厌其烦地、不停地纠正学生的偏误。但是，并不是所有学生都能接受这样的纠正偏误的方式。有一次，郑老师让一个学生读 PPT 上展示的一个音节，但是她的发音不太准确，郑老师便开始给她纠音，这个学生一开始还能很耐心地跟读，但是读了几遍之后就开始不耐烦，旁边的学生也笑了起来。笔者连忙出言阻止，让这个学生坐了下来，让其他学生继续读 PPT 上的其他音节。

下课后，笔者和郑老师聊了聊偏误纠正这件事，她说她上中学时开始学汉语，她的老师就是这样一遍遍地纠音，所以她并未感觉有什么不妥。但是笔者认为，每节课对每名学生每个音的纠误不应该超过五次，如果学生的发音还是不准确，可以下课之后再进行单独的纠音，不应该在课堂上一直纠正某一个学生的某个偏误。

（7）作业布置

由于学生平时成绩占的比例极大，所以郑老师经常会给学生布置一些抄写、背诵类的作业，让她们课后来找笔者背诵，背诵的分数计入平时成绩。但是泰国学生比较懒惰，来找笔者完成这些背诵任务的人很少，这就导致了第一学期很多学生平时分极低，最后期末总成绩不及格。第一学期不及格的人数大约占总人数的三分之一。这样的成绩让笔者开始反思，给学生留的作业中哪里出现了问题。经过思考，笔者发现学生平时分低的原因主要有以下几点：第一，抄写类作业机械性太强，学生不愿意做。第二，泰国学生惰性比较强，懒得写作业，懒得背生词、课文，也懒得去找老师完成背诵任务。第三，学生不够重视作业。

经过假期的思考，笔者在制订第二学期教学计划时，留出了足够的时间让学生来完成作业，并把机械性的抄写作业换成了画画儿、贺卡制作等趣味性较强的作业。上课之前把任务卡片发给学生，让她们在课堂上完成作业。每一课的学习结束后，笔者还会留出半节课到一节课的时间，让学生按学号来完成口语练习，并在课堂上强调，好好做这一次作业就能拿到五分，既对考试有帮助，又能让自己的期末成绩更高一些。这样做的效果非常显著，交绘画类作业的学生比交抄写类作业的学生多很多，而且作业的质量也有了明显的提升，认真完成口语练习的学生也比第一学期多了很多。第二学期期末总成绩不及格的学生仅占学生总数的3%，和第一学期相比有大幅度的下降。

（8）泰国的汉语比赛

提到外语比赛，大家想到的首先是英语演讲比赛、英语翻译大赛、语法比赛等，这些比赛种类不多，而且对学生外语水平的要求比较高。但是泰国的汉语比赛和这些不太一样。首先，泰国的汉语比赛种类丰富，不仅有演讲比赛，也有唱歌、演短剧、节能项目介绍等各类比赛。如果有的学生口语不太好，但是写字好看或是认识的汉字很多、查字典快，那么还可以参加书法比赛、查字典比赛等考验笔头功夫的比赛。同时，泰国的比赛不仅类型多，数量也很多。笔者在泰国期间辅导学生参加了第九届"汉语桥"世界中学生中文大赛、基教委第二届汉语比赛、基教委第六十六届文科比赛、"汉语桥——宝石王"杯国际汉语大赛中小学组比赛这四个大规模的比赛，还有一些孔子课堂、各大高校举办的小型比赛，很多学生都有机会在比赛中得到锻炼，这对一个班整体汉语水平的提升是非常有帮助的。

（9）泰国的活动

泰国人热衷于各种各样的活动，泰国的中小学有时候也会因为这些活动停课。例如校园开放日，学校决定 2017 年 1 月 26 日举办活动，但是 25 日下午就开始不上课了，学生开始布置教室、布置操场中央的展台，26 日也是全天停课。这样的活动笔者参加过很多次。

有一次，笔者在教室中等初一的学生，却被告知一个木偶剧团来学校演出，学生都去看演出了，这天的课不上了。第二天是周五，学生还处于异常兴奋的状态，教学活动非常难开展。

泰国丰富多彩的活动给人们的生活带来了乐趣，却也给教师的教学工作带来了一些麻烦。笔者曾经采访过三位泰国老师对现在泰国中小学教育的看法，他们都提到了"活动过多，影响学生学习积极性"这一点，他们也非常希望学校能把握好活动与教学之间的平衡，不要让活动影响教学。

5. **建议**

经过在泰国这十个月的教学和反思，笔者有一些建议，希望可以给在泰国进行汉语教学的老师们提供帮助。

（1）适当使用泰语作为媒介语。首先，可以帮助学生理解相关教学内容。同时，适度使用泰语还可以拉近与学生的距离，让学生对老师产生亲切感。

（2）根据学生的汉语水平和实际教学效果及时调整教学计划，留出充足的时间让学生完成任务。

（3）适当地加入一些课堂活动，三到四课时组织一次课堂活动，激发学生对汉语的学习兴趣，检验教学效果，帮助学生理解、记忆所学的知识点。

（4）偏误纠正要适度。在纠正学生的偏误时，不要盯着一个学生、一处偏误不放，如果纠正效果不好可以课后再对学生加以纠正，但是在课堂上要学会"放手"。

（5）作业的种类可以多种多样，不要总是单一的、机械性的练习。可以与学生的兴趣点相结合，这样可以让学生更高质量、高效率地完成作业。

新加坡汉语教学概况

同永康

（北京第二外国语学院文学院）

新加坡是一个有东西方文化枢纽之称的移民国家，在这个岛屿上除原住民马来族以外还有华族、印度族等民族，各个民族在进入新加坡时一并带入了自己的语言，每种语言又有各自复杂的方言变体。因此，以"构建统一的多民族国家和谐格局"为最终目标和出发点，新加坡制定了独特而效果卓越的语言政策。本文从宏观、中观和微观三个层面阐述新加坡华文教育的发展及现状。

一、宏观层面

宏观层面包括"新加坡的语言政策""新加坡孔子学院（课堂）的概况""实习所在地的语言政策"以及"新加坡教师资格证和当地教师入职情况"等内容。

1.1 所在国家语言政策

立马来语为国语；华文、英文、泰米尔文并立为工作语言；但实际上英文才是具有国语实体的语言，在学校教育中也同样使用英文作为第一语言，其他语言作为第二语言进入课堂。我们认为选取英语这样一个外来语言来沟通各种族以达到将种族间矛盾降至最低的目的的做法完全体现了"公平公正"的治理原则，也是十分明智和值得其他多民族国家借鉴的。

华文教育就是在上面所论述的环境中逐渐发展的。从新加坡华族的移民来源来看，多数华族使用的华文以闽南语等南方方言为主，而非和普通话接近的北方方言，这就对新加坡本土的标准华文——普通话的推广产生了阻碍，年轻华族在家中耳濡目染地受到方言变体的影响。特别地，在实习工作的开展过程中，我们发现参与补习的中小学生具有和中国方言相似的发音特点；从语言融合的角度来看，华文在这个岛屿上与其他语言不断碰撞并离开发源地独立"生存"的过程中，借音借词的现象不断发生，华文的"本土化"现象就此产生。因此这也为新加坡的华文教育增加了难度。这也就是"多民族"环境对华文造成的不可避免的影响。

好在新加坡的华文教育政策是"自上而下"以政府为主导并且以"一切向

中国看齐"为指导的。新加坡大力推行华语是为了有效发挥母语的作用。① 在
政府的直接推动下，新加坡常年推广"华文运动月"。我们可以把它看作新加
坡版的"推普"运动。

得益于在殖民时代英国将新加坡开辟为一座自由港，中国福建、广东、海
南等地的大批华人拥入，使得岛上的华人人口逐年增加。在移民之初，殖民地
政府统治时期，根本谈不上真正的华语教育，那时候的华族子弟主要是在自己
方言社区的私塾里，通过口音较重的教师课堂讲授来学习华语的。② 新加坡政
府在时任总理李光耀先生的大力倡导下，于 1979 年开始在全国华人中开展了推
广华语运动，收到了较好的效果，华语方言杂乱的局面大有改观，有效促进了华
族新加坡人之间的沟通和了解。此后，新加坡政府采取了一系列包括"以华语
节目代替方言媒体节目"和"在街道和重要证件上加注汉语拼音"等行政措
施。③ 华文在新加坡政府的积极影响下稳步健康发展，华族文化也因此延续。
以马来语为象征国语，以英语为实际国语的微妙状况虽然使新加坡迅速发展成
为一个发达的现代化国家，但同时导致年轻的华族对中华文化产生了疏离的情
绪。因此我们有理由认为，新加坡的语言政策仍有调整的必要。

我们相信，新加坡的双语文教育政策和华语华文的教育必将继续取得新成
绩。我们对于新加坡共和国推行的双语文教育政策及推广华语运动、华文规范
和管理工作的成功经验十分赞赏，如果我们能够很好地学习和借鉴他们的成功
经验，结合我们国家的实际加以消化、吸收，肯定会对我们的语言文字工作和教
育工作有很大的裨益。

1.2 孔子学院和孔子课堂情况

为致力于适应新加坡人民对汉语学习的需要，增进对中国语言文化的了解，
加强两国教育文化交流合作与友好关系，发展中国与外国的友好关系，2005 年
8 月，中国国家汉办与新加坡南洋理工大学签署合作建设南洋理工大学孔子学
院协议。南洋理工大学孔子学院于 2005 年 8 月开始运营，于 2007 年 7 月，举
行隆重的揭幕典礼，是新加坡唯一一所孔子学院，直属于南洋理工大学的非营
利机构。学院与 2014 年时已拥有图书资料室一个，藏书 10000 余册，教室 7

---

① 詹伯慧：《新加坡的语言政策与华文教育》，《暨南大学华文学院学报》，2001 年第 3 期。

② 胡瑞昌：《新加坡共和国的语文政策与华语华文教育》，《河北师院学报》（社会科学
版），1994 年第 1 期。

③ 刘汝山、鲁艳芳：《新加坡语言状况及语言政策研究》，《中国海洋大学学报》（社会科学
版），2004 年第 3 期。

间，其中，2 间为多媒体阶梯教室。

南洋理工大学孔子学院服务内容包括：为新加坡华文精英开办培训课程；为在职的中小学华文教师开设华文培训课程；为企业集团公司、金融商业机构、东南亚区域商业公司等开设各种类型和技能的汉语与文化课程；为东南亚区域提供有关中华语言与文化的教学模式与教学课程咨询；发展为本地与区域的华语教学能力认证考试中心；为公众人士开设中华语言与文化有关的课程；积极推动学术活动、竞赛、中国影视文化与文学活动等。

孔子学院在课程设置上，根据受众不同分为学生课程、成人课程以及文化课程。（见表1）

表1　2016 年 7 至 9 月孔子学院课程（部分）展示

学生课程	学前状元学堂（4 岁、5 至 6 岁）	状元学堂深广课程（小学、中学）	汉字书法真好玩	阅读写作强化班
成人课程	中国通商策略与法则	商务中文	交际汉语	应用文写作课程
文化课程	名师经典讲座系列	分享书法与养生	中国传统武术讲座	第十五届汉语桥世界大学生中文比赛新加坡赛区 2016

孔子状元学堂是为了进一步地全方位提升新加坡小学生华语水平而开设的，包括了小学一年级至六年级的分年级的华文辅导课和自编教材的书法、阅读写作课等，提升华语能力的同时，彰显中华文化的特色。①

除孔子学院以外，下设孔子课堂，截至今日共计两所。其中一所是于 2007 年 3 月 19 日建成的新加坡孔子学校。这所学校与当地政府中小学校合作、协助汉语教学，在新加坡的基础汉语教学中扮演者积极的角色。根据新加坡教育部的汉语教学的基本要求为指导，根据每一所学校特有的具体情况，制定了"学前启蒙""基础强化""写作强化""文化浸濡"和"技能提升"五大系列的汉语课程，并编写了一系列适合不同年龄、不同层次学生学习的教学材料，涵盖了新加坡华文基础教育的所有内容。这些课程既是课堂学习的延续，又是课外知识的提升，广受好评。新加坡孔子学校除了每年举办"汉语桥"等华语演讲

---

① 资料由南洋理工大学孔子学院官方网站提供。

外，还积极配合当地学校及社区展开"种族和谐日""中秋晚会""新春贺喜"等文化活动。

另一所孔子课堂是由新加坡科思达教育集团承建的，于 2012 年 4 月 28 日成立的新加坡科思达孔子课堂。

新加坡孔子学院教学模式的主要特点

（1）坚持语言和文化并进：将孔子学院的华文课程打造成独特的语言和文化综合型产品。这一特点在"学生课程"中尤为显著。

（2）在小学华文教学中贯彻"乐学善用"的教学理念："乐学善用"是新加坡母语检讨委员会于《乐学善用——2010 母语检讨委员会报告书》（2011）中所提出的核心教育改革理念，旨在引导华文教学向更加注重趣味性和实用性的方向上健康发展。

（3）在教材设计方面力求本土化、切合生活实际、注重话题的实用性、趣味性并有创新：比如专门为成年人业余时间自我提升而设计的《今日商务》，内容本体化，分为初级、中级和高级（听说和读写）共六册，对新加坡乃至东南亚的商务汉语学习者都十分有帮助；另有适用于小学生的华文辅助教材《状元学堂·乐思华文》，由南大孔院和教育出版商圣智学习（Cengage Learning）合作推出。《状元学堂·乐思华文》分上下两册，遵循 2010 年母语检讨委员会提倡的"乐学善用"理念，更加侧重学生的应用能力；为学前孩童撰写的华文教材在计划当中，由南大孔院和山东师范大学协作。

（4）课程设置灵活丰富：南大孔子学院针对新加坡不同社会阶层及不同年龄的语言需求，设置了系列的语言课程，有面向成年人的汉语教学教育专业文凭、当代中国专业文凭、商务翻译与口译技能文凭、成人华语会话课程、商务汉语及为公司高级管理人员量身定做的商务华语课程等；面向自幼儿园至中学生学生，依不同年级，开设了孔子状元学堂和少年孔子文化营系列课程；除了语言课程，还开设了丰富的文化怡养修研课程，如歌词创作、汉字学堂、书画鉴赏、彩墨画、中医养生、嗓音的应用与保健等。较好地平衡和稳定了不同科目、不同课型的发展态势，使每一位不同年龄、不同语言背景、不同学习动机、不同学习能力的学习者都能找到适合自己的课程并有所获。

（5）新加坡南洋理工大学孔子学院的各类学生课堂一律遵循"零作业"的原则，不允许教师以任何形式布置课后作业。"课业零负担"是南大孔院学生华文教育的重要特点之一。[①]

---

① 赵丽秋：《基于"乐学善用"理念的新加坡华裔儿童华文课例研究——以南洋理工大学孔子学院儿童课程为例》，山东大学硕士学位论文，2014 年。

1.3　所在地区的语言政策及对语言政策的思考

未找到碧山地区的单独语言政策规定，统一以新加坡语言政策大纲为总旨。在对新加坡各地的观察中我们发现，公共场所的公示语都采用英语为主、辅以中文、泰米尔语等的形式，有时也辅以印尼语。可以看出英语在新加坡语言政策的指导下作为主要媒介语的地位。20 世纪 70 年代末，在新加坡生活和工作的华族住民在公共场所使用的汉语主要为方言（主要以中国南方方言，如闽南话、粤方言、客家话为主），如今，这种现象基本为普通话所代替，这是新加坡政府大力开展的推普工作取得的成效，这一切皆始于 1979 年开展的"全国推广华语运动"。时任总理李光耀喊出"多讲华语，少说方言"的口号，希望以华语取代方言，以华语加强社会的凝聚力。然而新加坡的"讲华语运动"开展至今已有三十余年，论其成效却质疑不断。虽然"推普运动"使得方言使用者人数大减，可多数年轻人却是改为使用英语，而不是使用华语。究其原因，在于华语的生存空间在运动的影响下不增反减。受"讲华语运动"影响的多为年轻人，而不是家中的长辈，年轻人只得选择英语或方言和长辈沟通交流。如此一来，家中并不是理想的练习华语的场所，这就制约了华语的发展。即数十载从不间断的华语推广运动虽给了华语坚实的社会基础，但华族社会方言的复杂现状仍需持之以恒的努力才能打破。

1.4　教师资格证和当地教师入职情况

修读新加坡教育部所承认的教师文凭并取得在新加坡当地中、小学华文课堂任教资格的主要途径有三种：拥有大学本科毕业文凭者可以通过修读为期一年的华文教育文凭课程，拿到新加坡政府华文教师资格证；新加坡国立大学设有相关专业，学生修读完成大学四年的课程后，既可获得本专业的学士学位，又能同时取得华文教师资格证；另有一类华文教育文凭课程，由不同教学机构开设的课程修读期限也有所不同，并不具备颁发学位的资格，仅为毕业生颁发新加坡政府华文教师资格证，这种途径也是新加坡教育部计划逐渐减少并希望最终取消的。

此外据采访了解，在新加坡的中小学任教的老师均为专职教员，禁止参与其他课外补习班，违者吊销教师资格。

二、中观层面

中观层面由"实习单位的基本情况""汉语课程的教学地位""学习汉语的学生情况""汉语课在课程计划中的安排""选用的汉语教材"等内容组成。

2.1 所在学院的基本情况

新加坡欢乐点睛华语教育中心（HCL Education Centre）成立于 2006 年 12 月，其教育理念是"Happy Chinese Learning, Higher Chinese Language"，致力于探索欢乐学习环境下的教学。欢乐点睛共有六大分中心，其中碧山分中心历史最久、面积最大。

教学方面，欢乐点睛首创"公式化口试教学""系列作文教学"和"阅读理解解题思维训练"并成功将其实践，如今，欢乐点睛已成为全国著名的华语教育中心。

欢乐点睛的华语课程覆盖新加坡 K1～S4 的所有年级。具体包括：适合 K1、K2（幼儿园阶段）小朋友的少儿欢乐华语班；P1～P6（小学一年级至小学六年级）基础、提升和精英班；S1～S4（中学一年级至中学四年级）学生的快捷华语班；S1～S4 学生的高级华语班等五大模块。根据学生的实际水平，采用小班化教学以及课后跟踪辅导计划，旨在帮助学生在短期内快速提高华语水平。

其组织结构层分为：校长、行政、教师及后勤。校长负责学院的全部事务；行政部主要负责学生的报名、课程的编排、家长的联络等事宜；教师层分为年级组长、普通教师和助教，年级组长和教师最基本的任务都是进行授课，但是年级组长还要负责每周五各年级的例会，一般来说一个组长分管两个年级；助教主要辅助教师进行备课、授课，还要负责指导和监督学生进行"功课辅导"。

2.2 汉语课程的教学地位

欢乐点睛华语教育中心是新加坡一家专门进行华语补习的机构，在这里，所有的课程都是有关华语的，教学语言也全部是华语。教师组成中大部分来自中国大陆，也有少部分来自中国港台及新加坡本地。

欢乐点睛的华语课程主要以学生在学校学习的华语知识点为纲，对学生进行系统的训练，以达到快速提高学生华语成绩的目标。针对不同年级的学生，欢乐点睛将课程分为不同等级：K 级（幼儿园，分为 K1 和 K2）、P 级（小学阶段，分为 K1～K6）和 S 级（中学阶段，分为 S1～S4）。根据学生的年级和华语水平，欢乐点睛的华语课堂分为：K1～K2 少儿欢乐华语班，P1～P6（小学一年级至小学六年级）基础、提升和精英班，S1～S4（中学一年级至中学四年级）学生的快捷华语班；S1～S4 学生的高级华语班。有些年级（尤其是 P6）会免费为学生开设"功课辅导"，强制学生参加，其目的是集中监督和指导学生记忆应考口试或作文模板。

2.3 学习汉语的学生情况

新加坡欢乐点睛华语教育中心的授课对象以青少年及儿童为主。

就欢乐点睛华语教育中心碧山分院的华语学员情况来看，学生年龄分布于4~16岁，即幼儿园到中学四年级，其中以小学阶段的学生居多。他们来自新加坡的各个政府学校和邻里学校。由于碧山分院距离新加坡公教中学附小和爱同小学很近，所以这里的学生大多来自这些学校。

就学习华语的目的而言，学生都基本相同，即都是为了快速提高华语成绩或为了攻克PSLE考试中华语的口试、朗读、作文等难点。但是这些学生的华语学习动机几乎为零，他们基本上都是在父母的要求下来这里学习华语，在父母的监督下按时上课、完成作业等。除了上课时间，这些学生从不会主动用华语进行交谈（如果学生数量较多且他们彼此认识，即使是上课时间他们彼此也会选择用英语交流）。

其次，这些学生与真正将汉语作为第二语言学习的学习者不同，他们的华语几乎达到母语水平，在汉语词汇和声调方面基本没有问题。但是在语音方面，大多数的学生不能很好地区分舌尖前音 z、c、s 和舌尖后音 zh、ch、sh、r。

在课堂氛围方面，新加坡小学生的课堂与欧美课堂氛围相似，非常活泼。他们不像中国的学生一样对老师毕恭毕敬，他们崇尚自由和平等，会随时对老师发问和质疑，这也相对增加了课堂管理的难度。

2.4 汉语课在课程计划中的安排

欢乐点睛华语教育中心的课程针对不同年级的学生分为不同的等级，它们分别是：K1、K2（幼儿园水平，主要进行对华语的兴趣培养，学习一些简单的汉字和日常用语），P1~P6（小学阶段，其中 P1、P2 为一个组，P3、P4 为一个组，P5、P6 为一个组；主要和学校华语课的教学内容相关，没有固定教材，讲义主要以学校华语课字词为纲进行编排，重在培养学生的应试技巧和应试能力），S1~S4（对应中学的一至四年级，分为"高华"即"高等华语"和"普华"即"普通华语"两种班级）。每节课 2 小时，学生可以根据学校放学的时间选择周一至周日 14：45~21：15 时间段内的符合自己时间要求的相应课程。

除了这些课程外，有的年级的老师还会免费为学生上"功课辅导"（主要集中在小学五六年级，因为他们要面对人生中非常重要的考试——PSLE 即小六会考），课程内容主要是助教指导和监督学生背试题册。

值得一提的是，欢乐点睛虽然和中国的补习机构性质相似，但是这里的老师与家长的联系要比中国更为密切。其原因有两点：一是华语是新加坡学生的第二语言，由于国家政策的原因，在小学阶段华语课是必修，同时纳入小学会考的科目当中；但是到了中学以后华语变成了选修课。更重要的是，在生活中他们完全不需要华语，英语可以满足新加坡生活的一切交流需要，因此他们对华语的重视程度很低，有时候需要家长的参与才能保证补习的顺利进行，尤其是这些学生年龄还小，他们的内在学习动机很低；二是体现了老师对学生的负责，这也是应家长的希望及需求。新加坡小学六年级会考（PSLE）的重要性和中国的高考类似，在新加坡的家长们看来也是可以用"一考定终生"来形容的，因此家长对这次考试的重视自然而然地会转移到对补习中心老师的教学成效的期待上。

2.5　选用的汉语教材

新加坡小学华文系列教材《小学华文》是由教育部课程规划发展司与中国人民教育出版社合作出版的。

注重学生的差异，是新加坡小学华文的重要特色。在"差异化"教学核心理念的指导下，新加坡小学华文的课程有以下主要特点。

1）教材分为基础阶段（小一至小四）和定向阶段（小五至小六）。

2）按照不同学能，基础阶段开设华文课程和高级华文课程；定向阶段开设基础华文课程、华文课程和高级华文课程。使用的教材相应地分为三个种类。课程设置见表 2，新加坡小学华文系列教材见表 3。

表 2　15 年教育改革后小学华文课程框架

基础阶段		定向阶段
小一、小二	小三、小四	小五、小六
华文课程 核心单元 + 导入单元/校本单元/ 深广单元	华文课程 核心单元 + 强化单元/校本单元/ 深广单元	基础华文课程 核心单元 + 校本单元
		华文课程 核心单元 + 校本单元/深广单元
高级华文课程 核心单元 + 校本单元/深广单元	高级华文课程 核心单元 + 校本单元/深广单元	高级华文课程 核心单元 + 校本单元/深广单元

表3　新加坡小学华文系列教材（以小五教材为例）

教材名称	教材图示	出版单位	版次	配套教材
《小学华文》5A（小五普通华文上册）		人民教育出版社 名创教育 新加坡教育部课程规划与发展司	2009年版	同系列活动本、教学用书、数码资源
《小学华文》5B（小五普通华文下册）		人民教育出版社 名创教育 新加坡教育部课程规划与发展司	2009年版	同系列活动本、教学用书、数码资源
《小学华文》同系列其他年级教材一览		人民教育出版社 名创教育 新加坡教育部课程规划与发展司		同系列活动本、教学用书、数码资源
《小学高级华文》5A（小五高级华文班上册）		人民教育出版社 名创教育 新加坡教育部课程规划与发展司	2009年版	同系列活动本、教学用书、数码资源
《小学高级华文》5B（小五高级华文班下册）		人民教育出版社 名创教育 新加坡教育部课程规划与发展司	2009年版	同系列活动本、教学用书、数码资源

（续表）

教材名称	教材图示	出版单位	版次	配套教材
《小学高级华文》同系列其他年级教材一览		人民教育出版社 名创教育 新加坡教育部课程规划与发展司		同系列活动本、教学用书、数码资源
附：数码资源（动漫课本）				

三、微观层面

微观层面阐述了关于教材的分析、试卷的分析、教案的设计以及采访新加坡华文教师的记录等内容。

3.1 教材分析

现今新加坡各中小学使用的《小学华文》和《小学高级华文》教材都是根据新加坡教育部 2004 年《华文课程与教学法检讨委员会报告书》和 2007 年《小学华文课程标准》，并在 2015 年教育改革的指导意见下编写而成的。该系列教材共分为 6 个年级，每个年级包括课本上册和下册，是新加坡及东南亚地区小学生的专用华文课本。

教材的网络动漫版（动漫课本），基于 iFlashbook 语言学习平台，为教材提供了"卡通动漫""语音听读""汉字读写""字词释义"等多种学习辅助功能。

由于此次实习的主要工作是编写课外辅导讲义等工作，因此并无很多机会接触课堂中实际使用的教材。我们选用的《小学华文》和《小学高级华文》课本由 HCL 华文教育机构提供。

3.1.1 课文结构

课本中每一课的结构相似，我们在这里选取《小学华文》5A 中的第一课以图表的形式进行示范，见表 4。

表4 《小学华文》修订版5A（上册）课程标准结构

课文标题：第一课 可贵的沉默

一、核心：

        1. 课文——可贵的沉默

                a. 我会认（识读字）：默、异（附拼音注音）

                b. 我会写（识写字）：沉、默（附田字格）

        2. 语文园地

                a. 读读记记（近义词辨析＆造句）

                可贵、宝贵，表扬、赞扬

                b. 读读说说（成语＆造句）

                一言不发、赞不绝口、异口同声、七嘴八舌

        3. 学习宝藏（续写课文＆读后感受）

                Q1. 根据文章内容，发挥想象，续写故事并写出感受。

                Q2. 根据下面这段文字续写故事，并写出你的感受。

二、深广：

        1. 课文

        2. 读读想想（回答问题＊2）

3.1.2 课文中包含的重点语言点

新加坡华文教材注重培养学生的表达能力，追求通顺流利的表达但轻视语法。教材中重点训练识读、书写、辨析近义词和词语组合的能力，并未单独设置讲解语法的板块。相应地，教材中教授的难点和考试中考察的重点也都集中在表达和词语辨析等，而语法教学在课文中也有所体现（以《小学高级华文》5A第二课《国王与古树》为例）。

1）形容词的最高级。如：

"你立即派木匠去砍一棵最高的树来！" "你是最有价值的树。"

2）句型和句式。课文对陈述句、疑问句、感叹句和祈使句等句型以及"把"字句、"被"字句等特殊句式都有所涉及，以下列举其他一些特殊句式：

a. "一……也不"表示强调：

木匠们……一刻也不敢闲着。

b. "想+V+什么，就+V+什么"：

"我是国王，想做什么，就做什么。"

c. "比……更"表示比较：

"不是比直接砍断更痛苦吗？"

d. "一+量+一+量+地+V"：

"一枝一枝地砍。"

3）本课其他一些要求重点掌握的重点：

①生字的识读、书写、运用；

②几组近义词的辨析、运用；

③成语的理解、运用；

④发挥想象力续写故事并表达自己的感受。

（每一部分都要求学生熟练掌握并造句，足见对运用和表达的高要求。）

3.1.3 教材内容的评价

3.1.3.1 语法和词汇教学

由于实习单位是课外补习班的性质，我们无法了解在学校老师教授语法和词汇的情况。但通过几次为学生上辅导课之后，我们发现大多数学生对课文中的特殊句式虽可以熟练背诵，但无法做到替换内容和为己所用来表达。与此类似的还有形式较为固定的四字格成语以及熟语等，通常无法在恰当的语境中使用，也对其意思认识不甚准确，更不要说成语的构词方法（左顾右盼：状中+状中）或是何种古代汉语用法（视若无睹等。由于文言文和古诗词在新加坡华文教学中的严重缺失，此类包含古代汉语用法的词语在教学上有很大的困难），通常这些句式和词语在学生眼中只不过是一连串的，不可拆分的，组成部分毫无疑义，而整体包含某种意义的语音形式。通过工作我们发现"不分语境乱用词语"的问题十分严重，学生无法衡量近义词在程度上、使用范围上的差别，有的老师甚至将新加坡华文语法教学简单地概括为"新加坡没有语法"。据了解，面对新的词语和语言点，不同老师有不同的应对方法，有的甚至会采取谐音记忆的方法来处理，只有在程度很好的班级老师才会把它们拆开来讲解，对学前班和小一小二的学生才用这种讲解方法来降低难度、激发兴趣是无可厚非的，但小六学生完全具有理性学习的能力，老师们不应该错失让他们彻底掌握的良机。当然我们要肯定学生熟练记忆句式和词语的优点，背下来然后会有更多的精力去理解。但反过来说，准确理解之后，不是会记忆得更快、运用得更得心应手吗？

因此我们建议在课文中加入一些简单的语法、特殊句式的总结（如同英语课本中的"GRAMMAR"板块）和练习（比如仿照例句造句、看图用指定句式造句等）等内容。因为即使老师有意识地讲解了语法知识，缺少强化的练习和巩固环节，很难保证学生真正理解语法。

3.1.3.2 汉字教学

汉字教学是华语教学的基础和重要组成部分。我们认为新加坡小学华文教育所选用的《小学（高级）华文》系列教材中的汉字教学具有的特点见表5。

表5 教材课文中的生字表（部分）

课次	识读字	识写字
第一课	默 特 异 聚 扬（此处举五例字）	沉 默 似 态 赚
第二课	缺 造 材 匠 即	与 派 顶 五 叹

1）分类教学

每课的生词分为"识读字"和"识写字"两类。"识读字"是指要求学生读准字音、理解字义并准确识别字形的字；"识写字"则比"识读字"有更高的要求，要求学生在识读的基础上正确书写及应用汉字。每一课的"识写字"比"识读字"要少很多，《小学高级华文》5A 第一课《可贵的沉默》中"识读字"共计 18 个，"识写字"共计 16 个（其中有 12 为"识读字"的复现）。

2）不重视"独体字"和"合体字"在难度上的区分

通过对比小二年级和小六年级的课本，我们发现在小二年级的课本中有很多结构复杂、书写困难的合体字，这些合体字和结构简单易于书写的、符合学生接受程度的独体字混杂在一起。老师解释这种现象时表示，小二年级出现的一些较难的字，在小五年级又重复出现，并没有要求学生一次掌握，而是通过复现，帮助学生多次巩固。

3）复现率较高

教材使用汉字的复现率较高，在基础阶段的课本中，大量复现的汉字都是常用汉字，符合儿童学习者认知的特点、水平和规律。

3.1.3.3　关于教材内容及选材范围

关于教材的选材，我们主要从海外华文教材的本土化为出发点观察。关于教材本土化，我们认为教材中若能够多选材于学习者的日常生活，产生的亲切感有利于提高学习者的兴趣，也有助于拉近学习者和目的语的距离。同时，还可以帮助学习者把注意力集中在语言本身上，而不会过多地因为陌生的环境和文化差异产生心理屏障导致阻碍目的语的输入。当然在"语言和文化并进"的思想指导下，我们也需要在教材中保留足够多的、丰富的中国特有的文化。在我们所接触的课本包括"马来鼓""新加坡生日快乐"等选材，表达了对新加坡的热爱以及多民族和谐共处的感情，另有一些描述新加坡人民日常生活的文章。

这些"本土化"的内容占据每一本教材中的一至两篇左右（《马来鼓"贡邦"》出自《小学华文》5A 以及《小学高级华文》5A 的第四课，全书分别共十课和十一课；《新加坡生日快乐》出自《小学高级华文》5B 第十五课以及《小学华文》5B 第十四课，全书分别共九课和八课），和其他"非本土题材"的内容相辅相成。

3.1.3.4　内容上的不足

虽然这种有意识的教材"本土化"编写方法是十分值得提倡和效仿的，但我们仍然认为"本土化内容"在《小学（高级）华文》系列教材（小五年级用书）中所占的比例较小。因此我们建议在《小学（高级）华文》系列教材中适当增加"描述新加坡日常生活"和"倡导新加坡多种族守望相助、和谐共处"等内容的篇幅。如此一来既有助于促进汉语知识的吸收，又可以加强培养学生良好的社会道德观念以及民族认同感和自豪感。

由于实习期间我们还负责小六离校会考口试的应对策略以及范文的编写工作，我们发现在每年一度、每位小学毕业生必须经历的离校口试中，"良好社会道德观的树立""新加坡多种族和谐共处""邻里关系""家庭凝聚力"等从新加坡政府所倡导的社会价值观出发并设计的题材频频出现在口试试卷当中。我们认为与其让学生在小六年级应考时大量"临时抱佛脚"般死记硬背这些陌生、晦涩的口试题材，不如从小一就开始把相关话题源源不断地安置在教材的课本中，既有利于传播本土文化、加强道德观的输入，又帮助提高学生学习汉语的积极性。

另外，通过对比 2015 年前后的《小学（高级）华文教材》，我们发现在2015 年教育改革的大力推动下，教材内容的口语化、生活化是教材中最引人注目的变化。

3.1.3.5 关于教材对于交际功能的培养

交际功能是语言学习的基本目的，一切的教学活动，输入、操练等最终都要在交际中得到检验。而教材作为教学思想的物化和师生交流的主要媒介，一定要体现对语言交际功能的训练。总体来看，"乐学善用"理念指导下的新加坡小学华文教育，恰以"培养学生在生活中实际运用华语的能力"为核心目标。[①] 这一目标在教材中有清晰的体现。

课文内容贴近实际生活，用语生活化、口语化。《露营记》《白鲸遇险记》《一次成功的实验》《读书会》《老师的话》等课文充分体现了教育改革后新加坡小学华文教材研发者致力于选材于真实的生活，只有这般，从生活中学会的语言才容易最终回归生活。学生在日常生活中也更容易引用课文中的话或在原文的基础上发挥创造力。

3.1.3.6 关于"差异化"教学在教材中的体现

新加坡小学华文教育主张因材施教，推行"差异化""针对性"的教学手段。大部分学校在进入小五年级，即"定向阶段"时采取"分流"：依据不同学能，将学生派入"普通华文"班级和"高级华文"班级，为不同语言能力的学生制定不同的教学目标来应对小六年级不同的考试目标（有些名校在小一年级时就已经开设高级华文班，如南阳女子学校、公交、爱同等学校，这些学校在小五年级会根据考试情况判断学生是否适合继续修读高级华文课程，并且，在小六会考时学生可以选择是否参加高级华文的考试；不同的是，CHIJ 学校在

---

① 赵丽秋：《基于"乐学善用"理念的新加坡华裔儿童华文课例研究——以南洋理工大学孔子学院儿童课程为例》，山东大学硕士学位论文，2014 年。

小三年级开始实行分流)。相应地，教材也随之分流：教材也分为普通华文和高级华文。高级华文和普通华文的课本在30%的程度上有所重叠，余下内容，高级华文比普通华文在难度上有所提升，如词汇量有所扩充，汉字结构更加复杂。两类学生在面对考试时，普通华文班的学生仅需应对普通华文考试；而高级华文班的学生要在缺少普通华文课程的条件下同时面对高级华文考试和普通华文考试，这便要求高级华文班学生自行购买并学习普通华文课程。并且，新加坡的华文考试的难度和书本上的内容差距甚远，仅仅依靠学校课本的内容是不足以在考试中取得满意的成绩的，在这一点上对两类学生是一致的。

我们承认"差异化"教学的优点：有助于教师根据学生自身学能和特点针对性地教学，避免盲目拔高目标，同时帮助学生找到符合自己特点的教材，最大程度地吸收华文知识，得到充分的肯定并增强信心。同时我们也对其中的弊端深感忧虑：仅依靠分流前的考试决定学生的去向是欠妥的做法。一些具备很强学习能力的学生因为一次的发挥失常而进入普通华文班，因此学生家长通常会加大学生的课外补习的强度，间接增加了学生课余的学习压力，自信心也在一定程度上受到伤害。

3.1.3.7　和中国语文课本的对比

1）编写理念

新加坡小学华文教材注重从中国特有的传统文化方面提高学生的人文素养，而中国语文课程强调个人品德以及德、智、体、美全面发展的重要性。

2）语言能力的培养

新加坡侧重听说技能和交际能力的培养，中国则要求听、说、读、写的全面发展和提高。

3.1.4　关于教材内容的采访

根据采访录音整理和调整如下。

新加坡的华文教育在小学五年级开始分流，分为普通华文和高级华文。分流后在教材上也有所体现：高级华文和普通华文的课本在30%的程度上有所重叠，余下内容，高级华文比普通华文在难度上有所提升，如词汇量有所扩充，汉字结构更加复杂（在此值得一提的是，新加坡华文在汉字教学的安排上基本不会按照"先独体，后合体"的顺序，在最初级的课本里同样会出现复杂的合体字。此处待采访。）两类学生在面对考试时，普通华文班的学生仅需应对普通华文考试；而高级华文班的学生要在缺少普通华文课程的条件下同时面对高级华文考试和普通华文考试，这便要求高级华文班学生自行购买并学习普通华文课程。并且，新加坡的华文考试的难度和书本上的内容差距甚远，仅仅依靠学校课本的内容是不足以在考试中取得满意的成绩的，在这一点上对两类学生是一致的。理所当然，很多学生会选择"欢乐点睛华语教育中心"这样的课外辅导机构额外补习（此处涉及关于补习机构在学生心中的定位）。尽管在"汉语热"的影响下，新加坡小学华文课程受到了相当程度的重视，但面对英语在新加坡作为各民族沟通交流的主要媒介语的强势力量，华文仅仅作为小学六年级离校会考的必考科目而受到短暂且密切的关注，多数人在小学离校后选择不再回归华文课堂。依托于中国在世界经济、政治舞台上日益强势的影响力，学生家长们不得不重新衡量华文在教育中的重要意义。自然而然地，家长们开始思考如何在课余时间提高学生的华文水平。在这样的环境和市场条件下，欢乐点睛华语教育中心一类的华文补习机构在政府的支持下雨后春笋般开办起来。在此不难看出华文在新加坡的学生和家长眼中的地位。在新加坡难谈对华文和中华文化的认同感和归属感。

教材中涉及识读能力、书写能力、辨析近义词和词语组合能力的锻炼和培养。据观察，新加坡的华文教育越来越注重"说"的能力，以流利通顺、没有语病的表达为最佳。（而学生在一些补习机构中被大量灌输的四字格成语等表达方式多源于老师的偏好，而非考试官方的要求。）"深广"是单元中的组成部分，设置的目的是加强学生的阅读理解和表达能力。在多数学校和正课的教授方式没有差别。与正课不同的是，正课对字词有识读和运用的要求，需要掌握的生词全部在正课的课文中有所体现，课文后也有相应的归纳和整理（识读字和识写字）；而"深广"没有强调对字词的要求，但对词汇量的要求相对较高。

关于教师的教授方法：教师的教授方式不尽相同，有些要求学生在生词旁标注英文，另一些则强调拼音的重要性。

关于本地学校教师资源：新加坡中小学的任课教师多为新加坡本国人，在名校（和社区学校相对）尤其如此。

关于培训机构使用讲义的情况：在包括欢乐点睛华语教育中心在内的课外培训机构，自行设计讲义，讲义课文内容紧随学校教材的字词，分析学校的考卷和词语搭配，把课文作为阅读计划布置。

关于学校的分班制度：多数学校按照科目来分班，比如公教中学。不同科目的，学生都要根据实际表现被划入若干班级。

关于普通华文和高级华文考卷的区别：作文，高级华文没有看图作文，只有情境作文和完成篇章。普通华文有命题作文和看图作文两种供选择。两种试卷都有参考词语。（考试时可以携带英汉电子词典。）

关于校内考试安排：校内有 SA1 考试和 SA2 考试，分别对应期中考试与期末考试；阶段性考试有 CA1 考与 CA2 考试。（考试中有 5%~7% 的超纲词汇。）当地华文教师在讲解考试安排时的板书见图1。

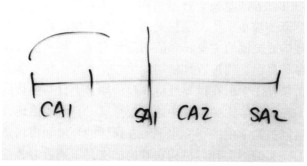

图1　新加坡当地华文教师讲解考试安排时的板书

CA1 为上半学年期中考试，SA1 为上半学年期末考试；CA2 为下半学年期中考试，SA2 为下半学年期末考试。

3.1.5　《小学高级华文》修订版5A（上册）课本提要

新加坡小学华文教育通用课本中供五年级高级华文班学生使用的学校指定教材分为上、下两册，《小学高级华文》修订版5A（上册）一书为其中的上册。本书共 111 页，由（新加坡）教育部课程规划与发展司和小学华文课程组联合（中国）人民教育出版社、课程教育研究所和小学语文课程教材研究开发中心共同编写出版。

本教材根据 2004 年《华文课程与教学法检讨委员会报告书》和 2007 年《小学华文课程标准》编写而成，本册（上册）共有十一课，每课设置"核心单元"和"广深单元"两部分。所有学生都必须修读核心单元，其内容包括"课文""语文园地"和"学习宝藏"，部分课文还包括"我爱阅读"或"听听说说"等内容。深广单元是为既有能力又对华文感兴趣的学生而设置的。虽说如此，深广单元在各个学校仍作为正课教授，以加强、提高学生的阅读理解和表达能力。另外，本书中介绍的生词分"识读字"与"识写字"两个类别。其中"识读字"指的是要求学生读准字音、理解字义和识别字形的字；"识写字"则指的是要求学生在识读的基础上能灵活掌握和运用的字。这两类字由于教学目标的不同，在教学上有所区分。

教材的教学配套包括课本、活动本、教学用书和数码资源等，教师指导学生配合使用各类教材以求达到最佳教学效果和收益。

本册书由十一课和生字表组成。

课文内容包括：

第一课：可贵的沉默

第二课：国王与古树

第三课：和时间赛跑

第四课：马来鼓"贡邦"

第五课：露营记

第六课：美言一句动人心

第七课：给小主人的信

第八课：爱斯基摩人

第九课：我家的猫

第十课：科里亚的木盒

第十一课：小鸟的呼唤

生字表以课次为线索，分列"识读字"和"识写字"，以第一课和第二课为例见表6。

表6　第一课和第二课的生字表

课次	识读字	识写字
第一课	默特异聚扬（此处举五例字）	沉默似态赚
第二课	缺造材匠即	与派顶五叹

3.2　试卷分析

我们将收集来的来自两所学校的高级华文以及普通华文试卷按照题型的顺序进行了交叉对比，结果见表7。

表7　小六高级华文与普通华文的试卷对比

	圣尼各拉女校（小学部）2016 六年级华文年中考试	公教中学（附小）2016 年六年级高级华文预试一	试卷对比（以各大题为比较对象）
考试信息	考试日期：2016 年 5 月 11 日 考试范围：第一课至第七课 作答时间：1 小时 40 分钟 试卷共分为两部分（试卷一：作文；试卷二：语文理解与运用）	考试日期：2016 年 5 月 5 日 考试时间：第一部分 1 小时 20 分钟，第二部分 50 分钟 试卷分为两部分（试卷一：作文；试卷二：语文理解与运用）	普通华文考试（以下简称"普华"）考试时长为 1 小时 40 分钟，高级华文考试（以下简称"高华"）考试时长为 2 小时 10 分钟，也就是说，高华比普华的考试时长多 30 分钟；但是二者总的考试范围是相同的，都分为作文和语文理解运用两部分

225

（续表）

	圣尼各拉女校（小学部）2016 六年级华文年中考试	公教中学（附小）2016 年六年级高级华文预试一	试卷对比（以各大题为比较对象）
	试卷一：作文		
题目要求	下列两题，只需选做一题，字数须在 100 字或以上 作答时间 50 分钟	下列两题，只需选做一题，字数须在 200 字或以上 作答时间 50 分钟	高华和普华的作文在答题时均为"二选一"。高华两道题分别为命题作文和续写，但题目都是文字类，主要出题思路是以文字设置情境，让学生发挥想象力，自由度较高。但在自由的同时，学生偏题的风险也较大。而普华的两道题一道是命题作文（这点同高华的第一题），另一道是看图作文，比较限制学生思路，自由度较低。但是据老师们说，他们偏向于建议学生选择看图作文，一是因为有较多的参考词语，最重要的是选择看图作文写偏题的可能性可以大大降低（作文满分 40 分，如果偏题，得分一般为 8 分左右）。学生只需要描绘清楚每幅图的内容，将所有图的描述连贯成完整的故事，并在最后一幅图上适当发挥，给予故事一个合理的结尾即可。
第一题	经过那件事，我再也不自满了 写作时，你可以参考下面的提示： 1. 那是一件什么事 2. 为什么你会自满 3. 那件事的结果如何 4. 你对那件事有什么感受	根据以下题目和情境写作： 一时贪玩惹了祸 你一向很贪玩。有一次你因为贪玩惹了祸，害了朋友。你因此得到了教训，决定以后不再这么贪玩了	
第二题	仔细看下列的图，根据图意写一篇短文。在作文时，你可以参考所提供的词语。 参考词语：缺席 车祸 休养 探望 问候 担心 来临 温习	试以下面的情节作为开头，完成这篇文章。 下课后，我像往常一样走路回家。到了租屋楼下吃，我发现电梯坏了，只好走楼梯上楼。到了六楼时，我发现两个年轻人鬼鬼祟祟站在一户人家的窗口外……	

（续表）

	圣尼各拉女校（小学部）2016 六年级华文年中考试	公教中学（附小）2016 年六年级高级华文预试一	试卷对比（以各大题为比较对象）
试卷二：语文理解与运用			
一、语文应用	Q1～Q2 请选出画线词语的汉语拼音 （给出一句话，某个词语画线，有四个选项） Q3～Q10 从所提供的选项中选出正确的答案 （给出不完整的一句话，需要补充一个字、一个词或一个短句；选出正确的句子）	A组：根据短文的内容和上下文的意思，从表中选出最适当的词语，然后把答案填写在格子里。每个词语只能选用一次。 （200字左右的短文，有五个空，题目提供的可选择的词语为8个） B组：画线的词语是运用不当的词语，括号里的字是写错的字。根据短文的内容和上下文的意思，把它们改正过来，然后把答案填写在格子里。 （200字左右的短文，5个问题，其中3个是改正运用不当的词语，2个是改正错字）	普华的"语文应用"部分很基础，主要涉及汉字字音和词语、语境搭配，以及基础的汉语语感。相比较而言，高华的"语文应用"部分考查的内容就更为灵活和深入。主要考查词语在具体语境中的运用、词语辨析以及汉字字形，非常注重与具体语境的结合；与普华的"QandA"问题设置形式不同，高华的题目设置都放在具体的语段中，还间接考查了学生的阅读能力
二、短文填空/阅读理解一	根据短文的内容和上下文的意思，从括号中选择适当的词语。 （250字左右的短文，文体以记叙文为主；共 6 题，每题 4 个选项）	根据文章的内容和上下文的意思，回答下列问题。 （200 字左右的短文，以记叙文为主） Q11～12：从文中找出表达下列意思的词语，然后把它们写在横线上 Q13～17：主观题，主要涉及分析主人公心理、文章内容相关、对自己的启发等	普华试卷的第二题与高华试卷第一题的B组考察的内容相似，主要考查词语在具体语境中的运用；高华试卷中的本题已经进入了阅读部分的考查，以主观题为主，不仅考查学生综合运用汉语的能力，也考查了学生阅读、理解、组织语言等各方面的能力

（续表）

	圣尼各拉女校（小学部）2016 六年级华文年中考试	公教中学（附小）2016 年六年级高级华文预试一	试卷对比（以各大题为比较对象）
三、阅读理解	根据短文的内容和上下文的意思，选出适当的答案。 A 组（Q17~Q20） （100 字左右的通知/note，四道题，每题 4 个选项，均为选择题） B 组（Q21~23） （200 字左右的应用文，3 道题，每题 4 个选项，均为选择题）	根据文章的内容和上下文的意思，回答下列问题（Q18~Q24） （600 字左右的故事性很强、有哲理性的小说或记叙文，7 个问题，Q18~19 为用具体词语造句，其他均为主观题）	普华和高华的第三大题均为阅读理解。普华分为 A、B 两组题，虽然考查的文章体裁不同，但均为客观题，大大降低了题目难度。相比而言，高华的题目因为几乎全是主观题，难度则大大增加了，同时，考查的文章体裁以有哲理性的小说为主，对学生的阅读能力要求较高。主观题主要考查对文章重点词、句、语段的理解，结合自身经验谈谈与文章某内容有关的经历等
试卷对比（整体试卷）	总体来说，普华和高华试卷的命题方向有以下几点相同： 1. 注重基础（包括汉字字音、字形、词义等）； 2. 题型大体相似。这和中国的语文考试命题结构也相似：语文基础、阅读、作文等；这意味着新加坡也非常注重学生的读写以及阅读能力； 3. 所选文章故事性都很强，体裁较为多样； 4. 作文的体裁以记叙文为主，常以命题作文的形式进行考查。 不同点： 1. 高华的试题除了注重汉语基础外，也很注重学生的词语辨析能力； 2. 普华对学生的阅读能力要求较低，能基本读懂华语文章、看懂华语通知等即可，以满足日常生活的实用性为主；而高华的文章篇幅不仅较长，还需要学生既读懂所谓的"字面意思"，又能够领会文章的深层意思，并能够与自身经验结合，用汉语表达自己的想法； 3. 普华的作文以图画限制学生思路的方式降低作文难度，而高华的两个题目都较为开放，学生自由发挥的空间较大，因此难度较高。		

3.3 课堂试讲记录

由于工作性质的差异，在试讲方面此次实习我们主要负责 9~12 人的功课辅导课，和真正意义上的试讲有所差别。辅导主要内容是：帮助学生准备小六会考考试，讲解和示范朗读技巧，纠正读音，解释生僻字词等。故此处不做记录。

3.4 实习过程中遇到的难题与解决方法

在 HCL 华语教育中心接触到的学生以小学生和学前班居多，故如何正确地和低年龄学习者互动并达成教学目的成为最大的难题。如果交流的方式不当，学生会出现随意走动、讨论与课堂无关的话题等扰乱课堂秩序的行为。为此，我们求教于实习机构经验丰富的老师，旁听多节课程，仔细贯彻并做记录观察老师与学生的互动。根据观察和记录我们发现：

1）大多数老师在面对多种程度和年龄的学生时，能够处理得当，稳妥地掌握课堂秩序。面对扰乱课堂秩序的学生，老师不卑不亢，既不会对学生扰乱课堂秩序的行径置之不理、听之任之，也会不失威严；

2）老师们采取"分卡"（一种具有兑换奖品功用、学生们十分痴迷的卡片）制度，赏罚分明，大力鼓励学生积极参与教学、努力发散思维，对不符合教学要求的行为也会严格处理，这样一来，学生既受欲望的驱动，同时也受到自身欲望的约束。这是值得效仿的课堂管理手段。与之相似的课堂手段还有很多，比如：

a. 在课堂中组织"挑战者游戏"，充分利用学生对赞扬和奖励的渴望，鼓励学生积极思考、勇于挑战。问题设置的难易程度也符合克拉申假说中关于输入难度"i+1"的设置标准，"i"的程度接近本课所学，对应吸引力一般的奖励，"i+1"则针对课后认真复习、预习、对课文内容有深入思考的学生，奖励也相应的更有吸引力。

b. 老师在教学过程中会有意识地给学生灌输正确的价值观，比如"鼓励学生尽可能地做力所能及的事情，减少对老师和父母的依赖，学会为他人减轻负担等"。

观察总结之后通过大量模仿和实践，课堂秩序有显著改善。在国内，此类方法如证明有效则应予以推广。

3.5 独立课程设计

以第七课"写回复电邮"进行的课堂设计以如下教案的形式展示。

第七课 "写回复电邮"教案

授课教师：同永康

生词：高居榜首（gāo jū bǎng shǒu）、排行榜（pái xíng bǎng）、介于（jiè yú）、盲目（máng mù）、甚至（shèn zhì）、轻易（qīng yì）

第一部分 总体设计

一、课型

中级汉语综合课

二、使用教材

三、教学对象

汉语水平为中高级的新加坡中学生，共×人。

四、教学内容

生词：6 个，包括 1 个动词短语、1 个名词、1 个介词、1 个连词、2 个副词。

语法：表示部分占整体比例的"x 分之 y"的用法。

"某人/物+以+⋯+排名+名次地位"（青少年以 83% 排名第一）。

课文：第七课"写回复电邮"。

五、教学目标

1. 认知领域

（1）通过词汇的学习，能够准确掌握生词的实际意义和用法，并能回忆起记忆库中的相关词汇，正确率达到 90% 以上。

（2）通过语法（句型）的学习，能够掌握"表示部分占整体比例的"x 分之 y""的用法"某人/物+以+⋯⋯+排名+名次地位"的语义特征和准确用法，并完成相关语言练习和交际应用，正确率达到 90%。

（3）通过课文的学习，能够理解并记忆课文的内容，学会用新学的字词和句式与他人对话，新语言点和词语的正确使用率在 90% 以上。

2. 技能领域

（1）听：能够听懂用于日常交流的报道形式的课文。

（2）说：能够做到基本复述课文内容，话语自然流畅。

（3）读：识读完课文后，能够以适中语速朗读课文，语音、语调基本正确，自然流畅。

（4）写：能够准确书写"频""俄""触""聊"等较为复杂的汉字。

3. 情感领域

（1）学生对其他国家青年人的生活丰富程度有所了解。

（2）学生开始对自己的生活的丰富程度展开思考。

4. 学习策略

引导和培养学生的组织能力，体会交际学习的长处。

六、教学重点和难点

1. 词汇

（1）准确辨析近义词并使用得当（如：修改　修建　建造　建立）。

（2）准确使用"介于、甚至、轻易"等虚词。

2. 语法

体会表示部分占整体比例的"x 分之 y"的用法，"某人/物+以+……+排名+名次地位"的使用条件，掌握它的意义。

七、教学方法

1. 课堂教学按照"复习前课—生词—课文—语法—拓展练习"的顺序。

2. 从复习旧课即电邮的回复格式及作业入手，引出新课内容。

3. 运用直观手段，使用多媒体辅助教学。

4. 设计互动形式的小组活动，充分展示学生主体性。

5. 讲练结合，精讲多练，听说领先，同时加强学生的会话能力。

八、教学时间

全课共一个课时，每课时 50 分钟，共 50 分钟。

九、教具

PPT 准备

第二部分　教学过程

十、教学步骤

第一课时（50 分钟）

1. 组织教学（约 2 分钟）

（1）师生问候，查看出席情况，询问未出勤学生情况，以示关心。

（2）与同学们以聊天、谈话的方式把学生的心思集中在课堂，稳定情绪，集中注意力，进入状态，营造良好的课堂氛围。

（3）交代本节课的教学目的和内容。

2. 复习旧课（约 10 分钟）

根据上节课的教学内容，带领学生复习已学过的电邮回复格式并检查布置的课后习题（课前热身）。

教学步骤：①以提问的形式引导学生按步骤复述电邮的回复结构、格式：

开场白：问候+写信目的

正文：①观点 1.
②观点 2.
③观点……

结束语：结束全文+提出希望

②检查并讲解课后练习

231

第一题：以提问的方式解释每个词的词义并重点区分每个词的词性。

第二题：请同学用"搭配"或"造句"的方法来辨析每组近义词。

（如："修改+作业"等、"修建+体育馆"等、"建造+人造卫星"等、"建立+关系"等）

3. 导入+生词认读（10分钟）

教学备品：生词卡片，PPT配图

A. 展示生词：利用板书、课件或生词卡片，按词性分组并部分按一定意义为线索讲练。

B. 朗读生词：老师领读示范正确读音，后学生齐读模仿，不看拼音齐读以加强对汉字的认读。

C. 扩展生词：讲练过程中，可以把生词逐渐由词扩展为句，方便学生理解词义和实际的用法。

讲例：

名词：排行榜。（课件展示出一些大家熟悉的排行榜如"歌曲排行榜""国家幸福感排行榜"等，直观地引导学生发现这些排行榜的共同点：都是由同类事物（同是歌曲、国家的幸福指数等）经过相互比较后按照顺序排列而成，进而理解排行榜的含义，可以请同学们举例说出更多种类的排行榜。

动词（词组）：高居榜首。（这个短语安排在"排行榜"后面，可以利用已经掌握的排行榜引导学生理解高居榜首的意义。引导学生架构出"在×××排行榜中，×××高居榜首"这样的句子，掌握新短语的同时做到旧知识点的复现，加强记忆。）

副词：盲目、轻易。（使用两至三个语境引导学生自己发现词义和使用的环境，如"小明买东西都会仔细考虑是不是真的需要买，所以他不～地买东西""小明听到消息后要先去确认消息是真的以后，才相信这个消息，所以小明不～地相信"，"～"处引导学生自己说出生词。）

介词：介于。（"小a10岁，小b15岁，小c13岁，所以小c的年龄介于小a和小b之间"用语境使学生理解虚词的语法意义是表示处于两者之间的状态，后老师介绍新的语境，引导学生自己用"介于"说出完整句子。比如，老师用课件展示一种水果的图片，向学生描述水果的颜色既像黄色又像橘色，向学生提问用"介于"如何描述水果的颜色，完成讲练。）

连词：甚至。（方法同"介于"的讲练方法：语境—提问—回到语境）

4. 语法点展示与讲解（15分钟）

教学备品：PPT文件展示（提前准备好）

（1）语法点导入：

师：班里有多少名男同学呀？

生：a 名。

师：咱们班总共有多少名同学呢？

生：b 名。

师：噢！所以咱们班的男同学占总人数的 b 分之 a。（在 PPT 上把 b 分之 a 和 a/b 对照展示，强调 b 分之 a 的格式，先说分母，后说分子。）

（2）语法点讲解和操练（机械练习、替换练习）

a. 用数字练习：给出用 "% 和 /" 符号描述比例的格式，让学生用汉语转述成 "x 分之 y" 格式。

b. 用语境练习：老师给出部分和整体的数量关系，引导学生用 "x 分之 y" 格式说出完整句来描述。

（3）归纳语法规则

师："我们来看——"

PPT 上显示语法句型结构，使学生能够明白句型结构的构成。

男生数量：a　　全班同学数量：b　　男生占全班的比例：b 分之 a　　一周要上几天学：c　　一周总共有几天：d　　上学的天数占一周的比例：d 分之 c

描述部分占整体的比例：整体+分之+部分（描述对象）

（4）情景练习（有意义的练习和交际练习）

①情景对话：学生 a 向学生 b 询问家庭成员的男女比例；

②采访老师：学生向办公室其他老师询问老师班里学生的男女比例。

注："某人/物+以+……+排名+名次地位" 的讲练方法和顺序同上。

5. 课文讲练（15 分钟）

按照："分段朗读课文—回答问题—讲解和复习语言点—概括段意—课堂活动" 的顺序组织课文讲练环节。

6. 总结本课所学内容（3 分钟）

①借助生词卡片把本科所学的生词串一遍，不看拼音朗读生词，加强音义的联系。

gāo jū bǎng shǒu　　pái xíng bǎng　　jiè yú　　máng mù　　shèn zhì　　qīng yì

高居榜首 、排行榜 、介于、 盲目、 甚至、 轻易

②在 PPT 上显示本课所学的语法句型结构。设置简单的语境和问题，或让学生进行对话问答练习。

7. 布置作业（2 分钟）

（1）要求学生把这节课要求写的字在田字格上每个写一行，下节课检查。

（2）按标准格式完成回复电邮的写作练习。

第三部分　教学后记

待授课后补充。

3.6　新加坡华文教师采访记录

采访对象：新加坡欢乐点睛华语教育中心 BISHAN 分部中文教师　代蕴媛

性别：女

负责课程：小学五、六年级华语课程

采访时间：28 分 30 秒

采访地点：新加坡欢乐点睛华语教育中心 BISHAN 分部 #01-36

（以下内容根据采访内容整理。）

Q：HCL（欢乐点睛）的汉语课都有哪些？

代老师：其实它分高年级段和低年级段，比如说我们有 K1（幼儿园阶段一年级）、K2（幼儿园阶段二年级），就是说他们的学前教育嘛。学前教育部分的话，就是培养孩子对华文的一个兴趣，就是，简单地给他们一些可能很简单的词语，比如说"人"啊、"土"啊、"木"啊这些最基本的，就是以培养他们的兴趣为主。从小一（小学一年级）到小六（小学六年级）年级开始的话，因为这边和我们国内一样，有一个应试嘛，所以我们还是会着重这方面。就是说，就是应试教育，其实最后，我们提高的、辅导的还是他们的成绩。

Q：然后，比如说中学的呢？

代老师：中学的话，其实是一样的。中学还没有小学分得那么细，中学的话，它就是按照"高华"和"普华"来分。就是学高华的孩子到高华班，普华的孩子到普华班。然后我们这边分成两个阶段。就是说，每一个年级都会有两门课，然后，一门分为基础课，一门分为作文课。我们是完全把他们独立分开的。作文课呢，就是说，因为学校老师教作文其实并不是特别的系统，但是我们就分类，就是把它们分为作文系列。就像你们看到的"犯罪"啊、"好人好事"系列啊。其实是我们私下为了让孩子们以主题的方式来写，所以我们有分作文课，就是以四节课为一个系列，第一节课就是教他们学习新的字词，然后呢，教他们怎么样来运用一些好词佳句，然后，还有一个范文。第二节课就是老师带着学生们去写，然后就是说，可能会在第一节课和第二节课找一些相似的图片，多少有一些共通点的，教他们怎么样去写作文。第三节课，有的老师会加入口试，有的老师会给他们一个阅读理解的训练。然后呢，第四节课就是一个作文测试。这就是我们的作文班，一个月大概就是这样的训练。然后，基础班完全就是根据学校的字词。因为我们先会了解说，学校的课本是什么，然后课本当中他们的字词有哪些。所以我们都会强化训练，然后有扩展练习，然后有根据他们……

其实我们主要还是根据他们学校的考试、考点来讲题，来练题。嗯，就这些。

Q：好，然后就是，您认为这里是一种什么类型的教育机构？

代老师：什么类型的教育机构？其实我觉得和国内的教育机构是一样的。

Q：补习班？

代老师：对。但这边的补习班其实是国家认可的，就是说，它们可能是由教育部批准的，是那种很正规的补习机构。而且这边有一点，就是说，学校的老师是不能够参加任何补习班的。他们不能参与到其他补习班的活动，如果一旦被发现或者举报的话，他们就会被立刻吊销执照。

Q：所以这边的老师都是专职？

代老师：对，专职的。

Q：那这样的话，就跟中国的比如说像……

代老师：新东方啊，培训啊是一样的，目的其实就是提高孩子的成绩。

Q：对于新加坡人来说，他们对华语学习抱一种什么样的心态？

代老师：其实，最早最早以前啊，新加坡是一个华人居多的社会，照理说，应该说我们华人之间交流用华语。但是，因为可能有些政治特色的原因，所以他们从，大概是新加坡建国以来，然后他们就会……因为新加坡又是一个多种族的国家，所以你不可能把汉语作为第一语言，所以他们的媒介语言就是英文，所以你看，印度人、马来人，然后呢，华人，各个族的白人，我们的媒介方式就是最基本的，就是英语，他们的第一语言。然后呢，新加坡有一个特色就是说，你看这些不同种族，他们都有一门"母语"。比如马来人，他们会学习马来语，印度人会学习印度语，华人，他们的母语当然就是华语。所以我们，怎么说呢，第一语言是英语，所以第二语言才是华语，华人的第二语言才是华语。所以这就叫"母语教学"。他们的"母语教学"由于种种历史原因而具有特殊性。

Q：对。

代老师：因为他们的家庭背景，现在我们教的一些孩子的家长都是受应试教育长大的。所以他们不管是在平时生活当中还是在工作当中，都是以英文为主，很少会使用到华语。所以我们所接触到的这一代的孩子，他们的第一语言就是英文，他们的表达方式全都是英文。

Q：他们父母那一代……

代老师：对，从他们的父母那一代开始就已经上英校了，以前这个年代，他们就会认为，英式教育吧，会是高等教育、好的教育。因为中国的发展强大，所以他们逐渐意识到说华语的重要性，所以我看应该是 10 年之内吧，近十年，才大力发展华语。

Q：所以他们在外面也是用英语的？

代老师：全是用英语，用英文交流。以至于他们很多的外公外婆，我们所说的爷爷奶奶那一辈的，都是有受英文教育的。所以他们有的时候，跟父辈、跟祖辈都是用英文交流的。

Q：那他们说汉语的机会就只有在课堂？

代老师：嗯，怎么说呢，像这些华人家庭啊，可能以前不是特别富有的家庭，没有办法上英校，他们就上华校。这些人的祖辈，就能说华语。所以他们回家跟爷爷奶奶或者是外公外婆交流的时候，他们会用一半华语一半英语，他们都是参半的。

Q：他们在华语学习中普遍出现的语法问题是什么？我觉得他们不学语法。

代老师：他们学的语法很少，但他们最大的问题就是他们直接把英文的语言表达方式转换成华文。举一个简单的例子，"您先去吃饭"对吗？（他们就会说）"您吃先"，这是一个最基本的，他们都是这样的转换方式。还有一个，比如说他们没有比较级，"你比我高"，他们会说"他高过你"，就是这种最基本的。但也成为他们日常生活当中的一个部分。比如说，我们说"工作"，他们说"做工"。就是这些，但是已经很本地化了。我们也有一些不一样的地方，但是我们也有相同的地方，尽可能地让我们的汉语、让我们的普通话普及他们。多和孩子们沟通可能会好一点。

Q：和对外汉语相比，在新加坡的教学有什么区别？和语文教学相比呢？

代老师：其实和国内汉语相比，新加坡汉语教学的不同点、难点在哪里？其实，新加坡有一点，他们在学校学的我觉得挺国外式的。他们只是学一些最基本的语言表达方式，就像我们学英语一样，他们最基本的目的就是交流和使用。其实当时李光耀有一本书上也是这样介绍的，他说，如果一个人能够熟练地掌握两门语言，他的智商应该达到120以上才能熟练地运用它。他觉得，更多地使用华语就是鼓励孩子们去交流、去表达，就和我们学英文的目的是一样的。我们更多地可能就是让孩子们会说，会沟通，会使用。你说要精通，我觉得他并没有这方面的，并不能做到。然后呢，我觉得，难点就是，第一，这边的小孩子很不愿意去写汉字，他们不像我们从小开始学笔顺、笔画，他们更多的是去"画"，我觉得是画出来的字。比如说我们"国家"的"国"或者"口"，他们是一个圆圈。他们没有一个笔顺笔画的概念，以至于他们的拼音和我们国内的都有一些区别。还有一个就是孩子们的发音，他们的咬字经常咬不准，比如说z、c、s、zh、ch、sh、r。我觉得他们很难去辨析，就是分不清楚。但是声调还可以，一声二声三声四声这种还可以。

Q：他们的老师也不进行笔顺笔画的教学吗？

代老师：很少，但有。我觉得他们，怎么说呢，就是每个学校的老师也存在个体差异，因为有一些教师是本地教师，本地教师在专业基础知识这方面其实并不强，所以他教给孩子们的东西，我觉得也是值得探讨的。

Q：我们在批改作文时发现，作文是分一些特定的话题的，然后我们觉得这些话题是有些沉重的……

代老师：比国内要沉重啊……

Q：就是它的话题比较负能量，我们在想是不是有一些导向性，要让学生，有一些特定的目的让他们时刻警惕着？比如"入室抢劫"这种，在国内是不会有的。

代老师：那真的就是，可能我对国内的教育不是很了解，因为我在国内也不是老师。来这边以后，我觉得像这些对错、是非的分明他们会特别清楚，因为这边孩子们写作文，或者他们口试时遇到的一个问题就是——很多事情是没有在他们身边发生过的，所以很多东西对他们来说是一个虚拟的概念，所以我们必须教他们，我们必须教他们怎么去说、怎么去写，而且学校又……或者说是出题局特别爱考这种类型的。比说什么"入室抢劫"，你们刚才所提到的"偷窃"，对于新加坡这个相对安全的国家来说，孩子们是很难想象有这种事情发生的，如果你光是给他这幅图，让他去写，可能他都不明白，他也不知道应该怎么去表达。所以很多专业性的词语，就需要老师提前告诉他们要怎么去用。我觉得可能不是说传达一种"负能量"吧，可能也是警惕的作用，就是让孩子们……

Q：正着来，我感觉是。

代老师：对，其实他是更多地……你看，虽然它是在讲"偷窃"这个问题，但最后总结性地会说"偷窃是不对的，这是犯法的"，或者"一旦被抓就会受到法律的制裁"。它可能是用这种反面的教材来告诉孩子们这种行为是不对的，我们不能去做。他们这种是非观念很强，对比很强。

Q：我们想象了一下，我们小学的时候，比如说要考试也没有很多固定的模板，但是他们这边，总会有一些固定的模板去背，感觉学校或者老师考的东西都在这一个圈子之内。您觉得与国内相比，有何利弊？

代老师：其实，为什么我们要给他们写这么多的资料，为什么我们会强迫他们去背，就在于这是他们的第二语言，他们平时练得太少了，他们就是不会表达。我们只能找到这样一个快捷有效的方式，也就是说，OK，你不会讲，我们写给你，那你去背了，那可能你在表达的时候至少不会创造性地去说，让别人听不懂。因为补习中心的主要目的就是快速提高孩子的成绩，那么快速提高孩子的成绩，光是从兴趣的培养来说，我觉得，一旦没有家长的监督，没有老师的强迫，他们是不会主动去做的。以前我就做过一个调查，你看小孩子，他们拿在手里的书，永远都是英文书，绝对不会拿一本汉语书。所以他们根本就没有太多的这样的训练意识，所以他们的这个环境，也让他们第二语言，真的是，我觉得是举步维艰，很难生存下去。所以就造成了现在老师会大量地写一些稿子，或者作文、范文来应付口试，让他们去背，背了以后让他们去灵活运用。对比国内的话，我觉得更多地给孩子们填鸭式教育的话，他们的思维就会很呆滞，他们就不会灵活，也不会举一反三，变通性就少了很多。所以你看国内的孩子，他们的想象力、他们的发展空间是很大的，他们可能遇到一个问题时能变出很多花样来，但是这边的孩子就很单一，他有可能一样的问题用一样的答案去套。所以这也是教育的问题，造成了他们本身对这件事情的单一性，还有新加坡虽然是一座国际性的大都市，可是新加坡的孩子我觉得要比国内的孩子单纯一些，他们见的可能还真没有国内的广，他们的新闻的接触面、知识面我觉得很单一，而且太多的是父母保护得太过了，什么东西都不让他们去实践，不让他们去做，所以很多东西他们都不知道。就像我们谈到口试当中的"地铁"，或者是"巴士站"，很多孩子没有接触过，没有经历过，没有看到过，所以你跟他讲再多的东西都是纸上谈兵，我觉得是缺少这些实际性的。

Q：接下来的问题就是，我感觉新加坡的孩子有点，就是跟英美上课似的，非常"活"，和中国完全不一样，他们的每一节课，在学校的每一节课也都是两小时？

代老师：没有，在学校是 45 分钟一节课。

Q：那比如汉语课就上 45 分钟？

代老师：有的时候是两节课连在一起，第一节课 45 分钟，可能休息一下。他们好像中间没有休息，下课以后直接又上课，他们早上 7 点多然后到早餐时间。他们是分成不同的时间段。小一小二是一个时间段休息，小三小四是一个时间段，小五小六是一个时间段，因为他们学校场地比较小，然后学生用餐的时候怕比较拥挤，所以都是分成不同的时段。

Q：比如我们去听一年级的课，比如说幼儿园那种的课，他们都是一坐坐一个多小时，还有就是比如说六年级的孩子，让他们一坐坐两小时，您是用怎么样的一种课堂管理方式才能让他们坐得住，还能听课，不乱班？

代老师： 我觉得老师的课前准备一定要很充分。就是说你对材料的编写，还有你 PPT 的设置一定要非常上心，而且先要去了解到不同年龄阶段的孩子的兴趣点是什么，他们感兴趣的话题是什么。有的时候，比如说，如果想上一堂成功的课，老师可能课前准备要远远超过课上两小时，他可能去准备一些专业的道具，可能去准备一些和这堂课他所教授的知识点相关的一些内容，或者故事等。你首先要有一个引导，你要让学生喜欢你的课堂。还有老师的个人魅力我觉得很重要，因为首先，新加坡的小孩子就是这样的，如果你太死板，像中国一板一眼地来教书，他真的会睡着，他真的会到后面不听。没有兴趣的调动，他会觉得很无聊。说实话，他们对华语就是没太有兴趣的，真的是为了应试，被逼着去学。所以你们首先要找到他们的一些点。其实新加坡小孩是非常好哄的，他们可能会因为很小很小的一个话题，或者一个图片，讨论的一个词语就会哄堂大笑。只要你抓住他这个点，就好了，然后再结合你的知识点。我们中心王校长的一个教育理念就是先让学生开心、高兴，然后他才会自觉主动地去学习，你先让他高兴，喜欢你了，你让他做什么他都会很有自觉性，如果他一开始就很排斥你，你再逼着他去做任何事情导致的结果就是不欢而散，所以我觉得课前的准备还有了解这边小孩子的一些生活方式。我上课的时候有时也会跟他们讨论一些电影，讨论一些比如说他们喜欢的书、明星啊，或者是他们生活当中的一些琐事。就是这些点，不知不觉当中就会引起他们的注意。还有课堂调节剂就是擅用那些顽皮的孩子，有些小孩说话很幽默，他其实就是想引起班级的注意，你要怎么样让他说的那些话让同学们都能哄堂大笑又能活跃气氛，但同时要控制住他，我觉得这个可能需要一些经验。

Q： 对于我们这些学对外汉语的学生来说，有什么教学、个人能力或者其他方面的建议呢？

代老师： 我觉得你们其实都挺优秀的，比如说我觉得你们在写作啊、创意啊这些方面绝对都不是问题。我觉得你们要先更多地去了解学生，了解他们的爱好、他们喜欢的表达方式，我觉得先要和他们做朋友，先要让他们相信你，觉得你可以帮到他；第二个就是责任心的问题，就是说不管是学校的老师，还是像我们这样的培训机构的辅导课老师，我觉得最重要的是你要让家长和学生认可你，就是说你要真的是尽全力地去帮他们，你要找到孩子的问题是什么，然后你给他提出一些他能够接受的帮助或者方法，你要多和他们沟通。比如说如果他们真的遇到问题了，或者他找你谈心的时候，你要尽可能地、无私地去帮助他们，然后你要多花一些时间让他们回来，给他们一些单独的指导，我觉得对他们来说还是蛮有用的，而且家长也会特别希望你能够给予他们这些正课以外的辅导课。

Q：孩子们也会愿意回来？

代老师：我觉得这个孩子们都是有惰性的，这个就需要跟家长沟通。但如果你辅导课是很有趣的，我觉得他们也是愿意跟同学们交流的。

Q：新加坡的汉语教材中的汉字教学，是在非常初级的时候就学一些很难的汉字、合体字，这和国内是完全不一样的。比如国内先从独体字开始教，笔画非常简单，然后再把两个合在一起教给学生，越来越难，越来越复杂。但新加坡打破了这个难易顺序，没有先独体后合体的这个习惯，我想问一下是有意打破的还是压根没注意到呢？

代老师：我觉得他们这边给学生的难易度，比如说在小二年级出现的一些词，在小五年级又重复出现，我觉得可能是教育部还没有意识到这种难易度。因为他们都是跟着课本走、跟着文章走的，他们是从给出的文章中选一些作为我们要授课的词语，所以在这方面可能是没有意识到。

Q：但是会不会比如说他们更注重实用性，因为如果要是跟着汉字走的话必然要放弃一些实用性。

代老师：有可能。他们更重要的是教他们怎么说，所以你看这边的字他们就分为了"识写"和"识读"，就是认写和认读两种。所以它有一个部分，可能有一些比较难，但是它要学生们会读就可以了，这个阶段我不要求你会写，可能到五年级六年级。所以我们就会看到说有很多重复的字，这些重复的字他们是作为新课来教授课的。所以我觉得可能和你们两个说的很接近，更多的是在于他们的表达。

Q：我看他们背的一些四字格的成语，还有俗语都是超出他们理解范围和书写范围的。这个是出于什么目的？

代老师：这个是课本上没有的或者很少的，课本上四个字的成语还有一些，比如词语搭配是他们常用的，像这些我们说的谚语啊这些，其实是补习中心的老师刻意为之。为什么这么说呢？因为有一些孩子的学习能力是很强的，我们说不能仅限于他们学这些最基本的知识，我们要让他们拿高分数，所以我们也会想很多的办法。当这些小孩子的掌握能力很强，会说出一些这种超出他们年龄范围的词语的时候，老师通常就会有惊喜，会有惊喜的话，我觉得他们应试的分数就会提高。

Q：其实是给考官准备的？

代老师：对，可以这样认为。而且你看，我们有理解到，我们有去看他们的一些试卷批改的要求，他们有一个要求就是"有没有使用好词佳句"。

其实这就是一个方向，暗示你的一个方向，所以我们就会刻意地给他们一些四个字的成语或者谚语啊这些。

Q：但是他们完全不懂。

代老师：懂。

Q：老师会讲吗？

代老师：肯定会讲，我们在让他们使用这些词语的时候，肯定会先解释这些词的意思，当然不能讲太难的啦，一些简单的，比如他们最常用的"己所不欲勿施于人""守望相助"等，这些是五、六年级才刚摄入的新词汇。我觉得学校很难给这些东西，所以我们补习中心就只能先教，教他们怎么去用，其实也是一个模板。

Q：但是让他们背书的时候发现，他们完全不理解那四个字是什么意思，它本来就是动宾动宾结合在一起，他不知道这个结构。

代老师：新加坡没有语法。

Q：就是老师在解释，比如说"老吾老以及人之老"的时候会整体性地去解释呢还是说……因为我觉得汉字有的时候你把它拆开了，一个字一个字去解释，或者一个词一个词去解释，会更好理解。所以说老师更偏向于整体去解释还是？

代老师：我的教学方法是分班级而论。那些很基础的班级，我们可能不会抛这些词语给他们，而程度比较好的班级，就会像中国的老师一样，先去跟他们解释每个字，然后把这些解释的词连成话，然后再去跟他解释这段话语的意思，可以用在什么地方，怎么来使用。但是在中国就会更深入，就会整个篇章，或者介绍作者等，这边就不会涉及了。

Q：感觉中国很注意比如说一个词，会通过一个汉字去解释，但是这边我觉得他们似乎不是很懂每个字的意思。

代老师：对。因为他们这边没有文言文，没有古诗词。你看我们国内用古诗词就会涉及单个字的解释，只要我们知道这个字是什么意思，用在不同的地方我们也能够理解。但是这边的教学中这一块是没有的，我觉得很少。

Q：他们背了很多谚语，摘自古诗，所以解释起来很难。

代老师：很难，所以我觉得是因人而异了，就是要用在不同的孩子身上。

Q：还有最后一个问题，我想问一下新加坡教师的入职情况和教师资格，比如要考什么证书。

代老师：其实新加坡对中国的教师资格证是认可的，就是说如果你在国内拿到教师资格证和普通话等级，他们就非常认可。然后他们也会直接从国内比如说北师大直接招聘一些应届毕业生的优异人才，在这边的政府学校里，他们会直接培训，然后就安排到各个学校任职。

Q：这是学校和学校之间的联系吗？

代老师：我觉得可能也涉及政府了吧。

Q：但是政府学校的老师不是有很多都是新加坡本地的吗？

代老师：但它的资源也不够啊，是有限的，所以它也要引进，因为他们觉得中国本地的老师不管是发音表达还是知识功底可能都会优于这边。所以他们也去引进中国的老师。

Q：他们在选老师的时候更注重华文还是英语呢？

代老师：他们其实是用英文面试的，但是可能华文功底也会有一些测试吧。他们更注重的是你能否能胜任一个老师这样的职位，有没有爱心、责任心。

Q：好的，我们想问的问题就是这些了，非常感谢您腾出时间！

菲律宾汉语教学调研报告

毛 琦

（北京第二外国语学院文学院）

菲律宾主要分吕宋、米沙鄢和棉兰老岛三大岛群，一共有 7000 多个岛屿，因为很久之前被西班牙殖民统治，所以西方文化十分显著；后随着贸易往来和宗教的传播也融合了印度文化、华夏文化和伊斯兰文化。菲律宾为发展中国家，贫富差距较大。菲律宾的经济大多是由华人或是西班牙人掌握的。

随着中国综合国力和国际地位的提升、中菲两国关系的不断发展、菲律宾政府对多元文化的开放态度及菲律宾华人地位的上升，汉语教学在菲律宾也呈现了必然的趋势。

一、宏观层面

1.1 所在国家语言现状

菲律宾官方语言为他加禄语和英语。虽说英语为菲律宾的官方语言，但并不是所有人都会说英语，特别是经济条件相对不是很好的家庭，因此菲律宾当地语言更为普遍。另外，即使很多人都能说英语，但他加禄语为菲律宾人的母语，因此对他们来说使用母语更加方便自如。菲律宾当地语言也十分复杂，之间的差别就好比中国的地方方言。比如马尼拉的菲语与宿务或是长滩岛的菲语差异甚大，口音也不一样。马尼拉的人说菲语较温柔，但是长滩岛的菲语重音较多。

值得一提的是，有不少菲律宾人认为闽南话就是汉语。因为在菲律宾大部分华人都是由福建移民而来的，他们一般使用闽南话。他们经常问我，汉语是不是福建话，或是我会不会说福建话。当我说我不会说福建话的时候，他们觉得不可思议。

1.2 菲律宾汉语教育现状

到目前为止，在菲律宾共建设有四所孔子学院——亚典耀大学孔子学院、布拉卡国立大学孔子学院、菲律宾大学孔子学院和菲律宾红溪礼示大学孔子学院。① 2006 年 10 月 30 日，中山大学与亚典耀大学合作建设亚典耀大学孔子学院。自建校以来，该孔子学院就开设有汉语培训班、主办汉语水平考试及中华文化推广活动等。在亚典耀大学还开设汉语本科专业，分为商务、人文、社会科学三个方向，成为首个设立汉语本科专业的高校。2009 年，中国西北大学与菲律宾布拉卡大学合作创办了第二所孔子学院。2010 年，菲律宾第三所孔子学院——红溪礼示大学孔子学院揭牌。2015 年，厦门大学与菲律宾大学合作创办了第四所孔子学院——菲律宾大学孔子学院。

随着时间的推移，汉语国际地位的提升，世界学习"汉语热"不断升温，菲律宾汉语教学也取得了一定程度的发展。除以上四所孔子学院的建立之外，也有很多教育机构不断在发展生成。比如菲律宾中华研究会、菲律宾华教中心、曾景祥爱心文教基金会、菲华商联总会、陈延奎基金会等。

另外②菲律宾政府也积极推动着汉语在菲律宾的教学。2011 年年初，菲律宾教育部宣布，2011—2012 学年将选 5 所中学开设汉语课，学生每周学习四小时汉语。这是菲律宾汉语教学由民间行为转变为政府行为的里程碑。由此可见，菲律宾汉语教育现状十分可观。

由此可见，在菲律宾，汉语越来越被重视，人们学习汉语的热情也越来越高涨。

二、中观层面

2.1 所在学校的基本情况

菲律宾光启学校，英文名为 Xavier School，是一所涵盖幼儿园至高中教育的华校，在该校毕业的学生基本进入菲律宾排名前三的大学，每年都有不少毕业生直接进入世界名牌大学。它由 20 世纪 50 年代离开中国的耶稣会教士在 1956 年创办，信奉天主教。在菲律宾，光启学校属于贵族学校，学生家长多是富有华人，是一个有浓厚中国背景的学校，大多数学生的中文水平属于基础水平。该校与菲律宾亚典耀大学（Ateneo De Manila University）同属天主耶稣会，有极其密切的关系。

光启学校的教育理念是以四百年的耶稣会教育传统为原则：全面培养学生在遵守纪律的前提下，以积极进取的态度寻求自我超越，同时充分发挥服务人

---

① 世界汉语教学学会官网：http：//www. shihan. org. cn/topics/100327。

② 中大孔院网：http：//ci. sysu. edu. cn/Ateneo/Index. aspx。

群的崇高精神。

每年都有一大部分光启学生前往北京或是厦门，这样一来，学生可以与中国文化及中文环境有长达六星期的亲密接触。学生们可以感受到中国的饮食文化及人文文化，提高学生学习汉语的兴趣。

光启学校有两个校区，主校区是马尼拉仙范市青山区，分校区在马尼拉城郊。老校区的汉语教学比较系统，师资庞大，有些中文老师是当地的华人。另外一小部分则是来自国家汉办的志愿者。新校区于2012年招生，汉语教学系统还在建立中，但是在这边设备很齐全。

主校区是一所男校，学生家长大多是富有华人或是名人等。学生都是华人，从小就有汉语环境，因此他们的汉语程度较好。在教学中，汉语的使用程度较高。

新校区是一所男女混合学校，所以比较容易控制课堂秩序。但是在新校区，大部分学生都是菲律宾人，他们的汉语程度很差，几乎是零基础。华人学生的比例很小。本校区的华人学生汉语程度也不如主校区。其原因是：1. 大部分华人都是从福建过来的，因此学生家长都只会说闽南话，对汉语不太熟悉；2. 家长在家不跟学生说汉语，一般只是说英语或是菲语。因此，在新校区，学生的汉语程度远远不如主校区。所以，在汉语教学时，英语媒介语的使用程度较高。但是新校区的汉语学习氛围比主校区好很多，家长也十分配合教师的工作，他们十分重视汉语，尊重汉语老师。

主校区的汉语教学比较成系统，师资力量强大，大部分老师都已经教了很多年或临近退休。在主校区经常会有教学法研讨会，借此机会让新老师学习提高。但是在新校区，因为学校较年轻，汉语教学系统还没有太成熟。虽然名为光启学校，但是地处偏僻，刚开始很难招老师。前几年有些会说汉语的修女会来帮忙。慢慢地，随着学校设施的日益完善，有些华人来应聘。但是今年在新校区，一共有12个汉语教师，其中包括九个志愿者老师、两个老师，他们都来自中国大陆，另外一个是来自中国台湾的修女。虽然我们有十多个汉语老师，但对我们来说这是我们第一次在光启学校教学，也就是说我们都是新手老师。对于学生的汉语水平或是课堂管理都是自己慢慢摸索的。

2.2　所在年级的基本情况

本人在新校区教学，所在年级为四年级。四年级学生最多，有四个班级，一共有105个学生。大部分学生从幼儿园开始就在光启学校学中文，但是他们的汉语水平不太高，因为学生几乎都是百分百菲律宾小孩，并不是华人，在家里没有汉语环境。但是这边的学生家长十分注重汉语。每个班级都有一两个多动孩子，由于是男女生混班，因此课堂纪律比较好管理。

4A：27 个学生——19 个男生，8 个女生

4B：26 个学生——14 个男生，12 个女生

4C：25 个学生——17 个男生，8 个女生

4D：27 个学生——13 个男生，14 个女生

2.3　汉语课程的教学地位

光启学校是一所华校，学校对汉语十分重视。汉语课是学生们的必修课。学生们的汉语成绩可以决定是否进入下一年级或是留级。如果学生的汉语成绩不够优秀，会被要求加入暑期班，否则学生会面临开除的危险。

光启学校对汉语非常重视，每年都有汉语周，时间大概是圣诞节之后、春节之前。今年开学第一天是 2017 年 1 月 4 日，因此从那天开始，学校的中文老师都在为春节准备各种节目和活动，比如吹画，折纸，画青花瓷，等等。

每一学年分为四个阶段，小学每一个阶段有三次考试——口语，听力及写作，笔试。每一次考试分别占 20%。学生的品性及努力程度也是学生最后成绩的评分点。小学生每天都有汉语课，而初中生和高中生也是几乎每天都有汉语课。由此可见，汉语在学生的课程中十分重要。

2.4　学习汉语的学生情况

光启学校的授课对象包括幼儿园至十一年级的学生。学生大多是菲律宾人，少数是华人。学生的汉语程度较差，但是他们学习汉语的积极性很高，他们十分喜欢汉语。另外，有些学生的父母在生意上与中国有往来，所以学习汉语有助于家族事业；或是有些家长在中国工作或出差，从小耳濡目染，学生对中国十分向往。

2.5　选用的汉语教材

光启学校选用的汉语教材如表 1。

表 1　选用教材表

教材名称	教材图示	出版社	版次	配套教材

（续表）

教材名称	教材图示	出版社	版次	配套教材
轻松学中文 1b（少儿版）		北京语言大学出版社		
轻松学中文 2b（少儿版）		北京语言大学出版社		
轻松学中文 3b（少儿版）		北京语言大学出版社		

（续表）

教材名称	教材图示	出版社	版次	配套教材
轻松学中文1	 	北京语言大学出版社		
轻松学中文2	 	北京语言大学出版社		

（续表）

教材名称	教材图示	出版社	版次	配套教材
轻松学中文3		北京语言大学出版社		

三、微观层面

3.1 教材分析

四年级所选的教材是《轻松学中文1》中的第13课到第15课,《轻松学中文2》中的第1课到第8课。四年级学生大部分是9~10岁,几乎都是菲律宾人,而且教材涉及的语法很少,大都是词汇和日常用语。因此汉语课堂中,语法讲解占的比例较少,而且在讲解语法的时候也是用学生所能接受的方式,加入一些技巧让学生记忆,并不是强迫学生死记硬背。四年级的汉语课堂着重于新词的掌握和课文的背诵。

3.1.1 课文结构:

每一课分八个课时:Text 1 四个课时,Text 2 四个课时

1. 生词:一个课时或一个半课时,争取做到学生能够掌握生词(包括听说读写)。

2. 课文:一个课时,争取做到学生能够背诵课文,并且能够运用重要句型。

3. 练习:一个半或两个课时,完成课本及练习册上的练习,巩固提高。

3.1.2 包含的知识点:

《轻松学中文1》

第13课:颜色

句型:你喜欢什么颜色?

你喜欢灰色吗?

我也不喜欢。

第14课:穿着

句型:我喜欢穿白色的裙子。

我上学穿校服。

重点:结合颜色和衣服

第15课:人体部位

重点:描述人的外貌

难点:"腿"和"脚"的书写

《轻松学中文2》

第1课:国家、语言

句型:我会说英语和一点儿汉语。

第2课:科目

句型：我喜欢上汉语课。

第3课：打电话

句型：你等一会儿再打来。

第4课：天气

句型：今天天气怎么样？

第5课：季节

词汇：春天、夏天、秋天、冬天

第6课：生病

句型：我今天生病了。

重点："了""要""想""不要"

第7课：爱好（一）：音乐

重点：一边……一边……

句型：我每天读一小时的书。我正在学画国画儿。

第8课：爱好（二）：运动

重点：跟……一起……，但是……

3.1.3 教材评价：

《轻松学中文》这套书每个主题都围绕着生活，比如颜色、穿着、爱好、天气等，都可以在日常生活中使用，也可以加强学生的口语表达。整套书有三册，知识内容呈螺旋式上升，比如说四年级的知识可能在六年级重新学，但是词汇更加难，内容更加丰富，但都是围绕同一个主题。在这种情况下，学生可以不断复习旧知识，不断巩固和加深新知识，这样也可以降低学生对所学知识的遗忘率。

针对我们班四年级的学生汉语程度及所学情况而言，本人觉得这套书也存在着一些美中不足的地方。1. 有些主题的生词比较难，笔画较多，学生很容易遗忘。比如在第二册第七课生词中出现"弹钢琴"，如果换成"弹吉他"就更好了，"吉他"二字简单易记。2. 课本很少对知识点进行总结，这很容易造成学生困惑。比如天气这一课，出现很多句子，如今天是晴天，今天有小雨，今天下雨，对于"是"，"有"和"下"，学生们很容易混淆。但其实总结起来，真的很简单，比如"是"＋"天"，"有"+名词，动词或形容词什么都不加。这样一来，学生们就知道如何造出正确的句子了。3. 课本中从来不对生词进行词性的区分，这样一来，造句的时候就给学生带来很大的困难。比如在第二册第七课中，其中的一个重点句子为"我喜欢一边弹钢琴一边读书"，这里很明显的是"一边+动词+一边+动词"形式。如果学生要想造出正确的句子，必须得知道所用词语的词性，这样学生把动词放在"一边"之后就行了。但是在课文生词部分，并没有标出"弹钢琴"和"唱歌"是动词。当然其英语翻译分别为"play the piano"和"sing a song",由英语翻译我们可知这两个词语为动词,但是如果教材不明确标出的话,学生不一定能够得出这两个词语是动词的结论。因此笔者认为,教材应该在生词部分对词语标明词性,方便学生造句。

除此之外,书中也出现了一些错误,比如在《轻松学中文2》课文第70页中出现"他每天跑一小时步"这样的句子,但是在上一课中,我们学的重点句型是"我弹一小时的钢琴"。书中明确指出要使用"的"。根据语法及语感,我们可以得知正确及完整的表达应该是"他每天跑一小时的步"。因此该处给四年级学生造成困扰。

另外,课本中有些翻译也不到位,比如《轻松学中文2》目录中,"Lesson 6 sickness",但其中文翻译却是"生病"。"sickness"是名词,而"生病"为动词。该翻译很容易给学生造成误导。

3.2 课堂试讲记录

以"《轻松学中文2》第七课 Text 1"为例。

3.2.1 知识点:

句型:

(1)我喜欢一边弹钢琴,一边唱歌。

(2)我每天读一小时的书。

生词:

爱好,一边……一边……,弹钢琴,唱歌,听音乐,读书,小时

2017年2月6日学习第七课课文,文中出现了"我每天读一小时的书"这句话。首先任务是给学生翻译这句话的意思,然后再帮助学生分析这句话的形成。为了简便,首先讲解"我读一个小时的书"。以下对话为录音转录。

毛老师:跟我读"小时"。

同学们:小时——小时。

毛老师:how to say "one hour?"

同学们:一小时。

毛老师:two hours?

同学们:两小时。

毛老师:If I want to say:I read book for one hour, how to say it?

同学们:我读书一小时。

毛老师:错! first of all, 读书, you make them separate, you add "一小时"和"的"。For example, before "读"和"书"married, so we got "读书"。After some years, they have a baby—— 一小时。So "读" becomes "a daddy" in the front, "书" becomes "a mommy" in the end, "一小时" is their baby in the middle，"的" is "yaya"，so that yaya can take care of "一小时"。

同学们：yaya…

毛老师：How to say "read books for two hours?"

同学们：读两小时的书。

毛老师：这是什么？

同学们：弹钢琴。

毛老师：How to say "I played the piano for one hour?"

同学们：我弹一小时的钢琴。

毛老师：很棒！So the construction is "person+verb+hour+的+noun"，verb is the…?

同学们：Daddy.

毛老师：Who is the baby?

同学们：Hour.

毛老师：Who is the Yaya?

同学们：的。

毛老师：Who is the mommy?

同学们：Noun.

毛老师：So the construction is ?

同学们：Person verb hour 的 noun.

毛老师：How to say "I sang songs for two hours?"

同学们：我唱两小时的歌。

毛老师：非常棒！

同学们：棒棒我真棒，棒棒我真棒！

板书设计：

读书

读（一小时的）书

Verb+time+的+noun

练习材料：

1. 10：00—12：00（看图说话）　　2. 8：00—8：30（看图说话）

3. She played the piano for two hours. （翻译句子）

4. He listened to music for half an hour. （翻译句子）

3.3 实习过程中遇到的偏误及解决办法

所教学生大部分是零基础的菲律宾小孩，没有全汉语环境，汉语课堂是他们说汉语的唯一一机会。学生普遍都说英语，因而在学习汉语的过程中会造成很多偏误。以下是这一学期学生造成的偏误，并且对其进行一一分析。在此本人还提出了个人认为比较适用的解决办法。

1. 他是一半中国人，一半菲律宾人。

这是典型的偏误，来源为英语——He is a half Chinese, and half Filipino. 纠正：他一半是中国人，一半是菲律宾人。解决办法：让学生不断重复这句话，并且背诵。然后进行中英翻译，练习多次加以巩固。

2. 我有发烧。

英语翻译为 I have a fever. 一字一句翻译的话，中文应为"我有发烧"。很多学生都犯过这样的错误。面对这样的情况，我的处理方式是告诉他们结论：当使用有关生病或是疾病词语的时候，不需要加"有"。这样一来他们脑海中有了一个正确的理念，然后再借助练习巩固。

3. 我想休息在家两天。

这个句子明显是错误的，正确句子为"我想在家休息两天"。当时教这个句子的时候纠正学生很多次了，对他们来说这个句子太难。英语翻译为"I want to rest at home for two days"。因此他们总是把"休息"和"在家"颠倒。

4. 妈妈游泳每天。

这是英语表达"Mom swims everyday"的直接翻译。在英语中，动词总是跟随在主语的后面，而非主要成分如时间状语、地点状语等常常在句子的最后或是前面。并且告诉学生，在汉语中时间总是紧接在主语的后边。如此一来，在纠正很多次错误之后，他们就慢慢有很深的印象，脑海中也有正确的句子结构了。

5. 我不去过日本。

"没有"表示动作已经完成，过去时态。而"不"表示的时间为现在或是未来。学生误认为所有的"no"都可以用"不"来表示。因此我的做法是给学生进行总结，并且练习加以巩固。并且明确告诉学生，当他们要想用"no"这个意思的时候，首先要看句子中的时间表达是现在、将来还是过去，然后再选用"不"或是"没（有）"。当这样清晰分析之后，学生就能够明白了。

6. 我每天读书一小时。

英语表达为：I read books for one hour every day. "read books"是在一起的，

但是该句的中文表达为"我每天读一小时的书。""读书"分开，中间加上"一小时"和"的"。刚开始的时候，学生并不了解为什么要这么做。当然其中的理由是讲不清楚的。我的做法是一步一步向他们分析讲解。首先"读书"是一个词语，然后将动词与名词分开，然后插入时间和"的"，最后加以练习。慢慢将句子结构划分，把句子的形成过程讲解给学生听是一个很好的方式。

7. pǎo pù

这是学生们"跑步"的发音。偏误来源于菲语，因为在菲语中"p"和"b"差不多，只不过是清浊的区别。对他们来说"p"发清音"b"，"b"发浊音"b"。因此当我读"pǎo bù"的时候，他们读的拼音为"pǎo pù"。当分析清楚学生犯错的原因之后，就可以对症下药了。首先跟学生分析菲语和汉语"p""b"的区别，然后明确告诉他们汉语中的发音，并且让学生把手放在嘴巴前方，感受发这两个辅音气流的强弱。

3.4 案例分析

问题：刚开学不久，我发现学生的书写和口语不是很好，因此我着重于听写和背课文。但是，以前的汉语课十分轻松，老师管得也不是很严格，因此对学生来说他们很难适应这种转变。到第二阶段的时候，效果慢慢显现出来，学生和家长也对汉语成绩提高感到很满意。但是依旧有个别学生学习态度十分懒散，上课不能集中注意力。尤其是一个中文名字叫邱文彦的男孩，他是菲律宾-英国混血儿，特别聪明。但是他上课总是故意发出怪声，他无法控制自己的行为。他经常通过尖叫或是到处乱跑来吸引别人的注意力。另一方面，他几乎做不到安安静静地认真听讲，上课的时候总是玩蜘蛛、蚂蚁等。当他严重影响班级秩序的时候，我会制止他，但是他有很多借口。有的时候让他安安静静地待在教室，不打扰别人都很困难，更别说让他学知识写汉字了。本人尝试过与家长沟通，但是家长迟迟不来参加家长会。后来与该班的班主任讨论过这个孩子才发现，原来这个孩子在家里过得并不好，父母很忙，并且总是责骂他，不理解他的行为。当然他的行为确实是不妥的，但他毕竟是个孩子，情有可原。另外，他的家长每次都在早上六点半之前就把他送到学校来了，但是上课时间为七点半。放学之后他的家长很晚才把他接回家，可以说，他在学校待的时间比在家待的还长。因此，考虑到他所有的情况，我意识到他比平常小孩更加需要爱。

解决办法：直到现在，本人依旧还在探索如何能让这个孩子安静地上课。已经快十个月了，在这段时间中，我尝试了很多种方法。软硬兼施，效果却是甚微。当然，其间还是有些办法起到一定的作用，虽然并不能根治这一问题，但发挥了一段时间的效果。这个学生会乖乖地听讲，看到他很享受汉语课堂，我也很开心、很欣慰。

方法 1：班级设有个人星星排行榜，进行个人竞争。我经常让邱文彦帮我播放幻灯片或是管理纪律，如果他做得很好就给他加星星。他很有自豪感，并且，让他走到讲台播放幻灯片，也给了他活动的机会，这样避免他乱走乱跑。

方法 2：让他在做活动或游戏时充当模特的角色。比如我们学习疾病这一课，我对他说英语，他做出相应的动作。例如，我说"have a fever"，他会做出发烧的动作，然后学生说出"发烧"。让邱文彦保持"忙碌"的状态，他就没时间捣乱了。他很喜欢当汉语课堂的模特，每次让他站在讲台上面对学生表演，他都高兴极了，笑得很开心。他很享受被关注，很享受站在讲台面对同班同学表演的状态，可能是因为他缺乏爱的原因吧。

方法 3：不断地给他鼓励，以积极的态度鼓励他，而非批评他。光启学校秉承着天主教积极引导的原则，因此学校的老师要以学生及其心理为主，用乐观向上的态度鼓励学生朝向好的方向发展，并不能责骂学生以达到教学目的。比如，每当他进步一点点的时候，我就会当着全班同学的面表扬他，并且给他小奖励，这样一来，他也得到了老师的关注。毕竟考虑到他的家长很忙，平日里并不能给他很多爱，因此他需要更多的爱，更多的关心。当然在此之前，我跟学生都已经打好招呼了，我告诉他们邱文彦需要我们的帮助，我们应该一起鼓励他。

方法 4：在写作课或是练习课的时候，我指定他为班上的纪律组长。有人说话就把说话者的名字写在黑板上以示提醒，他负责管纪律，我负责改正学生的练习。在他安静的同时，学生们也在他的管理下保持安静，一举两得。

反思：世界上没有教不会的学生，更没有笨学生。老师应该秉承着一视同仁的理念教学，用爱心来积极引导教育学生。正所谓因材施教，不同的学生有不同的性格，适合不一样的教学方法。对待学生老师要付出极大的耐心和爱心，不能轻易放弃任何一个学生。当学生不能认真听讲或是成绩上不去的时候，原因可能是老师的教学方法不适合他，而并不是他学不了。所以老师应该尝试不同的方法，不断探索适合学生的上课方式。

3.5 教材建议

以《轻松学中文2》第八课 Text 1（第70页）为例，结合四年级学生的汉语水平及课堂效果，我对此教材提出自己的建议，以下建议当然不是最完美的，本人也会在日后的授课和学习过程中日益完善。

在进行知识点的讲解过程中，由于学生的汉语水平并不高，因此书中需要借助英语来帮助学生理解。另一方面，学生发音有待提高，因此书中仍然保留拼音的辅助功能，有利于学生课下在家复习并且练习发音。

3.5.1 在生词部分，建议标注词语词性，有利于学生们理解词语的意思，也有利于教师讲解句子结构。这样一来，可以提高学生的造句能力。生词是语言的一砖一瓦，但是要想学好语言，还是要掌握造出正确句子的能力。因为四年级的学生应该慢慢学会造句子，当然在这一过程中需要老师的讲解，也需要教材的辅助。

如：运动　verb/noun

打网球　verb

3.5.2 课文中对"跟……一起"的讲解十分简单，并没有把结构明白清楚地告诉学生。以下为本人的讲解方式。

sentence construction：person 1 跟 person 2 一起 verb。

如：我　跟 妈妈 一起 唱歌。

小红　跟 爸爸 一起 读书。

Complete sentences.

1. 我跟_____一起跑步。

2. _____常常跟_____一起吃饭。

3. 今天上午妈妈跟妹妹_____读书。

4. 我每天跟爸爸、妈妈一起_____。

5. _____跟_____一起_____。

Translate sentences.

1. I swim together with my mom.

_____。

2. I read books together with my friends.

_____。

3. I like to playing tennis together with my friends.

_____。

分析：在教材中，对该词组的解释只有"跟（和）……一起 menas 'together with'，e. g. 我每天跟哥哥一起打网球。"紧接着，出现了五个练习，分别为：

1. 我常常跟中国朋友一起_____

_____。

2. 他每个星期六跟爸爸一起_____

_____。

3. 今天上午妈妈跟妹妹一起＿＿＿＿＿＿＿＿＿＿＿

＿＿＿＿＿＿＿＿＿。

4. 我每天跟妈妈、姐姐一起＿＿＿＿＿＿＿＿＿＿＿

＿＿＿＿＿＿＿＿＿。

5. 我每天跟爸爸、妈妈一起＿＿＿＿＿＿＿＿＿＿＿

＿＿＿＿＿＿＿＿＿。

首先，在对"跟……一起"词组解释的时候，并没有总结句子结构是如何构成的。如"一起"之后必须接动词。另外"跟"在两个名词（一般为人名）之间。其次，这五个练习为同一类型，都是加一个动词即可，并没有从多方面对"跟……一起"这个词组结构进行练习。最后，这五个词组出现了许多很难的词语，比如"中国朋友""每个星期六""今天上午"，虽然这些词语都是他们已经学过的，但是有些学生可能已经忘记了，因此这些词语就会喧宾夺主，学生们会纠结于这些词组是什么意思，而不是着重于掌握"跟……一起"的句子结构。

因此我的建议是，首先告诉学生句子结构，并且给出例句讲解。然后给出练习，循序渐进，并且从多方面进行练习。首先练习"跟"两边的成分，然后是"一起"之后的动词，最后再让学生中英文翻译，将中文与英语进行对比。如在英语中，动词总是在主语之后，但是在中文中，动词总是在句子末尾。这样一来，学生在脑海中会形成很强烈的句子结构感，犯错的频率因而也会降低了。

3.5.3 建议在 Text 1 最后一部分，加一个"课堂小结"。

如：课堂小结：

1. verb：运动，跑步，游泳，打网球

2. sentence：

Person1 跟 person2 一起 verb。

如：我　　跟　　朋友　一起 打网球。

3.6 适合教学的课堂游戏

菲律宾教育系统与中国很不一样，这里的教育与美国开放式教育有一定的相似之处。菲律宾民族能歌善舞，学生也是如此。枯燥无味的课堂只能让学生失去学习的兴趣，相反地，若是在课堂中加入歌曲、舞蹈或是既好玩又简单的游戏，不仅能加倍提高他们学习的兴趣，还能让他们爱上汉语。光启学校新校区的孩子差不多都是菲律宾小孩，他们接触汉语的机会并不是很多，在他们的印象中汉语既难又没用。因此作为他们的汉语教师，我的任务就是把汉语变得简单且改变他们的认知——汉语是很有趣有用的。

在这个过程中，课堂游戏是必不可少的环节。当然在玩游戏的时候，课堂秩序是很大的挑战，但是只要在玩游戏之前立好规矩，他们还是会严格遵守的。

本人在十个月的任教过程中，针对不同的课堂内容尝试了不同的课堂游戏，以下是个人认为比较有效果的游戏。当然这些游戏还不够完善，在今后的教学中，本人会尽力提高的，也会向其他前辈请教学习。

3.6.1 生词部分

在学习新课的时候，我每次都是先教学生课文新词，并且要求他们掌握听说读写四大板块。因为在语言学习过程中，词语是语言的基石，若是基础没有打好，语言这座大厦很容易倒塌。但是学习生词又十分枯燥，无非是来来回回地朗读，背记意思，练习书写。因此好玩的游戏是很有必要的，既能让学生集中记忆力，又能让他们增加学习兴趣。

1. 不断叠加式

在学习生词的时候，反复叠加，学一个考一个，学一个记一个。比如在学第三个生词的时候，也考前二个词的发音和意思。这样反反复复来回背记单词，学生们可以加深印象。

2. 比赛加分

当学生生词学到一半的时候，进行小比赛，最快说出的学生可以给其小组加一分，或是个人加一颗星星。比赛的形式有很多种，比如老师说英语，学生说汉语；或者老师说汉语，学生说英语；或者是老师做动作，学生说汉语等。

3. 生词与动作结合

菲律宾人能歌善舞，他们喜欢有节奏的东西，再加上他们只是十岁左右的小孩，音乐或是舞蹈能够让他们更加的专注，事半功倍。因此在朗读生词的时候，我让他们加上动作。动作的形式有多种，最简单的是拍掌。比如"弹钢琴"一词，他们会读"弹钢琴，弹钢琴，play the piano，play the piano"，每段之间一个拍掌。这样做的好处是，让学生耳濡目染，把生词发音和意思结合起来，做到朗朗上口，这样生词意思也就深入人心了。另一方面，有助于老师发现开小差的学生，如没有读或是没有拍掌的小孩就应该被提醒了。另外一种形式是针对动词而言的。比如在学《爱好》这一课，有很多的动词，如唱歌、读书、弹钢琴等，老师可以规定这些动词的动作，对号入座，有利于课堂练习。

4. 三次两次或是大小声

这是我们四年级小孩最爱玩的游戏。之前只是老师说三次，他们说两次。老师说大声，学生说小声。后来游戏升级，犯错误的学生需要到讲台上，在游戏最后受惩罚表演节目，并且有时还会录制下来，在下一节课的时候放给学生看。他们很喜欢这种形式，课堂气氛十分活跃。

5. BINGO

传统的 BINGO 游戏是在画九宫格之后，让学生填入九个词语，这些词语是在黑板或是 PPT 上显现出来的。但是我有时候会把这个游戏升级，结合听写的形式，再玩这个游戏。第一，让听写不再枯燥单调；第二，若是学生想玩这个游戏，那么他们必须掌握所学词语，这样借助游戏督促他们学习。有时，我想考验他们的听力，想检验他们是否能够将词语和意思对号入座，这时他们在九宫格中写的内容则是所听到词语的意思。这种方式简单而且快速，学生很喜欢。

因此老师可以根据想检验的内容将 BINGO 游戏演变成其他的形式。这是学生们很喜欢的游戏之一，当他们得到"BINGO"的时候，他们会骄傲并大声地喊出"BINGO"，别提有多开心了。但是对于老师来说，玩这个游戏的时候很难控制课堂游戏，特别是当学生得到 BINGO 的时候，他们有时会大喊，乱跳。在此提醒一下，玩这个游戏之前，可以跟学生讲好规则，并且要求他们严格遵守，否则一旦他们违反纪律，就会停止游戏。

6. 你做动作我来猜

这个游戏主要是针对动词而言，老师在教生词的时候规定动作，统一动作为游戏做准备。每个小组选两名学生，有时老师点名选择，有时也可以让学生自主选择。一名学生背对白板，他的任务是看动作说汉语，另一名学生面对白板，他的任务是看汉语做动作。小组比赛，答对几个小组加几分。

3.6.2 课文部分

1. 对还是错

这是讲解课文的第一个步骤，在读课文之后，根据课文内容进行提问，判断对错。如果句子是对的，那么他们给我一个"tab"。菲律宾小孩特别喜欢"tab"。如果句子是错的，那么就给我一个"X"。这样一来，老师就可以清楚地知道学生掌握了内容没有，并且练习学生的听力。在做完这个活动之后，再翻译课文，并且提问检查。

2. "三个挑战"

每篇课文都有"三个挑战"，就好比电脑游戏，课文是游戏里的怪物，而每一次挑战通过则离打败怪物近一步。我这么做的原因是，课下我了解到班上很多男生都喜欢玩电脑游戏，当我做了那个比喻之后，学生的兴趣马上就调动起来了，并且小组一起合作，比赛，竞争。那么，这"三个挑战"分别是：没有拼音读课文，填空完成课文，背诵课文。这三个步骤，循序渐进，以不同的形式让学生一遍又一遍地读课文，直到能够把课文背诵为止。读课文，背诵课文是个枯燥的过程，如果以游戏竞赛的形式进行，学生的积极性就很高，完成效率也会很高。

3. 点到谁，谁来说

在学生能够背诵课文之后，首先以小组的形式，随机点，手指指在哪组，哪组就齐背课文。这样能够保证学生百分百集中注意力，否则就不能跟上步伐，也就背诵不出课文了。然后以个人的形式，随机点，点到谁，那名学生就要接下去背课文，这种形式加大难度了，既要集中注意力，还要锻炼听力，更要要求学生能够准确无误地把课文背诵出来。虽然这种形式很难，但是只要给学生一两分的时间练习，多带读，多领读，学生还是能够做到的。一般来说，讲解课文我都是分成两节课，这样效果更好，当然会结合一些练习，这样才能从听说读写四方面掌握汉语。

3.6.3 练习环节

在第一阶段的时候，我最害怕上练习课。因为这边的学生大部分都是菲律宾人，汉语程度不太高，他们不喜欢写字，写字慢又乱。因此上练习课，比如说完成练习册上的练习，对我和学生都不是一节轻松的课。在发现问题之后我立马想办法改进课堂，努力激发学生的学习兴趣。后来到了第三、第四阶段，在上练习课的时候，学生非但没有愁眉苦脸，反而爱上了写字，有些人会提前完成一些练习，他们写的字工整了许多，汉语课堂氛围也轻松了很多。我的方法是，首先一步一步地给步骤，而不是直接把所有的练习都给他们，并且每完成一个任务，就交给我检查。如果学生的练习全对，则给其个人星星排行榜加一颗星星。这样一来，他们完成练习也会有动力，学生的积极性也就提高了。比如我会说先完成第几页第几题，然后给我检查。有些老师给的任务则是完成第几页到第几页。对学生来说，当他们一看到这么多任务的时候，就会产生逆反心理，会觉得这个任务太难了，直接放弃。他们是小孩子，最好的方式是给他们一个小小的任务，然后给他们奖励，鼓励他们再接再厉，然后再布置下一个任务。奖励也是对他们的学习的肯定。

后来，完成练习的学生越来越多了，但是完成练习的时间比较长，当然程度好的学生没几分钟就做完了，但是比较慢或是汉语不太好的学生完成练习比较吃力，需要更长的时间。这时我的做法是，首先规定一个时间，比如完成这些练习的时间为五分钟，超过五分钟则不能加星星了。另一方面，选出两名完成最快最好的学生当我的助手，他们的工作是帮助我加星星，这样就方便许多了。另外，让完成较快较好的学生帮助程度较差的学生，第一，能够让程度较差的学生完成得更快一些；第二，把任务交给完成练习的学生，会让他们更加开心，因为他们的工作得到了肯定，另外也能防止他们说话，维持课堂秩序。

大体来说，在上练习课的时候，一定要把任务和奖励相结合，这样才能更好地调动学生的积极性。另外在布置每一个任务的时候，要把握好"量"

及"时"。所谓"量"为学生任务的多少，不能太多也不能太少，太多容易让学生灰心，太少学生容易说话，课堂秩序会很乱。"时"则为学生完成任务的时间，学生有的会偷懒，因此每次都应该给学生时间限制，督促学生尽快地完成任务。

汉语课不仅仅是传授知识的课堂，更是传播中华文化、中华精神的课堂。汉语教师应该与学生共同学习，共同进步。游戏不仅能激发学生学习汉语的兴趣，更能拉近学生和老师的距离，并且传播文化精神——不断摸索，不言放弃。

毛里求斯汉语教学的发展及现状

刘 岩

（浙江师范大学国际文化与教育学院）

毛里求斯位于非洲东南部的马斯克林群岛，是个多民族多语言的国家，官方语言为英语，民间普遍使用克里奥尔语和法语。华裔在毛里求斯是少数民族，汉语也是这里的小语种。到目前为止，一般认为，毛里求斯的华侨华人大约有3万人，但当地华社领袖普遍认为，毛国目前的华人人口不足2万。[①] 在1402年中国人绘制的世界地图上就明确地标注了非洲东海岸的一些岛屿，说明当时中国人已经知道马斯克林群岛的存在。通过考古发现，在1405—1433年的一系列大航海中，中国人已经到达了东部非洲，这期间的一块刻有汉字的石碑曾在毛里求斯南部被发现。[②] 在17世纪初期，荷兰殖民者就曾将反抗其殖民统治的印度尼西亚居民流放到毛里求斯，这些人当中就有中国人。早在1817年毛里求斯路易港就已经出现了"中国营"或"中国村"等居民区。[③] 20世纪初期毛里求斯的华人社会初步形成，毛里求斯的汉语（包括客家话、粤语和汉语普通话）教学也随之出现并开展起来。

一、毛里求斯汉语教学的发展概况

毛里求斯的汉语教学可分为三个阶段：

1.1 第一阶段：20世纪50年代以前，汉语教学的起步和大发展阶段

20世纪50年代以前，毛里求斯汉语教学的对象均为华人，汉语教学属于母语教学。为了不让毛里求斯的年轻华裔数典忘祖，早在1911年，就有一些客

---

① 石沧金：《衰微中的坚持与努力——毛里求斯华人社会发展动态考察与分析》，《东南亚研究》，2014年第1期。

② Marina Carter and James Ng Foong Kwong, Abacus and Mah Jong: Sino-Mauritian Settlement and Economic Consolidation, Leiden&Boston: Brill, 2009: 185.

③ 《世界侨情报告》委员会：《世界侨情报告2012-2013》，暨南大学出版社，2013年第4页。

家籍华侨从梅县请来教师开办华文私塾。1912 年毛里求斯成立了全非洲第一所全日制华文学校"新华小学"。学校的教学内容与国内相同，但教学语言使用客家方言。这期间，中国国民政府也不断向毛里求斯派驻文化教员和童军教员（负责纪律、体育、思政等）来支持毛里求斯华人学校的教学，同时中国国民政府承认这里的学历，这里的学生回国后可继续深造。1937 年，毛里求斯华侨办的小学有六七所，都用中文授课。1941 年在路易港创办了新华中学和中华中学。第二次世界大战的爆发激起了毛里求斯华人华侨强烈的爱国热情，他们强烈地需要学好汉语和中国文化，随时回国为祖国效力献身。这期间华人学校的学生激增，1944 年的时候，新华学校的学生数占所有学龄华人青少年的44.4%；1947 年，是新华学校的鼎盛时期，学生达 1019 人，教员达 39 人。①

1.2 第二阶段：20 世纪 50—70 年代，汉语教学发展的低谷阶段

1949 年，新中国成立，对新中国的态度毛里求斯华人之间存在极大的分歧，这种分歧也导致了毛里求斯华侨华人社会的分化。曾在华侨社会中根深蒂固的"落叶归根"重返祖国的信念，逐渐被"落地生根"融入毛岛的抉择所取代。国际形势和由此形成的毛岛华侨社会心理的巨大变化，对毛里求斯的汉语教学产生了根本性的影响。20 世纪 50 年代以前，华侨华人送子女到中文学校就读，不仅是为了后代不忘本、了解和继承中华民族的优秀文化传统，也是为了将来他们能回中国继续深造和发展。当时，中文学校在毛岛遍地开花，欣欣向荣。50 年代以后，由于大多数华人华侨都选择了融入毛岛主流社会，不再返回中国，这就使中文的实用价值降低，使汉语教学失去了最根本、最强大的动力。②

另外一个促使华人放弃学习中文的因素是缘于英国殖民政府始于 1926 年的奖学金政策（当地华人称之为"官费"），只有在当地政府学校就读，才有机会获得奖学金去英、法等国家读书。到 20 世纪 50 年代，第一代到英国和爱尔兰留学的毛里求斯华人已经学成归来，他们都能在政府获得非常好的职位，这也鼓励了更多的华人到政府学校接受西文教育，以期将来能获得赴英、法、加拿大等国留学的机会。自 1926 年始，毛里求斯政府奖学金的 30% 被占毛人口不

① Marina Carter and James Ng Foong Kwong, Abacus and Mah Jong: Sino-Mauritian Settlement and Economic Consolidation, Leiden&Boston: Brill, 2009: 187.

② 聂俊瓔：《毛里求斯汉语教学现状和发展前景》，第三届世界华人研讨会特刊，2012 年。

到 3% 的华人获得。①

毛里求斯是个小国，东西和南北都不过几十公里，各方面的发展空间都很小，很多毛里求斯华人选择移民到加拿大、英国、美国、澳大利亚等国家。造成华人大量移民的另外一个原因是毛里求斯华人人口数量少，在国家总人口中所占比例很小（实际 2% 左右），在实行选举制的毛国，华人选票的影响力实在有限，甚至微不足道，造成华人的政治地位并不尽如人意。毛里求斯华人移民到加拿大的人数最多，当地华人领袖认为移入加拿大的毛国华人数量已超过 2 万人，多于目前毛国本土的华人人口。② 为了移民，毛里求斯华人在政府学校首先要学好英语、法语（是必修课），如果再学一门汉语对他们来说是一个很大的负担，另外他们也认为学习汉语的用处不大。

因为以上众多因素，这个阶段在毛里求斯仍然坚持学习汉语的华人变得很少。当时，汉语学习对当地华人来说只是对中华文化的一种坚守和对中华民族的一份责任。据毛里求斯人口普查的数据，1931 年的时候，能读和写英文和法文的华人只有 4%，到 1952 的时候，这个数字达到了 50%，没有上过政府学校的基本是当时的老人③，中文学校失去了吸引力。从 20 世纪 50 年代起，中文学校的学生数量急转直下。1962 年，新华学校学生仅余 250 人。70 年代初，新华学校的日班停办。在多方努力下，1975 年新华学校复办，改办全日制中文幼儿园和中文周末班。④

1.3 第三阶段：20 世纪 80 年代至今，汉语教学再次发展阶段

1968 年，毛里求斯独立，从而摆脱了英国的殖民统治。20 世纪 70 年代初期，毛里求斯政府实行多元文化的政策，同时实施免费教育，在中小学设立了东方语言的课程，以弘扬东方民族的优秀文化传统，华文教育也被正式纳入毛里求斯的国民教育。⑤ 毛里求斯政府于 1975 年开始在 5 所中学（3 所公立学校，2 所私立学校）开设汉语课程，汉语教师就是由当时为数不多的有大学文凭的

① Marina Carter and James Ng Foong Kwong, Abacus and Mah Jong：Sino-Mauritian Settlement and Economic Consolidation, Leiden&Boston：Brill, 2009

② 石沧金：《衰微中的坚持与努力——毛里求斯华人社会发展动态考察与分析》，《东南亚研究》，2014 年第 1 期。

③ Marina Carter and James Ng Foong Kwong, Abacus and Mah Jong：Sino-Mauritian Settlement and Economic Consolidation, Leiden&Boston：Brill, 2009

④ 资料由新华学校秘书处提供。

⑤ 聂俊瓘：《毛里求斯汉语教学现状和发展前景》，第三届世界华人研讨会特刊，2012 年。

华人来担任。1977 年，毛里求斯教育学院首批培养了 5 位小学汉语老师，她们都是当时在中文学校中三毕业的学生，经过简单的培训，她们于 1978 年正式上岗，每个老师负责一所小学的汉语教学。1980 年，师范学校又培养了 4 位小学汉语老师。到 1982 年的时候，毛里求斯共有 11 位汉语老师，11 所政府小学正式开设汉语课。汉语作为中小学的选修课，1992 年被列入小学和中学的正式考试科目。①

在教材方面，小学自 1977 年开设汉语课开始，各个小学都使用原甘地学院中文系负责人，也是当时的汉语督学李顺清（Mrs. S. Ah Vane）老师编写的一些教学材料。1982 年开始教育部要求各个东方语言编写自己的教材，由李顺清老师主编的《小学汉语课本》共 6 册，于 1983 到 1987 年间陆续出版，课本全部用软笔手写，教材由甘地学院印刷，没有书号。1998 至 2002 年对《小学汉语课本》进行重编，由毛里求斯教育部出版发行，有了正规的书号，主编仍是李顺清老师。2006 年至 2011 年，由甘地学院中文系负责人聂俊璎（Mrs Jiunning Kon Kam King）老师主编的新版本《小学汉语课本》陆续出版，目前小学使用的就是这个版本。从 2014 年开始，教育部对这版小学汉语课本再次进行修订，目前已经修订到第三册。中学的教材，最初使用英国剑桥提供的教材，后来由中国专家邱延庆（音）主编，李顺清老师参编的《中学汉语课本》在1983 至 1989 年间陆续出版，共 5 册，供中一到中五的学生使用。1995 年，在原有《中学汉语课本》的基础上，由甘地学院李顺清老师主编的《初级中学汉语》（*Modern Chinese*）出版，供中一到中三的学生使用。《初级中学汉语》分 A、B 两个版本，各三册，A 版专供没有学过汉语的学生使用，B 版供曾在小学学过汉语的学生使用，这些教材一直沿用至今。2011 年由甘地学院聂俊璎老师主编的《现代汉语》（*An Introduction Course in Modern Chinese*）共一册，供中学零起点的学生使用。2013 年和 2014 年陆续出版了两册《中学汉语课本》，由甘地学院聂俊璎老师主编，供中四和中五的学生使用，该教材主要为准备中五毕业考试而编写。

在高等教育方面，毛里求斯教育学院（MIE）于 1973 年成立，开设有汉语师范文凭（TCP）、汉语大专师范文凭（TDP）、汉语研究生师范文凭（PGCE）等课程，这些课程中文部分的教学工作 1980 年以后都由甘地学院（MGI）负责。教育学院不是每年都招生，学生毕业后将成为政府的正式老师，享受公务员待遇。

---

① 毛里求斯中国文化中心：《毛里求斯中国文化中心积极开展汉语教学工作》，《世界汉语教学》，1989 年第 4 期。

甘地学院（MGI）于 1970 年筹备建设，1976 年正式建成开学。甘地学院下设 5 个系（school）和 6 所附属中学，5 个系分别是印度研究系，表演艺术系，美术系，毛里求斯和地区研究系，印度学系。1980 年，毛里求斯教育学院的东方语言系划归甘地学院，中文系（department）其实就是一个教研室，被划到"毛里求斯和地区研究系"。甘地学院中文系是毛里求斯唯一可以进行汉语专业高等教育的地方，成立后一直和教育学院合作，负责汉语教师培养的汉语课程教学，及编写中小学的汉语教材等工作。2006 年 8 月甘地学院开始招收汉语专业大专生（diploma），2010 年 8 月开始招收汉语专业本科生，2013 年 8 月开始招收汉语专业研究生。

除此之外，社会上还有各个社团开设的汉语补习班，如新华学校、华夏中文学校、光明学校、中华学校、明德学校、福禄寿会馆、华联俱乐部、仁和会馆、南顺会馆、毛里求斯华商总会、华人中国文化宫等机构都开设有汉语补习班，2015 年在这些补习班学习汉语的学员总计近千人。这些汉语补习班在周末或晚上上课，补习班每招收 25 个学员，政府每月会根据老师的学历情况给予一定的补贴（2000 卢比、1500 卢比、1000 卢比不等）。

20 世纪 80 年代以后，我国开始对毛里求斯的汉语教学加大支持力度。1983年，中、毛两国签署了文化交流协定，自此每年中国政府派遣专家赴毛里求斯促进汉语教学。

1988 年 7 月 1 日，毛里求斯中国文化中心在路易港成立，这是中国文化部在海外建立的第一个中国文化中心。毛里求斯中国文化中心一成立就于 1988 年7 月和 11 月举办了两期汉语初级班，共招收 50 多名学员。[①] 自此汉语补习班从未中断，培养了无数批学员，得到毛里求斯汉语学习者的高度评价。目前，文化中心每年分三个学期，每学期开 10 至 12 个班，每期有学员 150 人左右。

2002 年，应毛里求斯政府要求，一批马来西亚和新加坡的汉语教师被派往毛里求斯小学教授汉语，工资由毛政府支付。

2007 年，应毛里求斯政府要求，中国也为毛派了几位汉语教师，工资由毛政府支付。

2008 年开始，重庆团市委受团中央、商务部和中国青年志愿者协会委托实施"中国青年志愿者海外服务计划毛里求斯项目"。截至目前，已先后派遣了六批共 76 名青年志愿者赴毛里求斯从事汉语教学、体育教学、信息技术等志愿服务。2015 年 8 月，最新一批重庆志愿者共 17 人抵达毛里求斯，其中 10 位将

① 毛里求斯中国文化中心：《毛里求斯中国文化中心积极开展汉语教学工作》，《世界汉语教学》，1989 年第 4 期。

在当地小学从事汉语教学工作。

2010 年开始，国家汉办每年为毛里求斯中国文化中心派两位汉语教师志愿者，负责中国文化中心的汉语教学工作。2015 年 1 月应毛里求斯教育部的要求，国家汉办第一次向毛里求斯大规模派遣汉语教师，一起赴毛任教的包括 7 名志愿者和 3 名公派教师，他们都被派往当地不同的小学任教。

自 20 世纪 80 年代以后，汉语教学在毛里求斯开始再次发展，但发展得一直很缓慢。2000 年以前，学校里学习汉语的仍主要是为数不多的华人，新世纪以来，随着中国经济的飞速发展、国际地位的提高，学习汉语的人越来越多，2014 年毛里求斯 32 所小学和 15 所中学开设汉语课程，学习汉语小学生人数为 2397 人，中学生人数为 424 人 ①，尽管如此，学习汉语的学生数所占比例仍很小，其中 90% 以上的汉语学习者为非华裔，其中华裔也已经不会说汉语。学生增加了，教学对象变了，可毛里求斯的正式汉语教师却比 35 年前还少，汉语的教学大纲、汉语教材、教学方法等都没能及时更新，存在很多问题。

二、毛里求斯汉语教学现状及存在的问题

汉语作为毛里求斯的中小学的选修课，每周的课时并不少，具体如表1。

表 1　汉语课时表

年级	每周课时（小学每课时 50 分钟，中学每课时 35 分钟）
小学一年级	4 课时
小学二到六年级	5 课时
中学一到三年级	3 课时
中学四到五年级	5 课时
中六副科	5 课时
中六主科	9 课时

在毛里求斯的中小学选修汉语的人数越来越多，但汉语教学在毛里求斯还是比较落后，汉语教学的推广工作还处在起步阶段，汉语教学的层次和学习者的水平都很低，比较高级的汉语人才都是在中国培养的，在毛里求斯本地，学生很难达到比较高的水平。在毛里求斯包括罗地利岛有 320 所小学，学生总人

---

① 王雪辉：《毛里求斯中学汉语教学现状与对策研究：以鸠必皇家中学为例》，甘地学院硕士学位论文，2015 年。

数在 10 万到 11 万之间，根据 2015 年的数据，开设汉语课的小学只有 24 所，学汉语的学生数为 2364 人（占总学生数的 2% 左右），其中华裔仅 205 人。由于师资的原因开汉语课的小学比 2014 年少了 8 所，但学汉语人数与 2014 年基本持平，可见只要学校有条件开设汉语课，学生选修汉语的积极性还是很高的。但由于教材、教法等问题，随着年级的升高，选修汉语的人数越来越少，表 2 是各年级选修汉语的人数情况。

表 2　汉语学习人数

一年级	二年级	三年级	四年级	五年级	六年级	总数
599	525	482	353	252	153	2364

中学也存在同样的情况，首先中学选修汉语的人数比小学少得多。毛里求斯中学共有 176 所，学生总数超过 12 万人，其中只有 15 所中学开设汉语课，由于教材、教法、考试等原因，随着年级的增长，中学选修汉语的学生流失得更厉害。拿 2014 年的数据为例，中一到中六高班学习汉语的学生总人数仅 424 人（占总学生数的千分之三），这 424 人的年级分布情况如表 3。

表 3　学生的年级分布

中一	中二	中三	中四	中五	中六低班	中六高班	总数
164	115	105	18	15	3	4	424

大学学习汉语专业的学生就更是寥寥无几了。只有中六汉语作为主科学习，才可能到大学读汉语专业，可是到中六的时候选修汉语的人数全国只有三四个。甘地学院是毛里求斯唯一开设汉语专业的高校，目前甘地学院汉语专业的大专生只有 2 人、本科生 1 人，研究生在 2013 年招了一批共 5 人，他们已经毕业，目前没有新招的研究生。所有这些读汉语专业的学生都是在职学习，都出自华裔家庭。

学汉语人数由一年级五六百人到中六的三四个人，看到这个数字实在令人痛心，下面我们就分析一下具体原因。

2.1　毛里求斯汉语教学大纲及考试

毛里求斯儿童三岁以后必须进入幼儿园，学前教育为三年。五岁以后就要进入小学。小学属于六年制。六年级年终，学生要进行小学毕业考试（Certificate of Primary School Examination）。小学毕业考试要求学生考六门课，选其中成绩最好的五门作为最后成绩。汉语是选修课，是毕业考试科目之一。据悉，2017 年以后小学毕业考试将取消。毛里求斯的中学是五加二制。中三的学生年终要进行全国中三评估统考（National Assessment at Form III），只有数学、英文和法文通过的学生才能进入中四，否则要留级，也就是说中三统考不考汉语。中五的学生年终必须参加英国剑桥中五文凭测试（Cambridge School Certificate Examination /SC），这个考试类似于中国的高中会考，一般规定学生们考八个科目，选最好的六门课作为考试成绩，英文、法文、数学、高等数学四个科目为必修，其他科目分四个板块，每个板块中选修一门，学生可以选修中文，考得好可算入总成绩。中六分为低班和高班。中六高班的学生年终必须参加英国剑桥中六文凭测试（Higher School Certificate Examination/HSC），这个考试类似于中国的高考。一般情况下，中六高班的学生需考三门主科，两门副科。中文成绩在中五文凭测试中达到 C 级以上才可以被选为主科。中六统考及格者，便可进入大学深造。

毛里求斯小学阶段和中一到中三阶段的汉语教学一直没有专门的教学大纲，只有一个与其他亚洲语言一样的笼统的大纲（Specific Learning Outcomes for Asian Languages and Arabic），都要求学生掌握一定的听说读写能力，能用汉语进行日常交际等。这个大纲是以曲折语言为基础制定的，例如都包括要求学生掌握性、数、格、时、体、态等语法范畴的变化形式等内容，对汉语的教学没有任何指导意义。2016 年新编写的毛里求斯小学汉语教学大纲已经由教育部正式公布，新大纲对每个年级的教学内容有了明确的要求。

毛里求斯中四到中五汉语教学使用中五"剑桥普通水平现代汉语教学大纲3252"（Syllabus-Cambridge Ordinary Level Modern Standard Chinese 3252），简称O level。剑桥中五文凭测试中的中文考试，就是以这个大纲来命题，人们简称其为中文的 O level 考试，类似于中国的高中会考科目。O level 考试包括两部分，第一部分是写作。第二部分是翻译和阅读理解。

第一部分写作，考试时间为一个半小时，由 Section A 和 Section B 组成。

Section A 要求学生用中文任意选写一封信，或一份报告或演讲，或一篇对话，字数限制在 120 字上下，15 分。

Section B 是命题作文，文体包括记叙文、说明文和议论文。学生可从四个题目中任选一题进行写作。字数限于 200 字左右，30 分。

第二部分是翻译和阅读理解，考试时间为一个半小时。这部分也分 Section A 和 Section B。

Section A 是翻译部分，30 分。考生必须翻译两篇文章，一篇汉译英，10 分。另一篇是英译汉，20 分。

Section B 是阅读理解部分，25 分。考生阅读一篇短文，根据短文内容回答问题。

小学六年级毕业考试和 O level 考试都由毛里求斯考试中心（MES）集中命

题，为体现不同亚洲语言的考试水平的均等，考试中心先统一用英文命题，不同语言再根据英文试卷翻译成各自的语言，这样的命题模式有很多局限，另外毛里求斯没有统一的有针对性的教学大纲，所以现在的状况是教学与考试脱节，学生语言能力与测试标准的脱节，存在语言很好的同学通不过考试，而语言能力差的同学却能通过考试的情况。另外，中四、中五汉语是选修课，选修课分四个板块，每个板块中只能选一门，中文所在的板块有计算机，会计，化学，生物，社会，设计与技术，旅游，亚洲语言等。汉语是亚洲语言的一种，在众多选修课当中中文的 O level 考试跟其他科目比是比较难的。学生除非自己汉语非常好，否则是不会选汉语的。所以很多学生到了中四就放弃了中文的学习。

毛里求斯国立中学中六低班和高班汉语教学使用中六"剑桥国际汉语高级水平副科大纲 8681"和"剑桥国际汉语高级水平主科大纲 9715"（Syllabus-Cambridge International Advance Subsidiary（AS）Level Chinese Language 8681 / Cambridge International Advance（A）Level Chinese 9715）。英国剑桥中六文凭测试的中文考试就以这个大纲来命题，人们简称其为中文 A level 考试，类似于中国的高考科目。毛里求斯中六的学生可以按照自己的成绩或意愿选择汉语作为副科或主科来学习。"剑桥国际汉语高级水平副科大纲 8681"和"剑桥国际汉语高级水平主科大纲 9715"的不同之处是主科多了文学和翻译两部分。具体题型如表 4，不同题型的考试在不同时段内进行。

表 4　具体题型分布

A level 汉语考试	读写		作文		文学		翻译	
	时间	分值	时间	分值	时间	分值	时间	分值
中六主科	105 分钟	35%	90 分钟	20%	150 分钟	35%	45 分钟	10%
中六副科	105 分钟	70%	90 分钟	30%				

"读写"包括两篇阅读理解，除了根据短文回答问题外，还要根据短文的内容写 200 字左右的文章，对所阅读的两篇文章发表自己的看法；"写作"是在五个题目中任选一个，写一篇 250~400 字的命题作文；"文学"部分的考题出自大纲规定的文学作品，每道题的答题字数要在 600~800 字之间；"翻译"是将一个英文短文翻译成中文。

汉语 A level 考试成绩直接关系到是否能到英国留学，所以试题完全由英国命题。A level 考试考的不仅是语言能力，还考文学及文化，试题整体难度较大（难度应该高于 HSK6 级），在上中六前如果没有特别高的语言水平，是很难通过这个考试的。选择参加 A level 考试的考生寥寥无几，所以随着年级的升高，选修汉语的人数越来越少。通过了汉语作为主科的 A level 考试才能继续到甘地学院学习中文专业。

2.2 毛里求斯的汉语教材

上文已经提到，自 1983 年，毛里求斯小学就有了自己的本土教材《小学汉语课本》，这是非常难能可贵的，经过几次修订，目前小学使用的是 2006 年至 2011 年陆续修订的版本。《小学汉语课本》的编写者主要是甘地学院中文系的老师和当地的小学汉语老师，他们没有专业的语言习得及现代汉语知识，没有指导性的汉语教学大纲，在教材编写过程中也没有什么参考资料和专家指导，所以虽然修订了多次，问题仍然很多。教材使用对象不明确，不具有第二语言教材的特点，是一本"语文"式的教材。整套教材语言知识没有系统性，不同年级的教材语言难度没有连续性，每课的教学重点不明确，练习形式单调，没有针对性。使用这套教材，老师不知道教什么，学生也不知道学什么，考试中心根据这个教材来命题，也不知道考什么。随着年级的升高，选修汉语的学生越来越少，教材是一个很重要的因素。

毛里求斯中学的汉语课本也很短缺很落后，本土教材存在跟小学汉语课本同样的问题。毛里求斯中学一到三年级缺乏严格的全国性汉语教学计划，也没有规定的统一教材，每个中学的汉语教师可以自由选择教材。有的中学一直沿用甘地学院编写内部使用的教材《初级中学汉语》一到三册。也有些老师用中国国家汉办赠送、中国人民教育出版社出版的《快乐汉语》第一册到第三册。这样一来，一旦出现教师调动，就会使得汉语教学大纲和教学内容无法衔接，从而影响学生的学习，这是导致选修汉语人数减少的重要原因之一。

中学四年级和五年级多数都使用甘地学院编写内部使用的汉语教材，但是老师们使用的版本不同。有些老师一直沿用 20 世纪 90 年代初期李顺清老师编写的手写本，也有些老师用甘地学院近期编写的教材《中学汉语课本》（共二册）。《中学汉语课本》主要是为应付 O level 考试编写的。

毛里求斯中学中六低班和高班没有任何汉语教材。老师们都按照中六教学大纲给学生找资料、下载网上文章给学生操练，以此来准备迎接高考，即 A level 的考试。

甘地学院中文系的大专生、本科生以及研究生都没有当地的任何教材，课程所需教材基本从中国购买或复印。

另外，毛里求斯的新华学校、华夏学校等这些所招学生以中小学生为主的周末汉语补习班，所使用的教材是中国侨办赠送的中国暨南大学华文学院编的《中文》。这套教材也不是一套面向第二语言学习者的"外语"课本。这里不再赘述。

2.3 毛里求斯的汉语教师

首先毛里求斯汉语师资极其短缺。2015 年，毛里求斯小学汉语老师有 25 人，分布在 24 所学校。25 位老师中只有 5 位是正式老师，其余都为代课老师和中国的志愿者。毛里求斯本土教师数量跟庞大的汉语学习需求是严重不符的。目前很多学校想开设汉语课，但苦于没有老师而不能开设。开设汉语课的学校基本每个学校只有一名汉语老师负责所有一到六年级的汉语教学工作，每个老师每天要上五六节课，工作量大，教学效果不好。

中学正式的汉语老师有 10 位，负责 15 所学校的汉语教学，所以很多老师兼教两所中学。很多学校华裔学生很多，非华裔的学生也很想学习汉语，但因为没有老师，学生们学习的需求得不到满足。

上文已经提到，甘地学院是毛里求斯唯一一个开设有汉语专业的高等学校。甘地学院中文系不但和教育学院合作培养汉语教育专业的各层次人才，还和毛里求斯大学合作培养汉语专业的专科、本科及研究生人才。另外甘地学院中文系还负责整个毛里求斯汉语教材的编写和修订，汉语教学大纲制定等工作。那么甘地学院中文系的师资力量如何呢？从 1980 年成立至今，甘地学院一直就只有一位老师，开始是李顺清老师，从 1996 开始是聂俊璎老师，2014 年聂俊璎老师退休后，负责甘地学院中文系工作的是吴媛君老师。

在教学方法上，大部分中小学老师都是用中国人教"语文"的方法，每天让学生写很多生字，课堂上也是花大量时间让学生写，学生口语训练机会很少。另外由于历史原因，毛里求斯的汉语教师在"汉语作为第二语言的教学"方面多数没有受过正规训练，所以课堂上对学生很少有针对性的操练。毛里求斯教育部设有汉语督学一职，负责对全国各小学的汉语教学情况进行监督检查，对正式在编教师进行工作调动、工作考核，负责兼职教师的聘任及工作安排等工作。督学这个职位对汉语教学非常重要，一个老师首先要当十年普通老师，然后才可以成为副校长，副校长做足三年才可以成为助理督学，原来的督学退休后，助理督学才能成为正督学。毛里求斯的历任督学为李顺清（兼），李美云，林曼谷（同时期黄丽蓉为助理督学至退休），目前的督学是温红红老师。

目前团中央和国家汉办每年为毛里求斯派遣汉语教师志愿者，为当地汉语教学增加了新鲜血液，但由于志愿者教学经验不足，不懂当地的克里奥尔语，所以在教学上尤其是课堂管理上有很多不足。志愿者的任期只有一年，当他们在教学上刚刚有些得心应手的时候，却该离任了。汉语教师志愿者的到来，毛里求斯政府花很少的钱就解决了教师短缺的燃眉之急，但不好的是，这也使政府降低了招募更多当地正式老师动力。

2.4 毛里求斯的 HSK 考试和孔子学院

毛里求斯中国文化中心是毛里求斯唯一的 HSK 考试考点。自 2014 年国家汉办在毛里求斯设立 HSK 考点以来，每年组织考试 2 次。目前毛里求斯人对 HSK 考试的认可度还不高，参加 HSK 考试的人数不多，以最近两次考试为例，2014 年下半年有 19 人参加（3 级 12 人，4 级 7 人），2015 年上半年有 5 人参加（2 级 4 人，6 级 1 人），考生都成功通过。参加 HSK 考试的考生多数为成人，他们参加考试只是想检验一下自己的汉语水平，而并不是出于升学或工作的考虑。

从 2007 年开始，毛里求斯政府和中国国家汉办商讨设立孔子学院事宜，经过我驻毛使馆的不懈努力，直到 2015 年终于有了些眉目，相关协议已经签署。据悉浙江理工大学和毛里求斯大学将合作设立毛里求斯第一所孔子学院，于 2016 年年底揭牌。

三、对策及建议

通过以上的调查分析，我们了解了毛里求斯汉语教学的悠久历史，但随着历史的发展，情况变化很大，目前总体的汉语教学水平还比较低。

毛里求斯汉语教学要发展，首先要搞好中小学的汉语教学。对于中小学的汉语教学，首先要有一个指导性的教学大纲，然后根据教学大纲编写一套成系统、具有连续性的本土汉语教材。

要大批培养高层次汉语人才，我们要加大 HSK 考试的宣传，建议我国各类奖学金项目与 HSK 成绩挂钩，建议毛里求斯高等学校汉语专业招生将 HSK 考试成绩纳入招生要求，中国的高等院校也应该加大在毛里求斯的宣传力度，鼓励毛里求斯青年学好汉语到中国去读大学。

至于教师问题，中国政府应该继续通过志愿者项目向毛里求斯提供师资支持以满足目前汉语教学的需求。同时，中国应该多派一些汉语教学专家为毛里求斯汉语教师进行培训，提高当地教师的整体素质。另外，希望毛里求斯当地华人社会多多呼吁，敦促毛政府扩大本土汉语教师的编制规模。

中国在世界上的影响力越来越大，中国与毛里求斯的人员往来也日趋频繁，2015 年头八个月赴毛里求斯的中国游客比上一年同期增长 63.3%（《华侨时报》2015 年 9 月 10 日 page 4）。我们相信，在不远的将来，随着中小学新教学大纲及汉语教材的完成、毛里求斯孔子学院的成立，在所有关心和热爱毛里求斯汉语教学工作的各界人士的努力下，毛里求斯的汉语教学一定会走上快速发展的道路。

摩洛哥穆罕默德五世大学
孔院汉语教学案例报告

卫珊珊

(北京外国语大学中国语言文学学院)

一、摩洛哥的语言政策

摩洛哥坐落在非洲西北部，是一个阿拉伯国家。由于历史和地理原因，摩洛哥是一个多语言的国家，其官方语言是阿拉伯语和柏柏尔语。除了官方规定使用的语言外，法语、英语也是摩洛哥使用的主要语言。此外，西班牙语在摩洛哥北部丹吉尔地区也有使用的人群。

虽然摩洛哥官方语言只有两种，但是大部分摩洛哥人都会使用法语，一部分接受过高中教育的人也会使用英语。这是因为大多数小学都开设了法语课程，除《古兰经》及宗教课外，多数教材都还是使用法语编写。部分高中开设了英语课程。少数人同时也掌握西班牙语、德语等语言。在穆罕默德五世大学语言学院就有阿语、法语、英语、西班牙语、汉语等多种语言院系。

摩洛哥 1999 年颁布的《教育和培训国家章程》规定了摩洛哥现行的语言政策，它规定在熟练掌握阿拉伯语的基础上，允许学习其他语言。虽然摩洛哥官方语言政策中没有出现关于汉语的规定，但是越来越多的摩洛哥人因为经济往来，商务贸易，旅游接待等原因开始学习汉语。就笔者在摩洛哥所见，不仅穆罕默德五世大学中文系的学生在学习汉语，还有一些不是中文专业的摩洛哥人出于对中国文化的兴趣、工作需求等原因也在学习汉语。

二、摩洛哥孔子学院概况

2.1 摩洛哥孔子学院及穆罕默德五世大学孔子学院概况

摩洛哥目前已有三所孔子学院：一所是 2009 年北京第二外国语学院与穆罕默德五世大学合作成立的孔子学院，一所是 2013 年上海外国语大学与哈桑二世大学合作成立的孔子学院。还有一所是 2016 年年底在丹吉尔刚刚与江西科技师范大学合作成立的阿卜杜·马立克·阿萨德大学孔子学院。

本文所研究的穆罕默德五世大学孔子学院位于摩洛哥首都拉巴特，从 2009 年开始运营，到 2016 年五世大学孔院注册学生达到了 1200 多人。成立之初，五世大学孔子学院并没有进入大学的教育系统之中，而是相当于一个汉语培训机构。一直到 2012 年，五世大学孔子学院才在五世大学语言学院成立了中文系，开始为五世大学中文系学生提供系统的全面的汉语培训。五世大学孔子学院还为不是五世大学中文系的人员开设了业余兴趣班，设置了中国文化、旅游汉语、商务汉语等课程。除了承担汉语教学的任务外，孔子学院还开展了各种各样的文化活动来介绍推广中国文化，如参加"亚洲文化日"活动、举办"世界太极日"活动、举办第三届中医文化讲座和体验活动等。

穆罕默德五世大学孔子学院的人员由一个中方院长，一个外方院长以及几位公派教师和志愿者教师组成。教学任务全部由公派教师和志愿者教师承担，没有外方教学人员。

孔子学院学生主要由两部分构成，一部分是五世大学中文系学生，一部分是孔子学院学员。

其中第一部分是学生组成的主要部分，其注册人数最多并且出勤最稳定。中文系学制遵循五世大学规定是三年制。中文系学生刚入学时汉语水平都是零基础，但是通过三年系统的汉语学习后，多数人能达到 HSK4 级以上的水平。孔子学院对这部分学生的培养目标是培养学生运用汉语交际能力，全面掌握汉语听、说、读、写技能。所以孔院在对他们的课程安排上也体现了这样的培养目标，有精读课、听说课、阅读课、汉字课、写作课、中国文化课等，涉及汉语技能的各个方面。五世大学孔院还通过汉办交换项目，为许多学习汉语的摩洛哥同学提供了交换到中国学习汉语的机会。

五世大学也为社会上对汉语感兴趣的其他人员设置了有针对性的课程，这些课程被安排在周六上午。周六下午是中国文化课程，包括舞蹈、武术、剪纸、中国结、书法等课程。

五世大学孔子学院教学地点有两处，一是在五世大学语言学院，二是在五世大学孔子学院。中文系学生主要在五世大学语言学院上课，而孔院学生则主要是在孔子学院上课。文化活动、讲座、HSK 考试等主要在孔子学院举办。

2.2 五世大学孔子学院使用教材分析

五世大学孔子学院使用的教材由汉办提供，主要是北京语言大学出版社刘珣主编的《新实用汉语课本》及其练习册。

五世大学中文系开设的课程有：语法精读、汉语听说、阅读、汉字、写作和中国文化。其中语法精读、汉语听说、汉字都是以《新实用汉语课本》及其练习册为依据。阅读、写作和中国文化没有教材，使用的是老师自己编写的讲义和自己制作的 PPT。可以看到《新实用汉语课本》是教师教学的主要依据，所以本文主要分析《新实用汉语课本》在五世大学孔院的使用。

《新实用汉语课本》是刘珣主编出版的一套综合性汉语教材，总共有六册，共 70 课。每册除了课本以外还有练习册和教师用书。《新实用汉语课本》旨在通过真实的、实用的、现代的、正确的对话和短文，从语音、词汇、语法三方面介绍汉语，加深学生对于中国文化的了解，让学生全面掌握汉语听说读写技巧，从而培养学生用汉语进行交际的能力。五世大学孔院根据自身的实际情况，没有全部使用这六册书，而是只使用了前三册；平均每学年学习一册书，基本上是每周一课。

本文以《新实用汉语课本》（英语注释）第二册为例，从教材的体例、内容来评价该教材。

《新实用汉语课本》第二册包括 15～26 共 12 课。内容包括目录、课文和附录。

目录中每课题目下面都有中英双语的对目标功能、目标语法和目标汉字的介绍。如第 15 课"她去上海了"，目录中还介绍了该课的功能有"1. 在银行还钱；2. 评价动作或行为；3. 打招呼；4. 肯定事情已经发生；5. 描述去过的地方"。这样的设置能够让老师和同学在学习之前提前明确学习重点。

正文部分共有 12 课，每五课后有一课复习课，每课都按"导语—课文—练习—语法—汉字—文化知识"来编写。

导语部分是用英语编写的，内容包括对新课文的导入和对能达到的语言功能的简介。导语部分简练幽默，意在引发学生的好奇心，调动学生学习的热情。

每课的课文都有两篇，第二册两篇课文都是小对话。小对话围绕一个情景展开，语言贴近生活，在注重科学性、实用性的同时，兼顾趣味性。如第十五课课文中使用的打招呼方式是"力波，你来得真早！""林娜，你今天穿得很漂亮嘛！""林娜，早！"这些打招呼的方式非常贴近生活，符合中国人的语言习惯，是"生活的语言"。每篇课文后面还有生词表和注释。

练习部分按照"核心句—熟读下列词组—句型替换—课堂活动—会话练习—看图说话—交际练习—阅读与复述"来编写。核心句是从课本中摘录的包含需要掌握的语法点或者交际的句子。熟读部分的词组是用本课重点句型或语法点造出来的，学生通过这些词组可以抽象地总结出固定表达。句型替换就是在固定句型中可以替换的部分挖空，让学生用提供的词汇完成对话。课堂活动的内容还是对本课重点语法点或固定表达的练习，但是空出了更多需要补充的部分。会话练习部分在每个练习前给定了这组对话发生的情景，让学生在设定好的情景下补全对话。看图说话部分不仅给了图片，还给了可以使用的句子帮学生降低难度。交际练习给了学生对话发生的情景和需要达到的交际目标，要求学生综合运用刚学过的知识和以前积累的知识来实现交际目标。阅读与复述给了一篇包含本课学过的语法和句型的短文，让学生进行复述练习。这个练习不仅能够锻炼学生在阅读中提取重点信息的能力，还能锻炼学生表达能力和逻辑思维能力。

语法部分讲解本课涉及的重点语法点。这部分内容借助表格总结句型，讲解简短清晰。语法部分放在课文、练习之后，体现了编者希望发挥学习者主观能动性，从例子中抽象总结出语法规律的原则。

汉字部分将汉字的基本知识均匀分散在 12 课中，在基本知识讲解后还附上了基本汉字和课文汉字的认写部分。《新实用汉语课本》汉字部分对文字教学部分处理得很好，既按照汉字自身的规律循序渐进地讲解汉字构成规律，同时又根据课文内容，对课文中的字进行了练习。

文化知识部分是一篇用英语介绍中国城市或者文化的短文。短文主题和课文相关，是对于课文文化背景的有益补充。比如第十七课课文中出现了中国传统服饰——旗袍，这一课文化知识部分就是对旗袍的简介。

附录部分是整本书的词汇表。

通过对《新实用汉语课本》分析，笔者认为《新实用汉语课本》这套教材体现了以下几个特点：

2.2.1　该书编写体现了"结构—功能—文化"相结合的原则

《新实用汉语课本》一改之前只注重语法结构的原则，将功能放到很重要的位置上来编写教材。无论是课文还是练习，《新实用汉语课本》都非常注重它们适用的情景和能达到的交际目标。无论是结构还是文化背景知识都是为实现交际这个大目标而服务的。

2.2.2　该书编写体现了科学性原则

《新实用汉语课本》的语法点比较分散，比如在讲"把"字句这个知识点时，它不是在第一次出现把字句的时候就全部讲完，而是将"把"字句分成两部分，分散在第十五课和第十七课中。先在第十五课中讲了"S+把+O+V+Other elements"，然后在学过简单趋向补语和结果补语后才在第十七课中讲了"S+把+O+V+来/去（+了）"。这样安排语法点，首先可以减轻学习者每课学习语法的负担，其次也符合学习者由易到难的认知习惯。

2.2.3　该书编写体现了实用性原则

通过对《新实用汉语课本》体例和内容的分析，我们可以看到，每课对于语法点讲解占的比重小，但是例子和练习很多，学生可以先通过学习大量的例子自己总结出语法知识，然后再在教师的讲解下验证自己的推测。这种方式不但能够充分发挥学习者的主观能动性、加深记忆和理解，而且还非常符合需要

"精讲多练"的课堂安排需求。此外，课文内容不是生硬的"教科书语言"，而是实用的，符合中国人交际习惯的"生活的语言"。

2.2.4 该书编写体现了趣味性原则

《新实用汉语课本》课文部分编写的对话和阅读与复述部分选用的短文都很幽默，让人读完以后不禁莞尔。比如第十七课阅读与复述部分选的相声"高一点儿"、第十八课选的"聪明的儿子"等都是简单有趣的小故事。

综上所述，《新实用汉语课本》基本上可以满足语法精读课、汉语听说课、汉字课的需求。

但是仅使用《新实用汉语课本》并不能满足所有课程的需求，阅读课、写作课和中国文化课还是缺乏可用的教材，仅靠教师自己收集讲课使用的材料不是长远之计。因此，汉办应当针对五世大学孔院实际需求，选出优秀的阅读、写作、中国文化教材以满足五世大学孔院的教学需求。

三、归国汉语教师采访记录

采访对象：北京第二外国语学院 文学院 郭玲副教授

在五世大学孔院教学时长：两年

采访时间：2017 年 3 月 8 日

采访地点：北二外勤学楼 222 室

（采访录音整理）

笔　者：老师您好，您在五世大学孔院教的是几年级学生？负责什么课程？

郭老师：我在摩洛哥教过一年级、二年级，都是零起点的。汉语精读，汉语泛读词汇和中国文化。对，我还上周末的一个中国文化宣讲，内容是通过学中文歌学中文。

笔　者：您认为同学们出于什么原因学习汉语？他们学习热情怎么样？

郭老师：这得分几方面来说吧。第一，来学习汉语的成人都有学习语言的习惯，每个人都至少会三门语言。所以学习语言就是他的一种生活方式。第二，（学习什么第二语言取决于）这门语言承载的文化是否有吸引力。他们选择学习汉语也是对汉语感兴趣。而且现在语言后面跟着的是大国经济。经济很强的国家，比如美国，它的语言的影响力就非常大。一些同学看到了中国经济发展，才想要学习汉语吧。

郭老师：我觉着他们学汉语（很有热情），因为我们去的时候报名属于爆满的状态，我们有五个班。那时候还没有被纳入国民教育系列，只是一个语言培训。但是一周五天，每天都有早班、下午班和晚班。

笔　者：老师，您认为应该如何保证学生不流失？

郭老师：这和选的教材肯定有关系，和老师如何处理教材有关系。老师处理教材，一个是选择主题的方向，你的抓手。另外，和老师教学有关系，你是否能抓住学生，让他觉得很有趣。成人在学二语的时候就有一个二语教学的基本心理特点在里面。他们喜欢挑战，以此来印证自己的能力。

笔　者：与中国学生相比，摩洛哥学生有什么特点吗？他们的学习态度和习惯怎么样？

郭老师：他们学生都很随性，非常随性。国外很多国家都很随性，像中国人这么严谨的很少。

笔　者：但是我看摩洛哥学生上摩洛哥老师的课还是非常守规矩的。

郭老师：因为他们老师有话语权和决定权吧。你能不能过，拿到拿不到学分，我觉得这个有关系。而且咱们孔院的教学基本全是义务教学，他就拿一百迪拉姆（合约70元人民币），注册就行了。对他们来说，发的教材什么的已经非常值了。包括他们后来参加考试，到中国拿奖学金。而且他们还学其他语言，比如说他们同时拿到奖学金，会优先选择别的国家。咱们这种经营办法是敞开大门欢迎他们，门槛特别低以后，就会让人觉得没有挑战性和吸引力了。

笔　者：您使用的教材是什么？这本书可以满足教学的需求吗？

郭老师：当时我们用的是《当代中文》。第一年法语版，第二年阿语版。但是我们拿到的教学参考是英语版的。我们那时候用的阿语版教材里配的碟，里面竟然是俄语版拼凑来的。学生就会问怎么回事儿。现在估计情况要好一点。

笔　者：老师您上课时用什么语言教学？上课时氛围怎么样？

郭老师：我们上课的氛围非常好，没有并课，也没有取消。我上课不用法语，也不用阿语，其实第二语言介入的时候是要找语感的，他能懂得，教材下面有辅助语言，你说什么，他们很快就能懂。有些难的等他们积累的词汇越来越多的时候，他们会懂的。

笔　者：老师您觉着在那边教学有什么需要注意的？

郭老师：要有针对性。我们有一个班全是穆罕默德五世大学的学生，他们上完自己的课就到文学院来上语言课，可聪明了。那个班的学生素质特别好，特别整齐。其他班的学生水平参差不齐，还有很多社会上的人员。所以老师必须调整讲课的方式，要让每个学生都能听懂。比如说讲一个词，不仅要说是什么意思。还要教学生做到知识的迁移。

笔　者：老师，我感觉那边同学的听说要好于读写，是这样的吗？

郭老师：是的，他们有的尽管汉字写不好但是听力和口语却特别好。他们从小就学习语言，语感非常好。我有一个学生，你说什么她都能听懂，说也很流利，但是汉字却写得非常不好。

笔　者：我去摩洛哥以后觉得他们比我想象的要开放很多。

郭老师：对，他们挺开放的，他们属于穆斯林国家里比较世俗的。

笔　者：对，我在摩洛哥的时候发现韩国文化在年轻人里更受欢迎，这是为什么呢？

郭老师：韩国文化中心跟孔院在一起，他们平时就在里面上课。他比咱们的火，学习韩语的气氛比咱们浓烈。我觉着他们在风头上应该是比较盛的。至于原因，第一是他们的文化风格比较另类，与别人不同；第二是他们教学不生硬，通过娱乐化的载体，潜移默化地让同学们学习。所以他们传播得就更好。

笔　者：您认为五世大学孔院现在发展是良性的吗？

郭老师：是的，孔院是良性发展的。

笔　者：您对五世大学孔院发展有什么建议吗？

郭老师：院长要懂教育，在尊重当地文化的同时，做到文化自信。全方位地，浸润性地让学生学会汉语。汉语教师，最好是汉教的和中文专业的。因为他们懂二语教学。如果只是会阿拉伯语，懂当地语言，不懂汉语，不懂中国文化，绝对不行。比如说汉字怎么教？不能只让学生写，教师自己不能写错字，笔画顺序都不能错。怎么讲部首、偏旁，都需要专业知识。要用多种形式传播中国文化，比如说开展文化活动吃饺子、吃春卷，通过舌尖上的味觉来感知中国文化，这就是文化传播的多种形式。不能太生硬，文化活动咱们必须得精致，粗放经营理念就是错的，不精致，让人没有好奇心。

四、教学录音转写

时间：2017 年 3 月 9 日 14：00　　　地点：五世大学语言学院 C 教

老师：李彤　　授课语言：法语/英语

学生水平：中文系二年级学生，已经学完了《新实用汉语课本》第一册

出席情况：实到 4 人，其中 3 人迟到

教学内容：《新实用汉语课本 2》第 21 课，语法点："要……了"

李彤：好，接下来我们讲语法"要……了"。举个例子：他们要去中国了。这里，他们，ils；要，动词；去，aller；去哪里，aller où？

学生：中国。

李彤：他们要去中国了。这是什么意思？

学生：They want to go to China.

李彤：They want to or will？

学生：Will.

李彤：对！他们，要，will，去，中国了。

李彤：就/快+要。举个例子：大为就要到山顶了。或者大为快要到山顶了。就/快。山顶是什么？

学生：The top of mountain.

李彤：对。三、主语+就+要+动词+O。举个例子：琳娜明天就要回上海了。

学生：举个例子：翔宇就要去机场了。将来，比如说下周或者是明年。

李彤：对。将来。四、主语+要+形容词。比如说：天要热了。茶要凉了。什么是"茶要凉了"？要，will。茶要凉了。凉，froi。举个例子：快吃饭吧，饭要凉了。这是什么意思？（三和四）有什么不同呢？对，一个加的是动词，一个加的是形容词。这两个都是表示将来的。请用"要……了"造个句子。

学生：我就要学这课了。

李彤：我就要……

学生：学课文了。

李彤：什么意思呢？

学生：I will study this passage.

李彤：哦，我就要学这篇课文了。

学生：我们要学画画了。

李彤：有什么问题吗？没问题吗？那我们继续。快。在这里"快"和"要"相似。举个例子：要放假了。快放假了。比如说：要下雨了。什么意思呢？

学生：It's going to rain.

李彤：对。快下雨了。对这个问题的否定回答是："还没有呢"。比如说：火车要开了吗？没有。回答：还没有呢。……有什么问题吗？举个例子：要下课了吗？回答：还没有呢。要开始了吗？还没有呢。有问题吗？请你们回想一下，然后造个句子。

学生练习：老师要来了吗？还没有呢。他们要吃寿面了吗？还没有呢。

五、教学日志

时间：2016. 03. 08　　地点：语言学院 C1 教室

学生情况：实到 7 人（祝浩宇、冬阳迟到）

祝浩宇、冬阳、王媛、书瑶有到中国交换的经历，汉语水平较高。春蝶不会英语，虽然坚持上课但是水平不高，性格内向不爱开口。柯洁性格内向，不会主动发言。

课堂内容：二年级语法精读课

《新实用汉语课本》第十六课课文一及其生词

课堂记录：

今天在听完陈老师课后，陈老师让我讲第二节课。主要是给大家讲解一下生词再带大家过一遍课文。我准备得不好，刚上去为了和大家迅速地熟悉起来，我表现得非常热情和幽默。大家都笑了。这节课生词非常简单，我想的办法就是念一遍，解释一下意思，然后让同学造个句子。结果第一个词"把"就有点困难，因为它是介词没有实际意义，我只带大家读了两遍，然后说了它的词性。后来又补充了一下它作为量词的用法，举了"一把刀"、"一把雨伞"的例子。还好大家没有提出什么异议。讲词的时候我觉得非常枯燥，我像是在念书一样，可能大家也觉得很无聊。讲到"慢"的时候，我请大家用"慢"造句，冬阳、王媛和书瑶都踊跃地要回答问题。因为"慢"这个词很简单，我叫了程度不是太好的春蝶，想要激励她，但是她还是不张嘴，不说话。最后坐在她旁边的柯洁替她说了。下课后柯洁对我说："我很喜欢上你的课，你的课很有意思，而且你会叫我们回答问题。"我才想起来听课的时候老师总是叫程度比较好、比较活跃的几个学生，比如说冬阳、书瑶，很少叫柯洁他们回答问题。带大家读过两遍课文后，我让男生们扮演丁力波，女生们扮演宋华。大家读得特别大声，尤其是女生。我夸了女生，问男生们"女生们读得怎么样？"男生说"不好，不好。"女生也很激动说"男生不好"，然后男女生之间就开始用阿语交流了。一时间课堂变得乱糟糟的。我叫他们安静，但是没什么用，还是后来陈老师帮我把他们叫停的。

教学反思：

5.1 怎样讲好生词

首先，一定要做好准备工作，把生词的意思、用法、例句写在生词旁边。如果之前学过和这个词意思用法相近的词一定要把两个词都查好，用例句在一定的语境中帮大家区别开这两个词。

其次，讲生词可以用多种方法。如果这课的词比较简单，就可以提前布置给学生讲，但要让每个人都参与进来，不能一个学生讲其他学生听。也可以让学生表演这个词的意思而不仅仅是让他造句。比如说"慢"就可以让学生表演一下。

5.2 课堂上如何让每个同学都参与进来

老师要做到投入，要为同学们创造一个生动有趣、低焦虑、低情感过滤的课堂环境，使同学们敢于发言，乐于参与。在对同学的回答进行反馈的时候，要多表扬，少批评。在找人发言的时候，更要注重公平性，给更多同学发言的机会。

5.3 第一堂课应该怎么上

今天这堂课开始的时候，由于自己太没有威严，导致后来课堂秩序混乱，局面难以控制。以后第一节课，应当注意自己的身份，先要跟同学们强调纪律和违反纪律的惩罚，树立起自己的威严；再适当地与同学们拉近距离，让同学们感受到老师的魅力。

竞争关系可以适当使用。

比如今天让男女同学分组念课文，大家读课文的热情就十分高涨。但是一定要控制住场面，不能破坏课堂秩序。

六、汉语教学问题及解决方式

通过以上资料，笔者整理出了几个在教学管理和课堂教学上的出现的问题，并试图提出个人的解决办法以供参考。

6.1 学生旷课迟到现象严重

针对这个问题，郭玲老师的观点是学生出勤跟教材、教师和教学方法有关。教材如果能够做到生动有趣，难易适度，话题吸引人，那么学生就会产生好奇心和学习的欲望。汉语教师要做到认真负责，风趣幽默，用自己的个人魅力抓住同学，让学生乐于上课。如果汉语教师能够根据学生需求科学地选用恰当的教学方法，就能帮助同学高效地掌握汉语，让学生获得成就感。

除此之外，笔者认为面对学生持续迟到现象，教师首先要意识到这不仅仅是学生学习态度的问题，更多的是中国文化与阿拉伯文化的差异问题。以阿拉伯文化为背景的人对时间的观念与中国人有着巨大差异。在摩洛哥大学中，学生迟到甚至是老师迟到都不是罕见现象。尽管如此，老师要在理解的基础上尽可能地杜绝连续迟到、旷课现象的发生。严格的管理制度是杜绝此类现象发生的必要之举。如规定迟到或缺课几次就无法拿到奖学金或是失去了到中国交换的机会。只有这样才能够提升学生对于课堂纪律的敬畏之心，从而克服困难，坚持出勤。

6.2 学生不爱写汉字，书写汉字能力差

《新实用汉语课本》中汉字部分设计得十分合理，汉语教师应当充分利用教材设计汉字课教学方案。除了利用课堂时间多让学生练习外，还要鼓励学生在课下多写。这可以采用多种方式来实现，比如举办汉字听写大会，利用文化

课中的书法课让学生们多多练习等。

　　穆罕默德五世大学孔子学院自成立以来一直保持着平稳良性地发展，到今天学习汉语的学生规模已经扩大到了 1200 多人，随着中摩两国合作的加深，孔院的规模还将继续扩大。尽管五世大学孔子学院发展势头良好，但是汉语教学和课堂管理上还是存在着一些问题。

　　五世大学孔院使用的《新实用汉语课本》是一本编写科学合理，具备实用性和趣味性的教材，能够满足孔院一半课程的需求。但是阅读、写作、中国文化课程等还缺乏优秀适用的教材。

　　五世大学孔院汉语课堂管理和教学上常会出现各种各样的问题，大多数志愿者教师作为新手教师可能没办法一次性完美地解决。教学日志这时候就可以作为教师记录有意义的教学事件和课下反思内容，来进行教学反思和提高教学能力的重要工具，为新手教师职业成长助力。此外，新手教师应当注重与经验丰富的熟练教师的交流，学习熟练教师的教学方法和课堂管理方法，结合自己的教学特点尽快形成自己稳定高效的教学风格。